Contrôle continu

Résumés de cours | Exercices | Contrôles | Corrigés

Enseignement scientifique

Résumés de cours, exercices et contrôles corrigés

NOUVEAUX PROGRAMMES !

1re

Marie BOHDANOWICZ
Géraldine BRIDON
Maxime CHARPIGNON
Catherine MALSAN
Bruno PORFIRIO

ellipses

Collection « Contrôle continu »
dirigée par Pascal Clavier

Composition : Soft Office

ISBN 9782340-031760
©Ellipses Édition Marketing S.A., 2019
32, rue Bargue 75740 Paris cedex 15

www.editions-ellipses.fr

Avant-propos

Cet ouvrage est destiné **à tous les élèves de première générale**. C'est un outil pédagogique qui ne prétend pas se substituer aux cours dispensés par les enseignants. C'est un complément de connaissances et d'entraînements pour consolider les apprentissages.

Présent dans le tronc commun de la classe de première à l'issue de la réforme des lycées de 2019, l'apprentissage de l'enseignement scientifique de première s'appuie sur trois matières : les **sciences de la vie et de la Terre**, les **sciences physiques et chimiques** ainsi que les **mathématiques**.

Les notions de ce **programme** permettent à l'élève de développer une **approche scientifique de son environnement**. Cette matière permet au cours de la première générale d'entrevoir la nature de certaines **matières** et de certaines **énergies** qui nous entourent, ainsi que certaines **interactions complexes** qui existent entre ces paramètres et le **fonctionnement des êtres vivants.** Certaines parties développent aussi la **mise en place** parfois balbutiante des **savoirs scientifiques** relatifs à l'**astronomie** au fil de l'histoire humaine.

Quatre thèmes sont **découpés en chapitres** comprenant pour chacun :

- un **résumé de cours** illustré qui reprend les notions à maîtriser ;
- des **exercices** nombreux et variés (définitions, QCM, analyse de documents variés, calculs à effectuer…) qui sont classés du plus simple au plus complexe. Ils sont **corrigés** en développant toute la démarche de résolution ce qui permet de s'autoévaluer facilement ;
- des **entraînements corrigés** en fin de chaque thème mettant en jeu les acquis des trois matières scientifiques. Une à trois questions de synthèse sont posées permettant d'argumenter à partir de plusieurs documents proposés et des connaissances abordées lors du thème.

Les exercices comme les entraînements ont été créés par les auteurs dans l'esprit des exigences notionnelles et méthodologiques du lycée.

Cet ouvrage ayant été réalisé par des enseignants de lycée, l'accent a été mis sur des méthodes qui permettent :

- des traitements rigoureux et efficaces des documents ;
- des rédactions explicatives structurées en privilégiant les liens logiques ;
- l'acquisition des savoirs en mettant en évidence les liens qui les unissent.

Lors de l'année de première générale, l'**évaluation** s'effectue en contrôle continu comprenant d'une part la moyenne des **bulletins scolaires** et d'autre part une session d'épreuves communes **au troisième trimestre**.

La durée de l'épreuve commune est de **2 heures**. Cette épreuve écrite est constituée de **deux exercices interdisciplinaires** notés chacun sur 10 points. Chaque exercice porte sur un ou deux thèmes du programme évaluant une ou deux compétences parmi les suivantes : exploiter des documents ; organiser, effectuer et contrôler des calculs ; rédiger une argumentation scientifique.

Les questions peuvent être de plusieurs sortes, de la question ouverte au questionnaire à choix multiples.

Grâce à l'utilisation de cet outil, l'élève pourra :

Consolider ses apprentissages

- **En révisant** la partie « Résumés du cours » et en l'associant à la consultation de son cours de l'année. Cette révision doit lui permettre de se remémorer les points essentiels du programme.
- **En s'entraînant à savoir définir** tous les mots clés d'un chapitre dont les définitions figurent dans le lexique en fin de livre afin de mieux construire son commentaire argumenté.

Astuces

- Penser à planifier ses révisions et mettre en évidence les notions maîtrisées et celles ayant besoin d'une consolidation.
- La classe est le lieu idéal pour poser des questions pour consolider les notions mal maîtrisées.

S'entraîner pour le contrôle continu ou les épreuves communes

- En effectuant les **exercices** minutés qui sont à traiter sans aller voir les corrections avant d'avoir terminé la rédaction des réponses.
- En effectuant les **entraînements** en fin de chaque thème qui vous proposent un minutage et un barème permettant en temps réel un entraînement.
- Les **corrigés des exercices et des entraînements** permettent une auto-évaluation et sont à étudier avec attention pour comprendre vos éventuelles erreurs.

Astuce

Mettre en pratique ses connaissances et ses compétences en réalisant les exercices permet de mieux évaluer ses acquis et les notions ayant besoin d'être consolidées notamment par des échanges en classe.

Ce livre est donc le **compagnon idéal de tout élève de première.** Il l'aidera à **s'assurer de la bonne compréhension** des notions principales abordées et à **acquérir progressivement les méthodes** exigibles durant l'année. Il ne peut cependant pas se substituer intégralement à un suivi des cours proposés pendant lesquels l'élève, fort de son travail parallèle grâce à cet ouvrage, pourra échanger de façon ciblée avec son enseignant afin de maîtriser l'intégralité des exigences scientifiques de cette année.

Sommaire

Thème 1
Une longue histoire de la matière

1 Un niveau d'organisation : les éléments chimiques

De tout temps, les Hommes se sont interrogés sur l'origine et l'histoire de l'Univers. Ce n'est qu'au xxe siècle que la cosmologie, fondée sur des observations et mesures précises, a permis de répertorier de nombreux éléments qui constituent l'Univers et de comprendre qu'ils se sont formés à partir de l'hydrogène.

Comment, à partir du seul élément hydrogène, la diversité des éléments chimiques est-elle apparue ?

1. L'origine et la répartition des éléments chimiques dans l'Univers

D'après la théorie du « Big Bang », scénario retenu à ce jour, l'Univers à ses débuts, est rempli d'une soupe de particules très chaude, qui sous l'action de différentes interactions, s'associent pour former des neutrons et des protons.

Lorsque l'agitation des particules est suffisamment faible pour permettre aux protons et neutrons de se lier, il y a apparition des premiers noyaux atomiques dont le deutérium (1 proton et 1 neutron : ${}^{2}_{1}H$) et le tritium (1 proton et 2 neutrons : ${}^{3}_{1}H$), isotopes de l'hydrogène ${}^{1}_{1}H$, c'est la **nucléosynthèse primordiale.**

Deux noyaux atomiques légers peuvent fusionner pour donner un noyau plus lourd et plus stable en dégageant une énergie considérable : c'est la **fusion nucléaire**.

La formation de l'hélium par fusion nucléaire

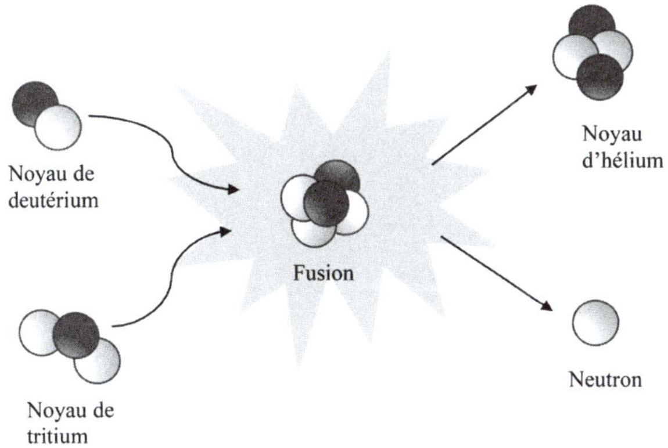

$${}^{2}_{1}H + {}^{3}_{1}H \rightarrow {}^{4}_{2}H + {}^{1}_{0}n$$

Au sein des étoiles, les noyaux d'hydrogène et d'hélium peuvent fusionner pour donner de nouveaux éléments chimiques dont le carbone, l'oxygène et même des atomes plus lourds comme le fer.

Certains noyaux trop riches en protons, en neutrons, ou en protons et neutrons, sont instables et peuvent se transformer en d'autres noyaux plus stables en libérant de grandes quantités d'énergie, c'est la **fission nucléaire**.

La fission du plutonium

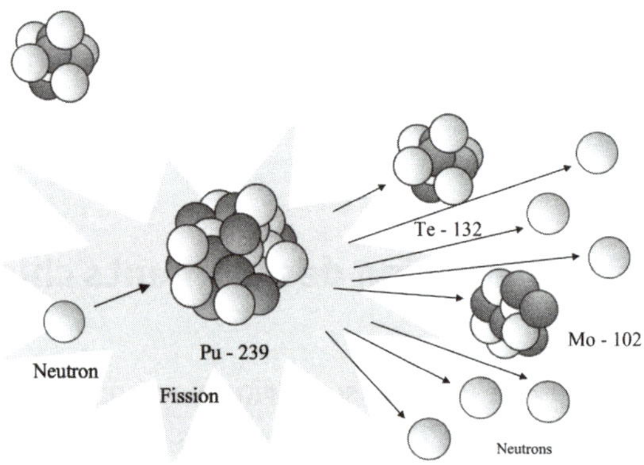

Cette matière, par **accrétion** forme les étoiles et les planètes. Ainsi, au bout de neuf milliards d'années après le Big Bang se forme notre système solaire et onze milliards d'années après ses débuts, la vie apparaît sur Terre.

Les électrons issus de la soupe primordiale et les noyaux formés interagissent pour créer des **atomes** électriquement neutres. L'Univers est alors principalement constitué d'atomes d'hydrogène à 75 %, d'atomes d'hélium à 25 % et d'atomes de lithium ($^{6}_{3}Li$) en très faible quantité.

Proportion en atomes du monde vivant et du monde inerte

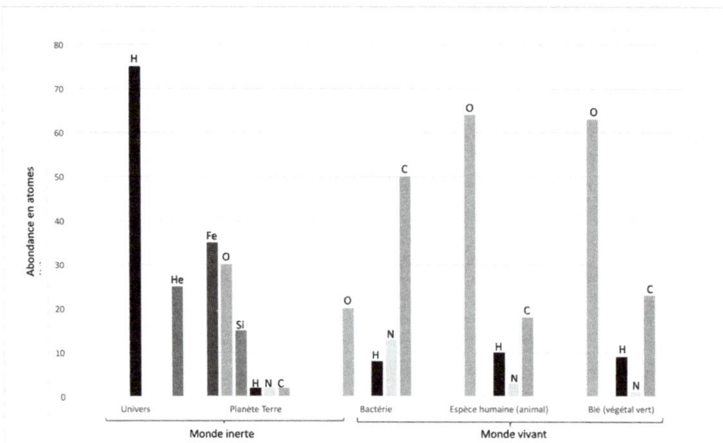

On recense 92 éléments chimiques dans l'Univers que l'on retrouve dans la classification périodique des éléments dite de Mendeleïev d'après le nom d'un chimiste russe **Dimitri Mendeleïev** (1834-1907) qui classa en 1869 les éléments par masse atomique croissante.

L'abondance de ces éléments est différente sur Terre suivant que l'on étudie le monde minéral (inerte) ou le monde vivant, la biosphère étant principalement constituée de carbone (C), d'hydrogène (H), d'oxygène (O) et d'azote (N).

2. La radioactivité

Au sein des noyaux atomiques dit **nucléides**, il y a environ 300 nucléides naturels stables et 1 200, dont une vingtaine naturels, instables et éphémères du fait d'un excès de protons ou de neutrons voire des deux.

On appelle **radioactivité** le phénomène qui permet à des noyaux instables de se stabiliser par leur transformation en d'autres noyaux. La radioactivité ne concerne que le noyau des atomes et non les couches électroniques des atomes. La radioactivité naturelle s'accompagne de l'expulsion d'une quantité d'énergie sous forme de particules (α, β) ou de rayonnement (γ). Les réactions radioactives naturelles sont aléatoires, spontanées et inéluctables, indépendantes des conditions de température et de pression. Il existe aussi une radioactivité artificielle qui est générée par un stimulus externe.

On utilise la radioactivité pour produire de l'électricité, dans le domaine médical mais aussi dans la datation d'échantillons macroscopiques.

La désintégration radioactive

L'étude de la désintégration d'un grand nombre de noyaux radioactifs d'un échantillon macroscopique montre qu'elle suit une loi statistique, celle d'une fonction exponentielle décroissante où le nombre de noyaux diminue au cours du temps.

Soit N_0 le nombre de noyaux dans l'échantillon à $t = 0$ s.

Courbe de désintégration d'un noyau radioactif

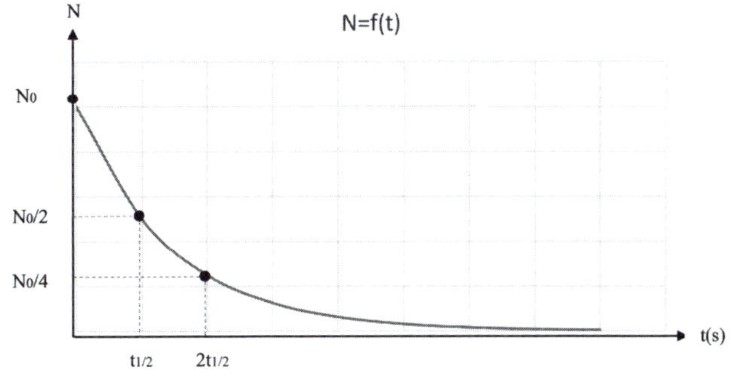

Résumés de cours

La demi-vie $t_{1/2}$ est la durée au bout de laquelle la moitié des noyaux radioactifs initialement présents a été désintégrée. Elle est caractéristique du nucléide étudié. Les radionucléides connus ont des durées de demi-vie comprises entre 10^{-22} s et 10^{21} ans.

Au bout d'une durée égale à 2 demi-vies, c'est-à-dire lorsque $t = 2 \cdot t_{1/2}$, le nombre de noyaux initiaux a été divisé 2 fois par 2 soit par $2^2 = 4$. Donc le nombre de noyaux restants est $N(t = 2 \cdot t_{1/2}) = N_0/4$.

Ainsi au bout de n demi-vies, c'est-à-dire lorsque $t = n \cdot t_{1/2}$, le nombre de noyaux a été divisé n fois par 2, donc par 2^n. Ainsi, le nombre de noyaux restants est

$N(t = n \cdot t_{1/2}) = N_0/2^n$.

La datation d'un échantillon

La loi de décroissance permet de dater un échantillon par rapport à nos jours. On peut déterminer son âge en mesurant les proportions entre des noyaux radioactifs et des noyaux stables.

Ainsi pour dater des organismes autrefois vivants (animal ou végétal), on utilise le carbone qui permet des datations allant de –1 000 à –30 000 ans. Dans l'environnement, le carbone existe sous plusieurs formes dont principalement le nucléide stable (^{12}C : carbone 12) et, en moindre quantité, le nucléide radioactif

(^{14}C : carbone 14).

Lors des échanges avec l'environnement (alimentation, respiration), les organismes intègrent à leur structure une partie du carbone 14. Lorsque l'organisme meurt, les échanges de carbone cessent et le noyau radioactif se trouve piégé dans l'échantillon. Le carbone radioactif commence alors sa désintégration en ^{14}N (azote 14) avec une demi-vie de 5 730 ans.

Pour des organismes vivants le processus de transformation du ^{14}C en ^{14}N ne peut être mesuré qu'à partir de la mort du sujet, car il n'y a plus de renouvellement du ^{14}C.

Vers 1950, le chimiste américain **W. Libby** a démontré que tous les êtres vivants sont caractérisés, à tout instant t, par le même rapport du nombre de noyaux de

^{14}C au nombre de noyaux de ^{12}C : $\left(\dfrac{N\left(^{14}C\right)}{N\left(^{12}C\right)}\right)_t = 1{,}0 \times 10^{-12}$

La mesure de la proportion de $\dfrac{N\left(^{14}_{6}C\right)}{N\left(^{12}_{6}C\right)}$ permet d'obtenir l'âge approximatif de la date de la mort de l'organisme.

Par exemple, pour dater une sculpture ancienne en bois, en mesurant ses proportions $\frac{N\left({}^{14}_{6}C\right)}{N\left({}^{12}_{6}C\right)}$, on obtient 1 noyau de ^{14}C pour 8×10^{12} noyaux de ^{12}C. On considère qu'au moment où le bois a été sculpté, les proportions étaient les mêmes que pour le bois vivant actuel. Or pour un bois vivant actuel, les proportions en

$$\frac{N\left({}^{14}_{6}C\right)}{N\left({}^{12}_{6}C\right)} = 1{,}0 \times 10^{-12}$$ (1 noyau de carbone 14 pour 10^{12} noyaux de carbone 12).

Par conséquent, le bois sculpté n'a plus que 1 huitième de son capital de noyaux de ^{14}C.

Sachant $N(t) = N_0/2^n$ à l'instant $t = n \cdot t_{1/2}$ et que $t_{1/2}(^{14}C) = 5\,730$ ans,

$N(t) = N_0/8 = N_0/2^3$

$t = 3 \times 5\,730 = 17\,190$ ans, le morceau de bois est âgé de 17 190 ans.

L'essentiel

- Tous les corps présents dans l'Univers sont composés des mêmes éléments chimiques de par leur origine commune.
- Sur Terre, il en est de même avec une distinction entre matière vivante et matière minérale.
- Certains noyaux de ces éléments sont instables et se désintègrent pour gagner en stabilité en émettant un rayonnement très énergétique, c'est la radioactivité.
- On caractérise ces noyaux instables par leur demi-vie : durée nécessaire pour que la moitié de la population initiale des noyaux d'un échantillon se soit désintégrée.
- Le temps de demi-vie d'un noyau radioactif et la proportion de radionucléides par rapport aux nucléides stables permettent de dater un échantillon.

Énoncés des exercices

* Exercice 1 — 5 min

1. Quelle est la composition des noyaux d'hydrogène, de deutérium, de tritium et d'hélium 4 ?
2. Qu'est-ce qu'un noyau radioactif ?

** Exercice 2 — 5 min

Soit quatre équations de réactions nucléaires :

$${}^{235}_{92}\text{U} + {}^{1}_{0}\text{n} \rightarrow {}^{99}_{40}\text{Zr} + {}^{134}_{52}\text{Te} + 3\ {}^{1}_{0}\text{n}$$

$${}^{2}_{1}\text{H} + {}^{2}_{1}\text{H} \rightarrow {}^{3}_{2}\text{He} + {}^{1}_{0}\text{n}$$

$${}^{2}_{1}\text{H} + {}^{6}_{3}\text{Li} \rightarrow 2\ {}^{4}_{2}\text{He}$$

$${}^{235}_{92}\text{U} + {}^{1}_{0}\text{n} \rightarrow {}^{94}_{38}\text{Sr} + {}^{140}_{54}\text{Xe} + 2\ {}^{1}_{0}\text{n}$$

Préciser quelles équations modélisent des réactions de fusion nucléaire et quelles sont celles qui modélisent des réactions de fission nucléaire.

** Exercice 3 — 10 min

D'où vient l'eau qui recouvre la surface de la Terre ? Cette question, intimement liée à celle de l'apparition de la vie, se pose à la communauté scientifique.

Parmi les scénarios envisagés par les chercheurs, l'un d'eux avance que les comètes ou les astéroïdes auraient pu déposer l'eau sur notre planète lors d'un bombardement intensif, il y a environ 4 milliards d'années.

Document 1

La mission Rosetta

Rosetta est une mission spatiale de l'Agence Spatiale Européenne dont l'objectif principal est de recueillir des données sur la composition de la comète Tchouri. La sonde Rosetta a rejoint la comète le 6 août 2014, à une distance de 500 millions de kilomètres de la Terre. Elle a pu prélever quelques échantillons du sol.

Document 2

Le rapport isotopique D/H dans l'eau

Dans la nature, l'hydrogène existe sous la forme de plusieurs isotopes. L'isotope le plus abondant est l'hydrogène $^{1}_{1}H$. Un deuxième isotope, le deutérium $^{2}_{1}H$, est beaucoup plus rare. Ainsi dans un prélèvement d'eau on peut trouver des molécules d'eau sous 3 formes différentes : H_2O (eau), HDO (eau semi-lourde) et D_2O (eau lourde).

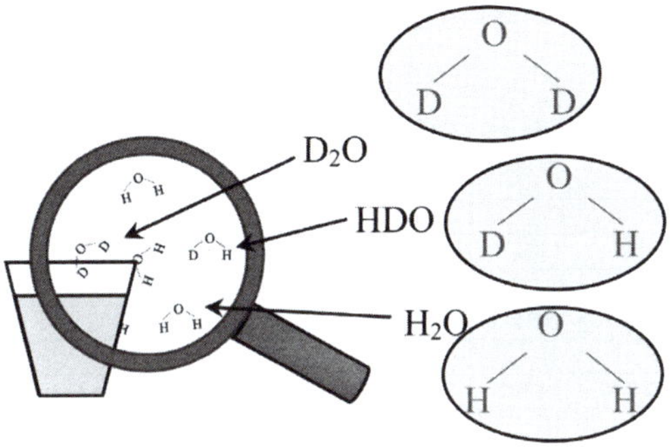

On définit le rapport isotopique de l'élément hydrogène par :

$$\text{Rapport isotopique} = \frac{\text{nombre de noyaux D}}{\text{nombre de noyaux H}}$$

Le rapport isotopique de l'élément hydrogène permet d'identifier la composition d'une eau. Ce rapport est constant sur tous les océans de la Terre ; il en est de même pour tous les astres.

Document 3

Rapport isotopique D/H dans l'eau sur différents astres

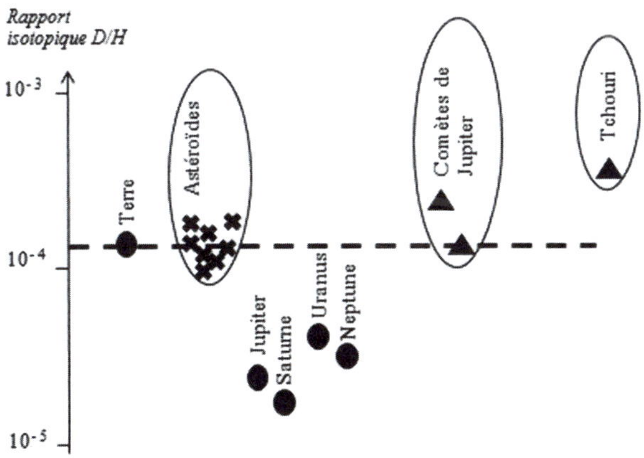

1. Expliquer la différence entre ces deux isotopes hydrogène et deutérium.
2. Justifier l'utilisation du terme « lourde » pour l'eau utilisée dans le document 2.
3. Montrer que les mesures réalisées sur la comète Tchouri ne permettent pas de confirmer l'hypothèse selon laquelle l'origine de l'eau terrestre serait due à des dépôts de comètes ou d'astéroïdes.

** Exercice 4

20 min

Des analyses des compositions chimiques de différentes structures ont été répertoriées dans un tableau.

Composition chimique de structures issues de matières vivante et minérale

Algue	O	C	H	N	P			
	78%	11%	9%	1%	1%			
Homme	O	C	H	N	P	S		
	64%	20%	9%	5%	1%	1%		
Granite	O	Si	Al	K	Na	Ca	Fe	Mg
	49,7%	34,9%	7,1%	2,9%	2,2%	1,5%	1,5%	0,5%
Cœur du Soleil	He	H	Autres					
	63%	35%	2%					
Univers	H	He	O	Ne	N	C	Autres	
	75%	23%	0,6%	0,3%	0,2%	0,1%	0,8%	

1. À partir du tableau, réaliser les représentations graphiques en diagrammes circulaires de chaque matière étudiée.
2. Quels sont les éléments chimiques qui permettent de distinguer la matière minérale de la matière vivante ?
3. Pourquoi peut-on dire que nous sommes des poussières d'étoiles ?

** Exercice 5

15 min

Vers 1932, le couple de physiciens français Frédéric Joliot et Irène Curie bombardent pour leurs recherches avec une source de particules alpha (noyaux d'hélium) des éléments et, en analysent les réactions nucléaires produites, ils remarquent que des éléments légers, en particulier l'aluminium et le bore, éjectent parfois un neutron. Ils observent également que la matière irradiée conserve une radioactivité relativement durable après l'enlèvement de la source de particules alpha. Ainsi, une feuille d'aluminium irradiée émet un rayonnement dont l'intensité décroît exponentiellement en fonction du temps avec une demi-vie de 3 minutes 15 secondes. Un résultat analogue est obtenu avec du bore irradié, mais la demi-vie est différente : 14 minutes. La seule explication possible, c'est que l'aluminium et le bore, éléments naturellement stables, sont devenus radioactifs.

Extrait tiré de : « Les grandes expériences scientifiques » de Michel Rival (Éd. du Seuil)

On a représenté les graphes des lois de décroissance radioactive de deux échantillons de nature différente, numérotés 1 et 2. L'un des échantillons est de l'aluminium irradié et l'autre du bore irradié.

Courbes de décroissance radioactive de deux échantillons 1 et 2

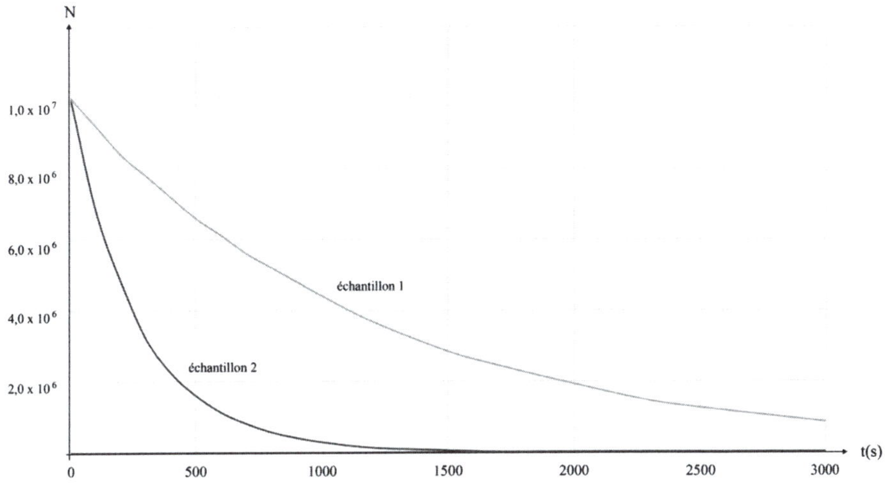

À l'aide du graphique, déterminer et justifier la courbe correspondant à l'aluminium et celle correspondant au bore.

*** Exercice 6 — 20 min

La détermination de l'âge de la Terre a commencé vers le XVIe siècle, on l'estimait alors autour de 5 000 ans. Au XIXe siècle, des scientifiques admettaient un âge d'environ 100 millions d'années. La découverte de la radioactivité, par H. Becquerel en 1896, bouleversa toutes les données connues. La datation à l'uranium 238–plomb 206 permit de déterminer assez précisément l'âge de la Terre.

Si on mesure la quantité de plomb 206 dans un échantillon de roche ancienne, en considérant qu'il n'y en avait pas initialement, on peut déterminer l'âge du minéral à partir de la courbe de décroissance radioactive du nombre de noyaux d'uranium 238.

On considère la courbe de décroissance radioactive en fonction du temps du nombre N(U) de noyaux d'uranium 238 dans un échantillon de roche ancienne. L'âge de l'échantillon de roche ancienne est assimilé à celui de la Terre et sera noté t_{Terre}.

Courbe de décroissance radioactive de l'uranium 238

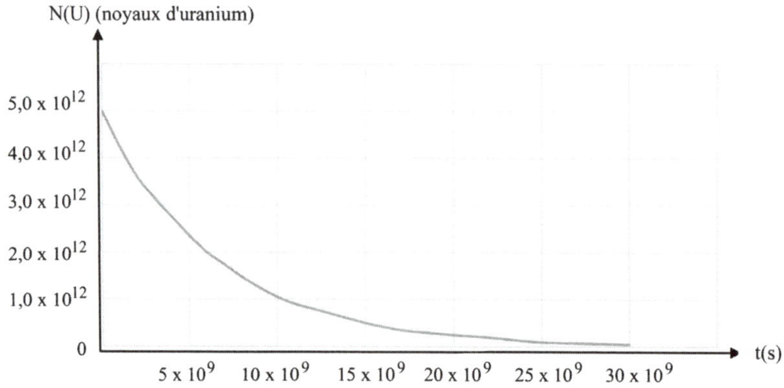

1. Indiquer la quantité initiale $N(U)_{(t=0)}$ de noyaux d'uranium.
2. Déterminer graphiquement le nombre de noyaux d'uranium 238 qui restent dans la roche à la date $t_1 = 1{,}5 \times 10^9$ années.
3. Déterminer graphiquement le temps de demi-vie $t_{1/2}$ de l'uranium 238.

   La quantité de plomb mesurée dans la roche à la date t_{Terre}, notée $N_{Pb}(t_{Terre})$, est égale à $2{,}5 \times 10^{12}$ atomes.
4. Établir la relation entre $N_U(t_{Terre})$, $N(U)_{(t=0)}$ et $N_{Pb}(t_{Terre})$.
5. Calculer la quantité $N(U)\,(t_{Terre})$ de noyaux d'uranium.
6. Déterminer l'âge t_{Terre} de la Terre.

*** Exercice 7

25 min

Le « carbone 14 » noté ^{14}C est un isotope radioactif du carbone 12 qu'on utilise pour effectuer des datations. Un noyau de ^{14}C se désintègre en un noyau d'azote 14 avec une demi-vie $t_{1/2} = 5\,730$ ans. Au bout de 40 millénaires, il reste moins de 1 % du ^{14}C que contenait initialement un échantillon fossile ; la teneur résiduelle en noyaux radioactifs devient trop faible pour être déterminée avec précision.

1. Au cours d'une fouille d'un ancien bras de la Seine une pirogue en chêne a été découverte. On a cherché à estimer son âge. Pour cela on utilise la méthode de datation au carbone 14. On a mesuré 5,34 le nombre de noyaux radioactifs de ^{14}C et $3{,}0 \times 10^{12}$ le nombre de noyaux stables de ^{12}C dans l'échantillon analysé.

Données

• *Pour un bois vivant actuel, les proportions en* $\dfrac{N\left({}^{14}_{6}C\right)}{N\left({}^{12}_{6}C\right)} = 1{,}0 \times 10^{-12}$

• $2^n = x$ *alors* $\ln 2^n = \ln x$ *donc* $n \ln 2 = \ln x$ *(*ln *: logarithme népérien)*
Déterminer l'âge de cette pirogue.

2. À Obock (en République de Djibouti), des chercheurs ont étudié un corail vieux de $1{,}2 \times 10^5$ ans (soit cent vingt mille ans).

   D'après le texte, ce corail a-t-il pu être daté par la méthode utilisant le « carbone 14 » ? Justifier la réponse.

3. Pour dater des roches très anciennes, on utilise parfois la méthode potassium-argon.

   Le potassium 40, de demi-vie $1{,}3 \times 10^9$ ans, se transforme en argon 40.

   Quel pourcentage de noyaux de potassium 40 reste-t-il dans une roche au bout de 4 fois le temps de demi-vie ?

Corrigés exercices

Exercice 1

1. Le noyau d'hydrogène ${}^{1}_{1}H$ a pour numéro atomique Z = 1, il contient donc 1 proton. Son nombre de masse est A = 1, il ne contient donc aucun neutron n = A – Z = 0. Le deutérium est constitué de 1 proton et de 1 neutron, le tritium est constitué de 1 proton et de deux neutrons et le noyau d'hélium de deux protons et de deux neutrons.
2. Un noyau radioactif est un noyau instable (car il a trop de protons, trop de neutrons ou trop des deux) qui se désintègre spontanément en noyaux plus stables en émettant des particules de grande énergie.

Exercice 2

Les réactions (1) et (4) sont des réactions de fission nucléaire : un noyau lourd se scinde en noyaux plus légers et plus stables.

Les réactions (2) et (3) sont des réactions de fusion, deux noyaux légers fusionnent pour former un noyau plus lourd et plus stable.

Exercice 3

1. Deux isotopes possèdent le même nombre de protons mais un nombre de neutrons différent.

2. Le noyau de deutérium ${}^{2}_{1}H$ est plus lourd que celui d'hydrogène ${}^{1}_{1}H$ car il contient un neutron de plus. Pour cette raison, la molécule d'eau D_2O est plus lourde que la molécule H_2O

3. D'après le doc. 2, le rapport isotopique a une valeur constante sur un astre et est caractéristique de la nature de l'eau sur l'astre.

D'après le doc. 3, le rapport isotopique de l'hydrogène dans l'eau sur Terre est différent de celui sur la comète Tchouri mais proche de celui de comètes de Jupiter et de la plupart des astéroïdes.

L'eau présente sur certaines comètes et certains astéroïdes pourrait avoir une origine commune avec l'eau présente sur Terre (doc. 3) mais les analyses des prélèvements réalisés sur Tchouri montrent que toutes les comètes n'ont pas une eau dont le rapport isotopique est semblable à celui de l'eau terrestre.

Ainsi, la mission Rosetta ne permet pas de confirmer l'hypothèse des scientifiques à toutes les comètes, mais ce scénario envisageant que les comètes ou les astéroïdes aient pu déposer l'eau sur notre planète est plausible.

Exercice 4

1.

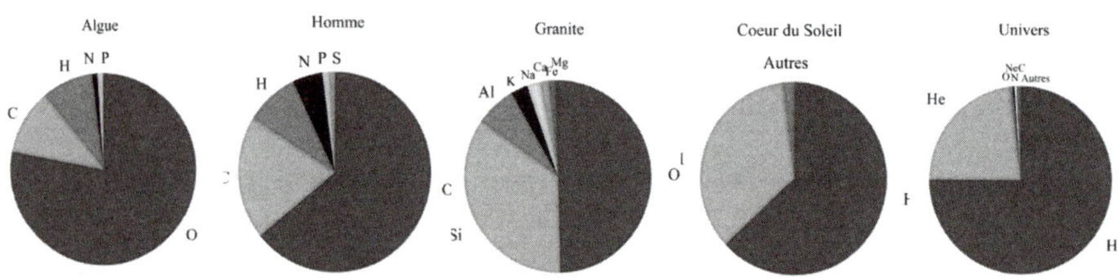

2. Le monde vivant est très riche en hydrogène, en oxygène et en carbone.

- Le silicium entre dans la composition de très nombreux minéraux, mais c'est un élément quasiment absent de la matière vivante.
- L'azote est un élément très abondant des êtres vivants.
- L'oxygène est un élément commun au monde vivant et au monde minéral.

3. Nous sommes « poussières d'étoiles » car nous sommes constitués des mêmes éléments que ceux qui constituent l'ensemble de l'Univers. Ces éléments ayant été produits au cœur des étoiles.

Exercice 5

- Pour $t = t_{1/2}$, on a $N(t_{1/2}) = N_0 / 2$.
- On trace donc la droite $N = N_0 / 2 = 1{,}0 \times 10^7 / 2 = 5{,}0 \times 10^6$ sur le graphe.
- Cette droite coupe le graphe N(t) en un point d'abscisse égale à $t_{1/2}$.

On obtient pour l'échantillon n° 1, $t_{1/2} = 9,0 \times 10^2$ s et pour l'échantillon n° 2, $t_{1/2} = 2,1 \times 10^2$ s. Voir ci-après.

Courbe de désintégration de deux noyaux radioactifs

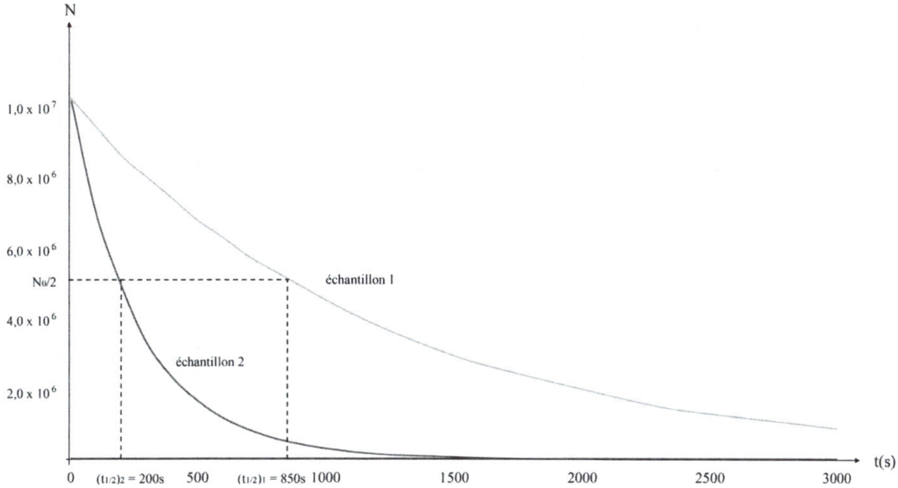

Dans le texte on lit « demi-vie de l'aluminium : 3 minutes et 15 secondes » soit $t_{1/2} = 3 \times 60 + 15 = 195$ s.

Ce résultat est proche de celui obtenu pour l'échantillon n° 2. L'échantillon n° 2 correspond à l'aluminium.

D'autre part, on lit « demi-vie du bore 14 minutes » soit $t_{1/2} = 14 \times 60 = 840$ s. Résultat proche de $(t_{1/2})_1 = 8,5 \times 10^2$ s donc l'échantillon n° 1 correspond au bore.

Exercice 6

1. Sur le graphique, on lit : $N(U)_{(t=0)} = 5 \times 10^{12}$ noyaux d'uranium.
2. Sur le graphique, on lit : $N(U)_{(t=1)} = 4 \times 10^{12}$ noyaux d'uranium.
3. La durée de demi-vie est la durée nécessaire à la désintégration de la moitié des noyaux initiaux d'uranium 238. On a $N(U)_{(t1/2)} = N(U)_{(t=0)} / 2$

   Graphiquement, on lit $2,5 \times 10^{12}$ noyaux d'uranium ce qui correspond à $t_{1/2} = 4,5 \times 10^9$ ans.

Corrigés

Courbe de désintégration de noyaux d'uranium

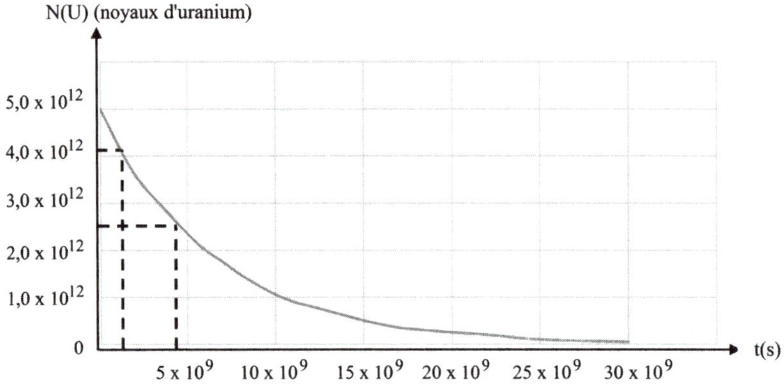

5. Pour tout noyau d'uranium désintégré, il y a un noyau de plomb formé ainsi on peut écrire $N(U)_{(t=0)} = N(U)_{(tTerre)} + N_{Pb}(t_{Terre})$
soit $N(U)_{(tTerre)} = N(U)_{(t=0)} - N_{Pb}(t_{Terre})$

Application numérique

$N(U)_{(tTerre)} = 5 \times 10^{12} - 2{,}5 \times 10^{12} = 2{,}5 \times 10^{12}$ noyaux

6. $N(U)_{(tTerre)} = 2{,}5 \times 10^{12}$ noyaux ainsi donc $t_{Terre} = t_{1/2} \times t_{Terre}$
$t_{Terre} = 4{,}5 \times 10^9$ ans

Exercice 7

1. Soient $t_{1/2}(^{14}C) = 5\ 730$ ans, $N(^{14}C) = 5{,}34$ et $N(^{12}C) = 3{,}0 \times 10^{12}$

La mesure de la proportion de $\dfrac{N\left(^{14}_{6}C\right)}{N\left(^{12}_{6}C\right)}$ permet d'obtenir l'âge approximatif de la date de la mort de l'arbre pour faire la pirogue. En mesurant ces proportions $\dfrac{N\left(^{14}_{6}C\right)}{N\left(^{12}_{6}C\right)}$, on obtient 1,78 noyaux de ^{14}C pour $3{,}0 \times 10^{12}$ noyaux de ^{12}C.

On considère qu'au moment où la pirogue a été construite, les proportions étaient les mêmes que pour le bois vivant actuel. Or, pour un bois vivant actuel, les proportions sont $\dfrac{N\left(^{14}_{6}C\right)}{N\left(^{12}_{6}C\right)} = 1{,}0 \times 10^{-12}$. Par conséquent la pirogue n'a plus qu'un capital de 1,78 noyaux de ^{14}C.

Sachant que $N(t) = N_0/2^n$ à l'instant $t = n \cdot t_{1/2}$ et que $t_{1/2}\ (^{14}C) = 5\ 730$ ans, $N(t)= N_0 / 1{,}78$ avec $1{,}78 = 2^n$

Corrigés

$2^n = 1{,}78$

$\ln 2^n = \ln 1{,}78$

$n \ln 2 = \ln 1{,}78$

$$n = \frac{\ln 1{,}78}{\ln 2} = 0{,}83$$

$t = 0{,}83 \times 5\,730 = 4\,800$ ans. L'âge de la pirogue est estimé à 4 800 ans.

2. D'après le texte, au bout de 40 millénaires, la teneur résiduelle en ^{14}C est négligeable. 40 millénaires cela représente $4{,}0 \times 10^4$ ans, le corail est encore plus vieux, la méthode au carbone 14 avec $t_{1/2} = 5{,}73 \times 10^3$ ans n'est pas adaptée, sa durée de demi-vie est inférieure à ce que l'on veut dater.

3. Au bout de $t_{1/2}$, la population est $N_0/2$, il reste donc 50 % des noyaux initialement présents.

   Au bout de $2t_{1/2}$, la population est $N_0/4$, il reste donc 25 % des noyaux initialement présents.

   Au bout de $3t_{1/2}$, la population est $N_0/8$, il reste donc 12,5 % des noyaux initialement présents.

   Au bout de $4t_{1/2}$, la population est $N_0/16$, il reste donc 6,25 % des noyaux initialement présents.

2 Des édifices ordonnés : les cristaux

Des atomes peuvent s'organiser à l'échelle microscopique et former des cristaux. Ces solides possèdent à l'échelle macroscopique des propriétés mécaniques, optiques ou électroniques particulières. On les retrouve dans le monde minéral composant les roches mais aussi dans le monde vivant.

Comment est organisée la matière propre à l'état cristallin ?

1. La structure cristalline

L'état cristallin

Les entités chimiques (ions, atomes ou molécules) peuvent se lier et adopter alors une disposition compacte et ordonnée. Cet état est caractéristique de celui d'un solide. Si les particules constituant ce solide sont ordonnées dans l'espace selon un arrangement régulier et périodique, on parle de **solide cristallin** ou **cristal**.

Un solide cristallin est constitué d'empilement régulier d'un motif (ion, atome, molécule) appelé **maille** qui se répète périodiquement au sein du cristal.

Par exemple, c'est le cas du chlorure de sodium, qui se trouve cristallisé dans certaines roches ou dissous dans l'eau de mer. Lors d'une évaporation importante de l'eau de mer, la solution restante se concentre en chlorure de sodium. Sous l'effet conjugué du vent et du Soleil, le sel cristallise et se dépose au fond des bassins. Le sel de cuisine correspond à ces petits cristaux cubiques et friables formés. Ce solide cristallin, de formule chimique brute NaCl, est formé d'empilement régulier d'ions sodium (Na^+) et d'ions chlorure (Cl^-) constituant un état cristallin.

Vue éclatée du réseau cristallin de NaCl

Chaque sphère représente un ion

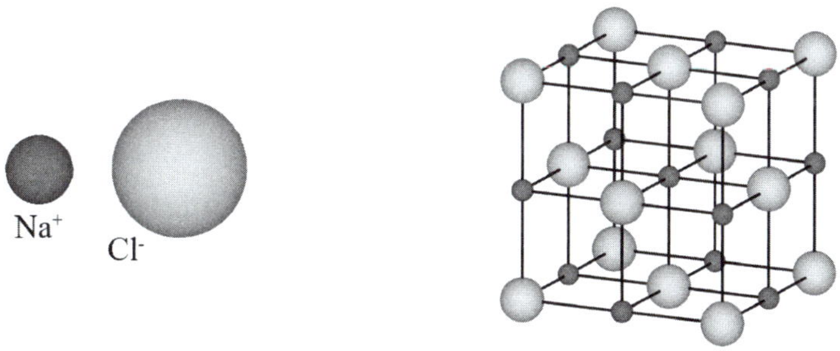

Le motif

On appelle **motif** le plus petit ensemble chimique (atome, ion, molécule ou ensemble d'atomes, de molécules, d'ions) qui se répète périodiquement dans un cristal selon les trois directions de l'espace. Ainsi dans le cristal de sodium, le motif est un atome de sodium ; dans le chlorure de sodium, le motif est un ensemble (Na^+-Cl^-) et dans le calcaire, le motif est un ensemble (Ca^{2+}-CO_3^{2-}).

Motif du chlorure de sodium

La maille

On appelle **maille élémentaire** l'arrangement dans l'espace du motif et qui se reproduit dans tout le cristal, de façon identique selon les trois directions de l'espace. La maille forme un parallélépipède défini par une origine O et 3 vecteurs ($\vec{a}, \vec{b}, \vec{c}$) selon les trois directions x, y et z.

La maille qui forme une figure géométrique parmi les plus simples est la **maille cubique**. Les trois longueurs a, b et c sont identiques.

La maille cubique en vue éclatée

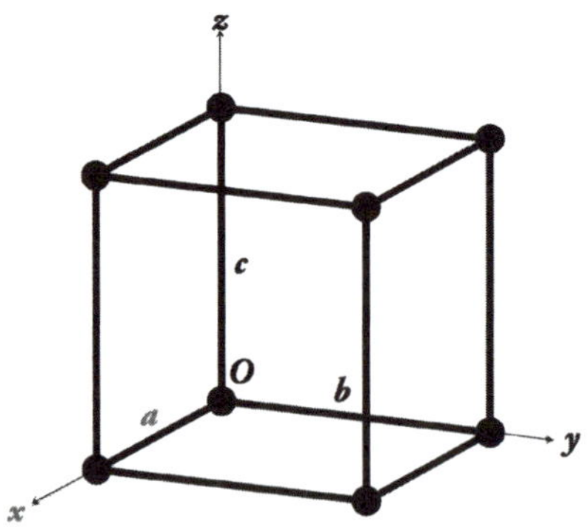

Le réseau cristallin

L'ensemble des mailles juxtaposées forme le **réseau cristallin** où les **nœuds** correspondent à la position des entités chimiques.

Un réseau cristallin

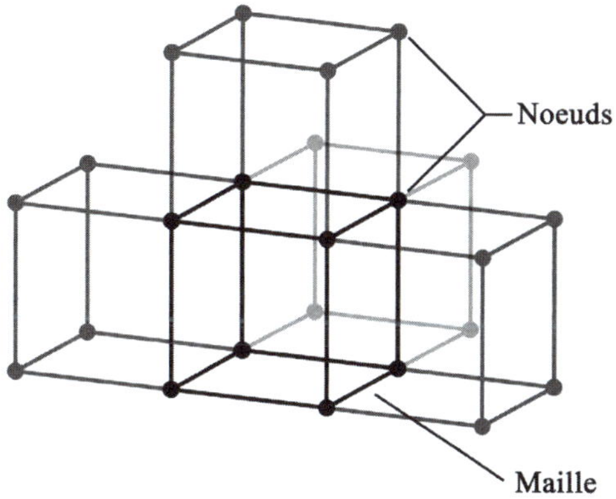

La forme géométrique de la maille ainsi que la nature et la position dans cette maille des entités définissent un type de réseau cristallin.

Réseau cubique simple (vue éclatée)	*Réseau cubique à faces centrées (vue éclatée)*
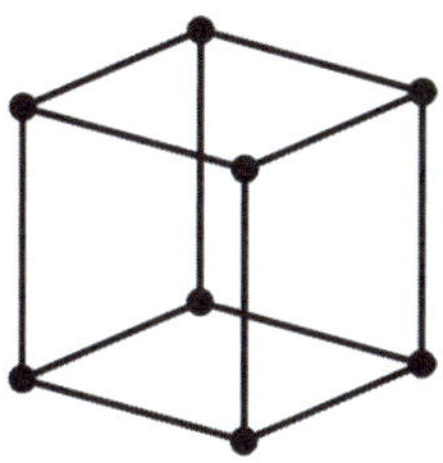	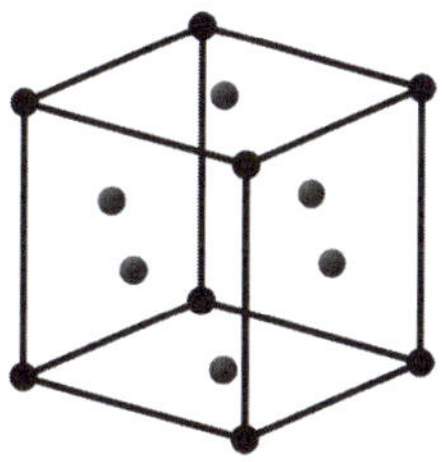

Le polonium (Po), élément naturel rare, radioactif découvert par Pierre et Marie Curie en 1898, cristallise dans le système cubique simple. Dans cette maille, chaque sommet est occupé par un atome de polonium.

Vue compacte du réseau du Polonium

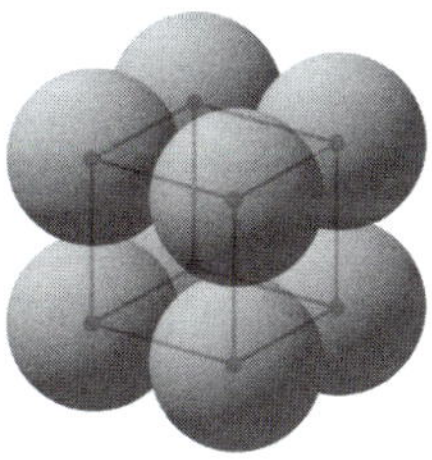

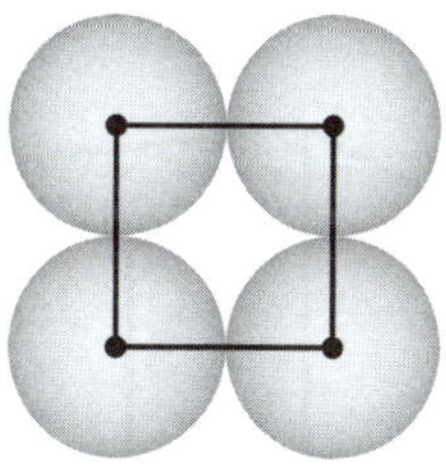

Chaque sphère est un motif qui correspond à un atome de polonium.

Dans le cristal de chlorure de sodium, la disposition des ions chlorures aux sommets du réseau et un au centre de chaque face illustre le réseau cubique à faces centrés.

Vue compacte du réseau du NaCl

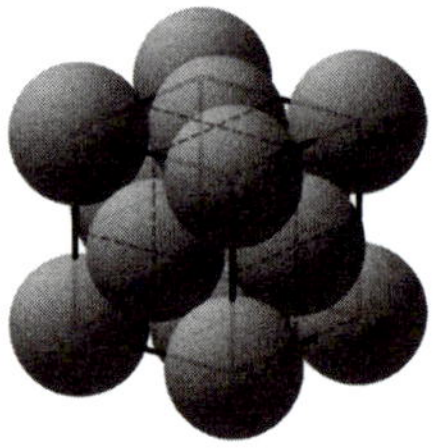

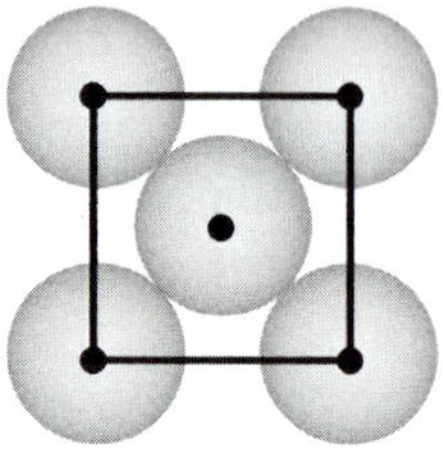

Chaque sphère est un nœud.

Chaque maille du cristal est reproduite à l'identique à l'échelle microscopique et à l'échelle macroscopique. Ainsi, la structure microscopique conditionne les propriétés macroscopiques du cristal notamment sa masse volumique.

Les propriétés physiques du cristal

Pour établir les propriétés physiques d'un cristal, certaines caractéristiques sont à déterminer.

La multiplicité de la maille

Il s'agit du nombre N de motifs appartenant à chaque maille élémentaire :

- Un motif situé au centre d'une maille compte pour un motif complet.
- Un motif situé au centre d'une face, appartient pour moitié à une maille et pour moitié à la maille voisine. Ce motif compte donc pour $\frac{1}{2}$ de motif.
- Un motif situé au sommet est commun à huit mailles. Il compte donc pour $\frac{1}{8}$ de motif.

Représentation visuelle de la multiplicité de la maille

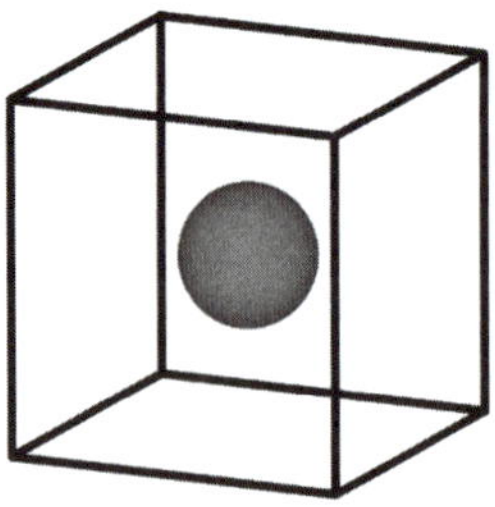

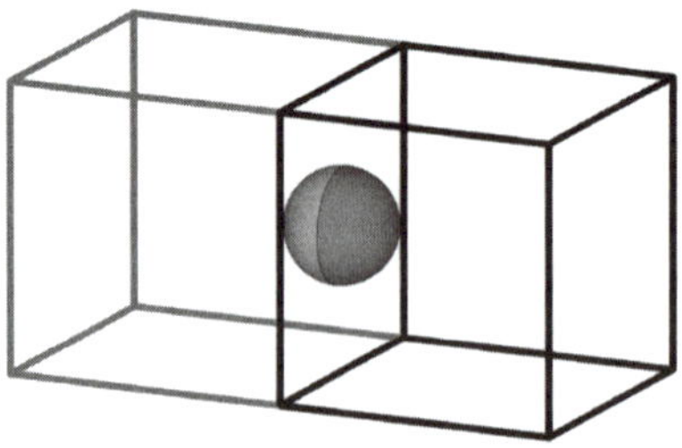

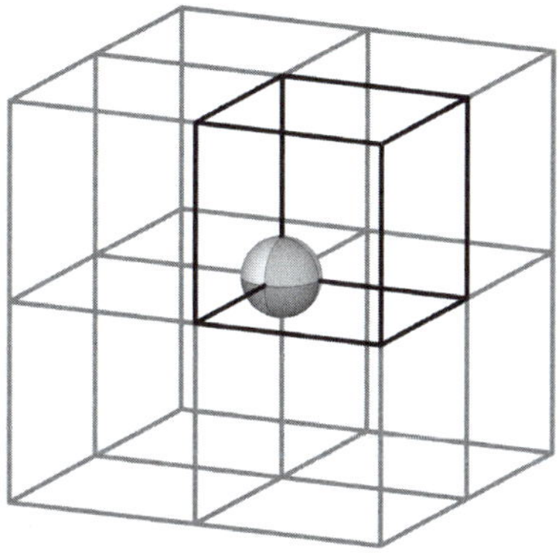

Ainsi un motif appartenant équitablement à n mailles compte pour $\frac{1}{n}$.

Dans le système cubique simple, la multiplicité sera de 1 motif par maille :

$$\mathbf{N_{motif} = 8 \times \left(\frac{1}{8}\right) = 1}$$

Dans le système cubique à faces centrées, il y a 6 motifs au centre de chaque face et comptant pour $\frac{1}{2}$ de motif. Huit motifs sont situés à un sommet de la maille et partagés entre 8 mailles voisines.

Multiplicité de la maille d'un réseau cubique faces centrées

$N_{motif} = 6 \times \left(\frac{1}{2}\right) + 8 \times \left(\frac{1}{8}\right) = 4$

Donc $N_{motif} = 4$

La compacité d'un cristal

On appelle **compacité** C d'un cristal, le rapport du volume occupé par les motifs sur le volume total de la maille, exprimé en pourcentage.

$$\mathbf{C = \frac{volume\ occupé\ par\ les\ motifs}{volume\ de\ la\ maille}}$$

- Dans le cas où un motif est assimilable à une sphère, le volume occupé par un motif de rayon R est :

$$V_{1\ motif} = \frac{4}{3}\pi R^3$$

$$V_{occupé\ par\ les\ motifs} = N \times \frac{4}{3}\pi R^3$$

- Le volume de la maille de côté *a* et dont les motifs sont en contact suivant l'arête *a* est :

$$V_{\text{total maille}} = a^3$$

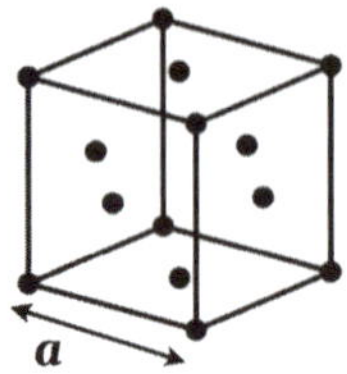

Ainsi C est défini par :

$$\mathbf{C} = \frac{N \times \frac{4}{3}\pi R^3}{a^3}$$

Calculons la compacité d'un cristal de polonium, de maille cubique simple.

$a = 2R$

$V_{\text{total maille Po}} = a^3 = (2R)^3$

$V_{\text{occupé par atome Po}} = 1 \times \frac{4}{3}\pi R^3 = \frac{4}{3}\pi R^3$

$C = \frac{4\frac{\pi R^3}{3}}{2^3 R^3} = \frac{\frac{\pi}{3}}{2} = \frac{\pi}{6}$

$C \sim 0{,}52$

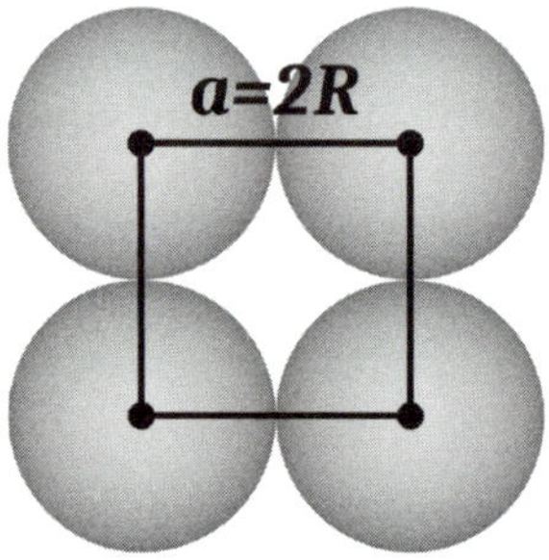

Ceci signifie que les sphères, ici les atomes de polonium, occupent 52 % du volume total de la maille élémentaire.

Dans le cas d'une maille d'un réseau cubique à faces centrées, on choisira la diagonale du cube pour faire le calcul de la compacité.

$4R = a\sqrt{2}$

$V_{\text{total maille NaCl}} = a^3 = \left(\frac{4R}{\sqrt{2}}\right)^3$

$V_{\text{occupé par motif NaCl}} = 4 \times \left(\frac{4}{3}\pi R^3\right)$

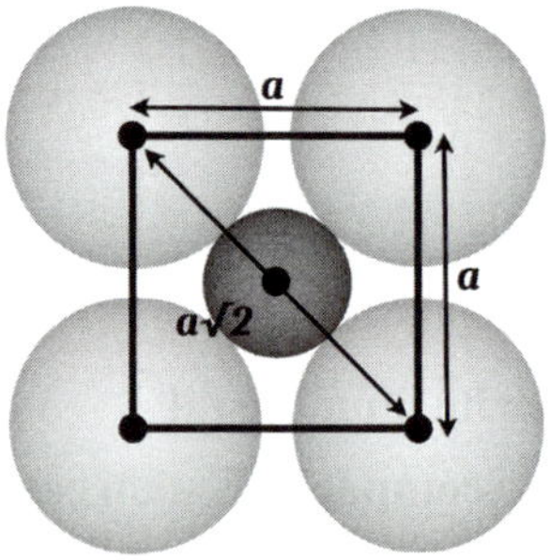

$$C = \frac{4\left(\frac{4\pi R^3}{3}\right)}{\left(\frac{4R}{\sqrt{2}}\right)^3} = \frac{\pi\sqrt{2}}{6}$$

$C \sim 0{,}74$

Ceci signifie que les sphères, ici les ions calcium et chlorure occupent 74 % du volume total de la maille élémentaire.

La masse volumique d'un cristal

La **masse volumique** ramenée à une maille est le rapport de la masse de la maille élémentaire sur son volume, exprimée en $kg \cdot m^{-3}$.

$$\rho = \frac{\textbf{masse de la maille}}{\textbf{volume de la maille}}$$

La masse de la maille :

$$m_{maille} = N\left(\frac{M}{N_a}\right)$$

N la multiplicité de la maille et a^3 le volume de la maille en m^3

M la masse molaire des particules constituant le cristal en $kg \cdot mol^{-1}$

N_a la constante d'Avogadro ($N_a \approx 6{,}022 \times 10^{23}\ mol^{-1}$)

$$\rho = \frac{NM}{N_a\, a^3}$$

La masse volumique du cristal dépend donc du volume de la maille élémentaire et de la masse molaire de chaque particule occupant la maille.

2. Les cristaux dans le monde minéral

Les roches de la croûte terrestre et du manteau sont formées de minéraux.

Les caractéristiques des minéraux

Le solide cristallin ou le solide amorphe

Un **minéral** est une substance inorganique formée d'atomes et donc définie par sa composition chimique. Si ce minéral possède un assemblage régulier d'atomes ordonnés, c'est un **cristal**.

Le quartz, minéral cristallisé

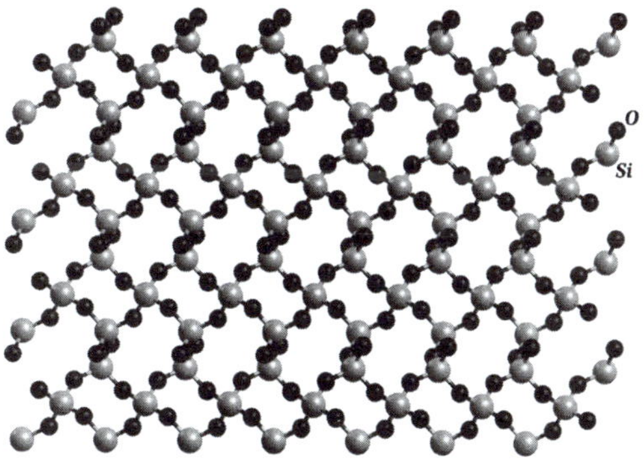

Dans le cas où les atomes sont répartis au hasard, sans arrangement régulier et périodique, c'est un **solide amorphe** encore appelé **verre**.

Des atomes dans le verre

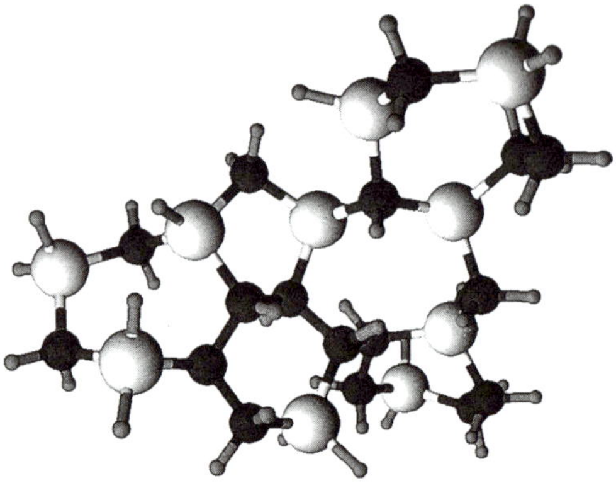

Par exemple, une bouteille en verre est produite par chauffage à 1 500 °C d'un mélange de sable, de carbonate de sodium et de calcaire. Sous l'effet de la chaleur, la silice à l'état cristallin constituant le sable passe en phase liquide, état amorphe. Ensuite, si le milieu est refroidi assez vite, l'état amorphe est conservé lors de la solidification. Des additifs peuvent donner des couleurs à la bouteille.

L'observation des minéraux

Une roche peut être formée de plusieurs cristaux du même minéral ou de plusieurs minéraux différents. Les minéraux cristallins sont caractérisés par leur réseau cristallin associé à des propriétés physiques, chimiques et optiques propres à chaque minéral. Ainsi lorsque l'on observe une lame mince de roche à l'aide d'un microscope polarisant, ses minéraux dévient la lumière selon leur structure cristalline. Dans le cas du verre, la lumière n'est pas déviée, il apparaît noir.

Quelques caractéristiques minéralogiques et chimiques de deux roches

Caractéristiques au microscope polarisant en lumière polarisée analysée	**Minéral**	**Formule chimique**	**Roche**
Blanc à gris clair	Quartz	SiO_4	Granite
Teintes très vives bleu, vert, jaune	Biotite	$KAl_2(AlSi_3O_{10})(OH, F)_2$	
Alternance de bandes noires et grises	Feldspath plagioclase	$Na/Ca[Al_2Si_2O_8]$	Gabbro
Jaune, orange ou rouge	Pyroxène	$Ca, Fe, Mg, Al\ [(Al, Si)O_3]$	

La connaissance de la composition chimique des minéraux et la proportion de minéraux présents dans une lame mince de roche permettent de déterminer la composition chimique de cette roche.

Les conditions de formation des minéraux

Les deux états, cristallin et amorphe, peuvent s'obtenir à partir des mêmes entités chimiques. Cela va dépendre de la vitesse de refroidissement du magma.

Quand une roche entre en fusion, la partie liquide forme un magma qui remonte vers la surface. Au cours de sa remontée, le magma refroidit lentement, les entités chimiques ont le temps de s'organiser les unes par rapport aux autres pour donner une structure spatiale ordonnée. On obtient un minéral possédant un état solide cristallin avec des minéraux jointifs de grande taille. Ces roches magmatiques formées en profondeur sont dites plutoniques.

Observation et dessin d'un gabbro

À l'œil nu — *Au microscope polarisant (LPNA x40)*

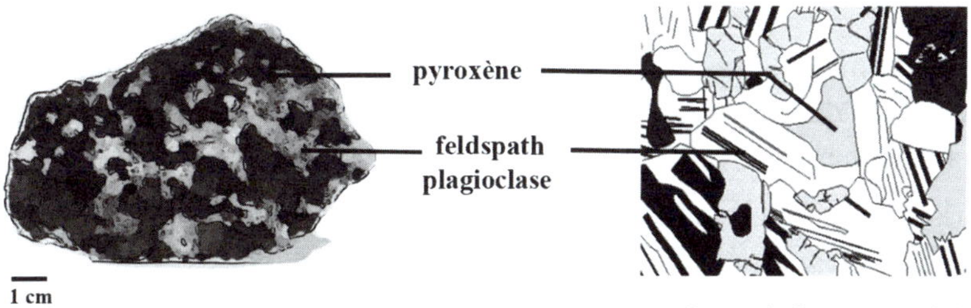

Tous les minéraux sont visibles — Les minéraux sont jointifs

Si le même magma remonte rapidement à la surface, la lave qui en sera issue va refroidir brutalement. Certaines entités chimiques n'ont pas la possibilité de s'organiser en structure géométrique et forment alors un solide amorphe, le verre. On y trouve quelques cristaux non jointifs de petite taille. Ces roches magmatiques formées en surface sont dites volcaniques.

Observation et dessin d'un basalte

À l'œil nu — *Au microscope polarisant (LPNA x40)*

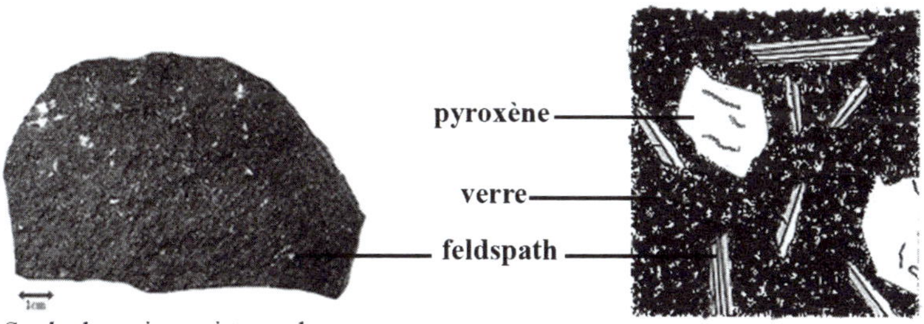

Seuls des microcristaux de feldspath sont visibles — Les minéraux ne sont pas jointifs

3. Les cristaux dans le monde vivant

La coquille d'œuf possède des cristaux de calcite dont l'organisation cristalline assure une résistance remarquable à des pressions de plusieurs kilos. La calcite composée de carbonate de calcium ($CaCO_3$) forme un cristal à six faces mais de formes variables.

La calcite

Chez l'espèce humaine, des calculs rénaux peuvent se former. Ces cristaux sont constitués surtout de sels minéraux, comme le calcium, le phosphore, l'ammoniaque ou le magnésium.

D'autres cristaux déviant la lumière sont à l'origine des couleurs du vivant comme les ailes des insectes, les écailles de poissons, les plumes d'oiseaux ou la nacre de coquilles.

L'essentiel

Les entités chimiques s'organisent en édifices caractérisés par une régularité géométrique, les solides cristallins, aux propriétés remarquables liées à leur structure dans le monde minéral comme dans le monde vivant. Certaines entités chimiques peuvent échapper à ces règles et former des solides amorphes.

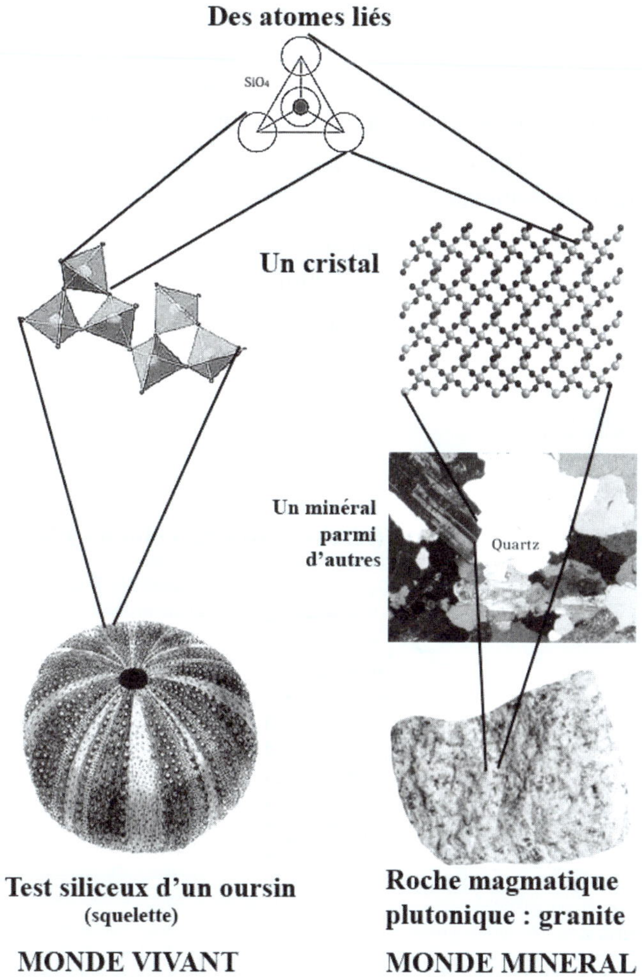

Énoncés des exercices

* Exercice 1 — 5 min

1. Définir ce qu'est un solide cristallin.
2. Préciser les caractéristiques qui distinguent le verre du cristal.

** Exercice 2 — 10 min

Le diamant, cristal très dur et transparent, est composé uniquement de carbone. Il se forme à des températures comprises entre 100°C et 1400°C et des pressions entre 4.5 GPa et 6 GPa. On retrouve ces conditions à des profondeurs entre 150 km et 1 000 km, dans le manteau.

Le graphite des mines de crayon est au contraire tendre, très friable et de couleur noir métallique. Il est aussi constitué uniquement de carbone. Le graphite se forme soit à partir de la transformation progressive de matière organique piégée dans les roches par augmentation de température (650-700°C) et de pression soit à partir du carbone contenu dans la calcite selon un processus chimique à basse température (430°C).

Document 1

La structure du diamant (réseau cristallin cubique à face centrée)

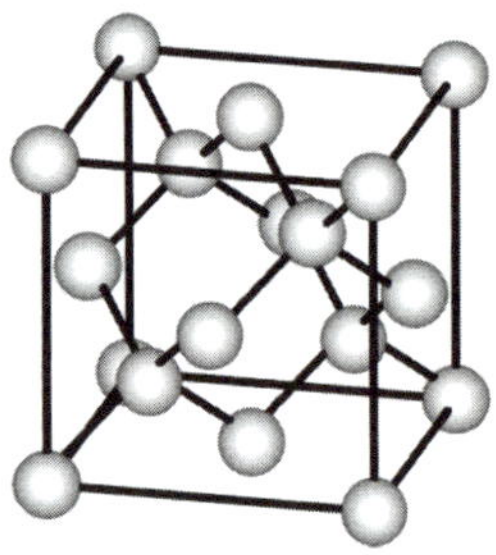

Document 2

La structure du graphite (réseau cristallin hexagonal)

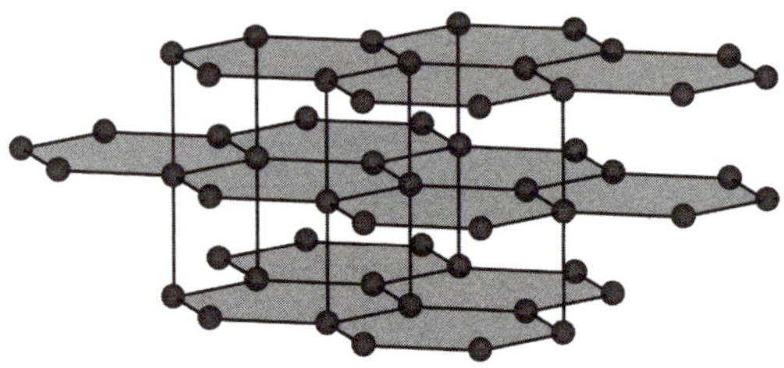

1. Comparer les caractéristiques du graphite et du diamant.
2. Émettre des hypothèses pour expliquer que le diamant soit plus dur que le graphite.

** Exercice 3

10 min

Un géologue revenu des Andes rapporta une roche abondante de cette région du globe. Il la nomma l'andésite. Cette roche de couleur grise plutôt claire est observée en lame mince, au microscope polarisant.

Dessin d'observation de la lame mince d'andésite (LPNA x40)

1. Nommer les éléments numérotés 1 et 2.
2. Expliquer les conditions de formation de cette roche. Préciser à quel type de roche appartient l'andésite.

*** Exercice 4

20 min

Soit un cristal formé d'or et de cuivre ayant une structure cubique faces centrées. Les atomes d'or sont situés sur les sommets et ceux de cuivre au centre des faces.

1. Représenter la maille de l'alliage en vue éclatée.
2. Déterminer le nombre N de motifs à l'aide de la représentation effectuée.
3. Déduire l'expression littérale du volume occupé par les motifs d'une maille élémentaire de $AuCu_3$ en fonction de R_{Cu} et R_{Au}.

Données

- Les rayons atomiques sont ceux des cristaux purs de cuivre et d'or.
- $a_{Cu} = 3{,}61$ Angström et $a_{Au} = 4{,}08$ Angström

4. Déterminer a_{maille}.
5. Déterminer la compacité C du cristal de l'alliage. Préciser alors en pourcentage l'espace occupé par les motifs dans la maille et l'espace libre entre les atomes.

Données

La masse molaire de l'or est de 196,97 g · mol^{-1}, celle du cuivre est de 63,54 g · mol^{-1}.
$N_a \approx 6{,}022 \times 10^{23}$ mol^{-1}.
1 Angström = 10^{-10} m

6. Quelle est la masse volumique théorique (g · cm^{-3}) de cet alliage ?

*** Exercice 5 — 25 min

L'Atomium, un symbole de la ville de Bruxelles, a été construit pour l'exposition universelle de 1958. Certains disent qu'il représente un atome de fer ; en réalité, chaque sphère représente un atome de fer. Ainsi l'Atomium représente la maille élémentaire d'un cristal de fer dans des conditions de pression et de température précises.

1. Indiquer le nombre d'atomes de fer.
2. À partir de la photographie, représenter la maille du fer en vue éclatée de l'Atomium.
3. En déduire à quel réseau appartient cette maille.
   Le fer existe sous plusieurs formes selon la température. La forme stable à basse température, 911°C, est la ferrite, de structure cubique centrée. Au-delà de cette température vers 913°C, la forme stable est l'austénite de structure cubique à faces centrées.

Données

$a_{austénite}$ = 0,3646 nm et 4 atomes par maille
$N_a = 6{,}02 \cdot 10^{23} mol^{-1}$ et masse molaire du fer M = 55,85 g · mol^{-1}

4. Pour la ferrite, indiquer le nombre d'atomes de fer pour une maille.
5. Montrer alors que la masse de fer contenue dans une maille est égale à $1{,}85 \cdot 10^{-22}$ g.
   Dans le système cubique centré, les atomes tangents sont situés sur la diagonale interne.

Données

R_{Fe} = 0,1257 nm

6. Déterminer $a_{ferrite}$ en fonction de R. En déduire le volume occupé par cette maille en cm^3.
7. Calculer et comparer la masse volumique du fer à 911°C et à 913°C.

Corrigés exercices

Exercice 1

1. Un solide cristallin est un solide dont les atomes sont ordonnés dans l'espace selon une forme géométrique et périodique.
2. Un verre est également un solide mais il est amorphe, c'est-à-dire que les atomes le composant ne sont pas ordonnés dans l'espace.

Exercice 2

1. Le graphite comme le diamant sont formés de carbone. Par contre le diamant est formé en profondeur à haute pression et température, le graphite peut se former à haute mais aussi basse température. Leur structure diffère : le diamant appartient au système cubique, le graphite appartient au système hexagonal.
2. Pourtant de même composition chimique le diamant et le graphite n'ont pas la même structure cristalline ce qui leur confère des propriétés, notamment de dureté, différentes. On peut penser que cette différence est due à la superposition de feuillets du graphite qui, même si chaque feuillet indépendamment est solide, fragilise l'ensemble : les feuillets peuvent se séparer. La maille cubique du diamant avec des liaisons fortes entre les atomes de carbone lui confère sa dureté.

Exercice 3

1. L'élément 1 est un minéral alors que le 2 est du verre.
2. La présence de verre et de cristaux non jointifs et de petite taille signifie que le refroidissement du magma à l'origine de cette roche a été rapide, brutal. Il s'est fait en surface, c'est une roche volcanique à structure microlithique.

Exercice 4

1.

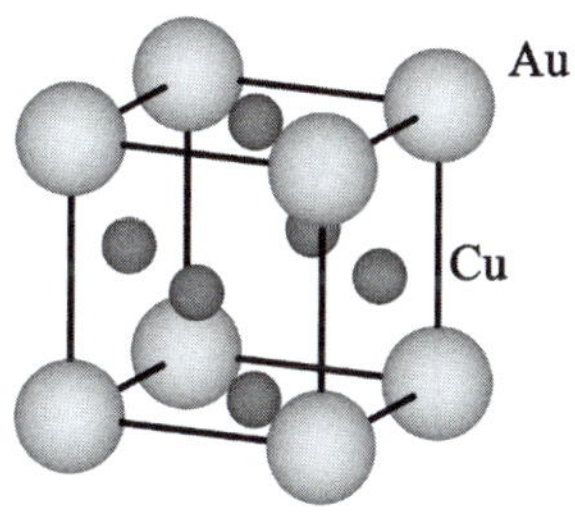

2. La maille renferme 6 × 1/2 = 3 atomes Cu aux milieux des faces, 8 × 1/8 = 1 atome Au sur les sommets. Le motif étant AuCu, $N_{motif} = 4$.

3. $V_{motif} = N \times \frac{4}{3} \times \pi \times \left(R_{Au}^3 + R_{Cu}^3\right)$

4. Les atomes tangents sont situés au centre d'une face et aux sommets de la même face.

$4R_{Au} = a_{Au}\sqrt{2}$ $\quad\quad$ $R_{Au} = \sqrt{2}\, a_{Au}/4 = 1{,}44A$

$4R_{Cu} = a_{Cu}\sqrt{2}$ $\quad\quad$ $R_{Cu} = \sqrt{2}\, a_{Cu}/4 = 1{,}28A$

$a_{maille}\sqrt{2} = 2(R_{Au} + R_{Cu})$ donc $a_{maille} = 2(R_{Au} + R_{Cu})/\sqrt{2}$

$a_{maille} = 2(1{,}44 + 1{,}28)/\sqrt{2} = 3{,}85A$

5. Compacité :

$$C = \frac{\text{volume occupé par les motifs}}{\text{volume de la maille}}$$

$V_{motif} = 4 \times \frac{4}{3}\pi \times (R_{AU}{}^3 + R_{CU}{}^3)$

$V_{\text{total de la maille}} = a^3$

$C \simeq 0{,}736$

Les ions occupent 74 % de la maille du cristal alors que le vide en occupe 26 %.

6. $\rho = \frac{NM}{N_a\, a^3}$

Masse molaire de $AuCu_3$: $196{,}97 + (3 \times 63{,}54) = 387{,}59\ g \cdot mol^{-1}$

$a^3 = (3{,}85 \cdot 10^{-8})^3\ cm^3$

$\rho = 387{,}59/6{,}02 \cdot 10^{23} \times (3{,}85 \cdot 10^{-8})^3$

$\rho = 11{,}28\ g \cdot cm^{-3}$

Exercice 5

1. Il y a 9 atomes de fer.

2. La maille du fer :

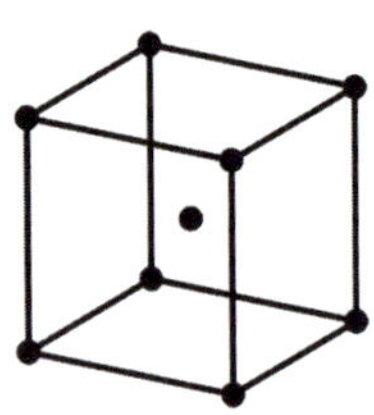

3. Il s'agit d'un solide qui a cristallisé dans le système cubique.

Corrigés

4. La ferrite possède 1 atome de fer complet au centre. Les 8 atomes aux sommets de la maille appartiennent à 8 mailles donc comptent pour $\frac{1}{8}$. On a donc

$$N = 1 + \left(8 \times \frac{1}{8}\right) = 2$$

5. $m_{\text{maille Ferrite}} = N \cdot \left(\frac{M}{N_a}\right) = 2 \times \left(\frac{55{,}85}{6{,}02 \cdot 10^{23}}\right) = 1{,}85 \cdot 10^{-22}$

$M_{\text{maille Ferrite}} = 1{,}85 \cdot 10^{-22}$ g

6. Les atomes de la ferrite se touchent sur la diagonale d et non sur l'arête a du cube

$d = a$ et $d = 4R$

donc $a = 4R$

$$a_{\text{Ferrite}} = \frac{4R}{\sqrt{3}}$$

$R_{Fe} = 0{,}1257 \cdot 10^{-9}$ m $= 0{,}1257 \cdot 10^{-7}$ cm

Soit $a = 0{,}2903 \cdot 10^{-7}$ cm

$V_{\text{total maille Ferrite}} = a^3$

$V_{\text{total maille Ferrite}} = 2{,}446 \cdot 10^{-23}$ cm^3

7. À 911°C pour la ferrite avec :

$m_{\text{maille Ferrite}} = 1{,}85 \cdot 10^{-22}$ g et $V_{\text{total maille Ferrite}} = 2{,}446 \cdot 10^{-23}$ cm^3

$$\rho = \left(\frac{m}{V}\right)_{\text{maille}}$$

$\rho = 7{,}563 \text{g} \cdot \text{cm}^{-3}$

À 913°C pour l'austénite avec :

$a_{\text{Austénite}} = 0{,}3646$ nm $= 0{,}3646 \cdot 10^{-7}$ cm

$V_{\text{total maille Austénite}} = a^3 = 4{,}8467 \cdot 10^{-23}$ cm^3

$$\rho = \frac{NM}{N_a\, a^3}$$

$$\rho = \frac{4 \times 55{,}85}{6{,}02 \cdot 10^{23} \times 4{,}8467 \cdot 10^{-23}}$$

$\rho = 7{,}657 \text{ g} \cdot \text{cm}^{-3}$

À 913°C, le fer est plus dense du fait de son réseau cubique à faces centrées.

3 Une structure complexe : la cellule vivante

La matière vivante est constituée d'entités chimiques qui se lient pour former des millions de molécules ; elles-mêmes s'organisent en structure, la cellule. La découverte de cette unité structurale et fonctionnelle de tous les êtres vivants est liée à l'évolution technique de la microscopie.

Comment l'organisation cellulaire a-t-elle été découverte et quelle est la particularité de sa membrane plasmique ?

1. La découverte de l'unité cellulaire

La découverte de la notion de cellule est entièrement liée à l'invention du **microscope**.

La plus ancienne lentille de verre poli découverte datant du XIIe siècle avant Jésus Christ était destinée à corriger la vue. L'utilisation scientifique de la lentille ne date que du XVIIe siècle. C'est en 1662 que **R. Hooke** (1635-1703), savant anglais, a observé au microscope du liège, fragment d'écorce de chêne. Il y découvrit de nombreuses « chambres » répétées à l'identique qu'il retrouva dans d'autres observations de végétaux. Il nomma alors « cellules » (*cellula*, chambre en latin) les plus petites unités structurelles des végétaux. Cette découverte marqua le début de la **théorie cellulaire** selon laquelle tous les êtres vivants sont formés de cellules.

À la même époque, **M. Malpighi** (1628-1684) en Italie et **A. Van Leuwenhoeck** (1632-1723) en Hollande observèrent des cellules animales ainsi que des individus unicellulaires. Drapier hollandais, A. Van Leuwenhoeck qui en avait besoin pour examiner en détail la qualité des fibres de ses textiles fabriqua alors le premier microscope permettant de grossir 50 à 300 fois les objets observés au travers d'une minuscule lentille.

C'est au XIXe siècle, grâce au perfectionnement des microscopes de par le développement de l'optique et de la métallurgie, qu'il y eut de nombreuses découvertes complémentaires comme celle du noyau cellulaire en 1831 par **R. Brown** (1773-1858).

En 1839, le botaniste **M. Schleiden** (1804-1881) et le zoologiste **T. Schwann** (1810-1882), tous deux allemands, ont formulé la **théorie cellulaire** à partir d'observations d'organes d'animaux comme de végétaux. Ils établirent que tous les organismes vivants, simples comme complexes, sont formés d'une même unité microscopique de construction, la cellule. Certains ont une unique cellule autonome, les organismes unicellulaires ; d'autres en ont plusieurs avec différentes formes et fonctions, ce sont des organismes pluricellulaires.

Le microscope optique dit photonique actuel est un instrument constitué de plusieurs lentilles permettant un grossissement. Il évolua au cours du temps, permettant d'observer des objets invisibles à l'œil nu grâce à la lumière blanche qui les traverse. Il peut alors grossir actuellement jusqu'à 1 500 fois.

2. Les niveaux d'organisation de la matière vivante

À partir de la moitié du XXe siècle, la création du microscope électronique a permis d'observer l'intérieur des cellules et d'en établir leur structure moléculaire. Les objets observés sont alors traversés par des électrons, ayant une longueur d'onde plus courte que celle des photons, permettant ainsi de visualiser des structures plus petites. Une image plus précise et un grossissement de plus de 100 000 fois sont obtenus et permettent de passer de l'échelle cellulaire à l'échelle moléculaire. Ces instruments ont révolutionné le monde de l'observation microscopique.

Le premier prototype fut construit en 1933 par le physicien allemand **E. Ruska** (1906-1988) permettant de détecter des objets d'une taille de 50 nm puis en 1938 au Canada le microscope électronique d'**E. Burton** (1879-1948) permit d'observer des objets d'une taille de 1 nm (l'équivalent de 10 atomes). Le premier microscope électronique est commercialisé en 1965.

Ces outils ne sont alors destinés qu'à des usages scientifiques du fait de leur taille, de leur coût très onéreux et de la préparation délicate des échantillons à observer.

Ainsi la microscopie a permis d'établir les liens entre les différentes échelles du vivant.

L'échelle d'observation du vivant

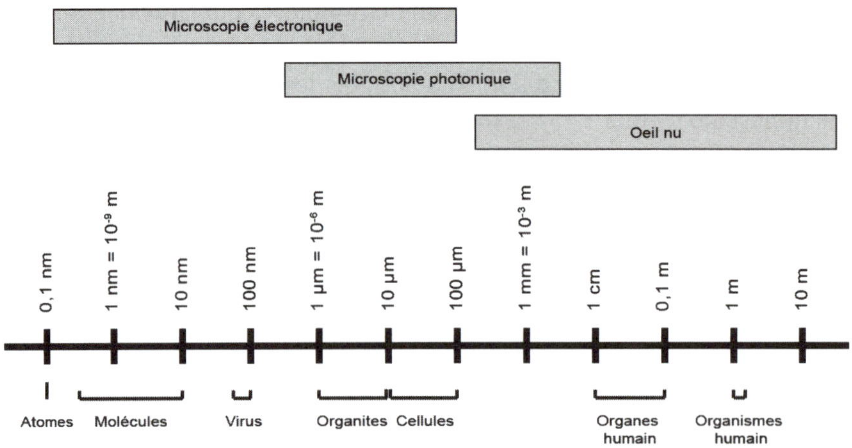

Le développement des techniques d'observation microscopique ont permis l'étude de plusieurs niveaux d'organisation. Parmi les nombreuses découvertes permises par la microscopie, la structure des membranes en est un exemple.

3. La limite cellulaire avec le milieu extérieur

C'est en 1972 que **J. Singer** et **G. Nicholson** décrivent le modèle de la membrane plasmique séparant la cellule du milieu extracellulaire. Le microscope électronique a permis l'observation d'une membrane disposée en une bicouche et composée de plusieurs types de molécules : principalement des lipides et des protéines ainsi qu'une faible quantité de glucides. Les lipides sont majoritairement des phospholipides constitués de deux parties :

- une partie qui a de l'affinité avec la matière grasse, la partie **lipophile**
- une partie qui a de l'affinité pour l'eau, la partie **hydrophile**. Ces molécules polarisées sont organisées de telle sorte que la partie hydrophile est orientée vers la face externe de la membrane. Ainsi dans l'épaisseur de la membrane se trouve la partie lipophile des phospholipides.

La membrane plasmique

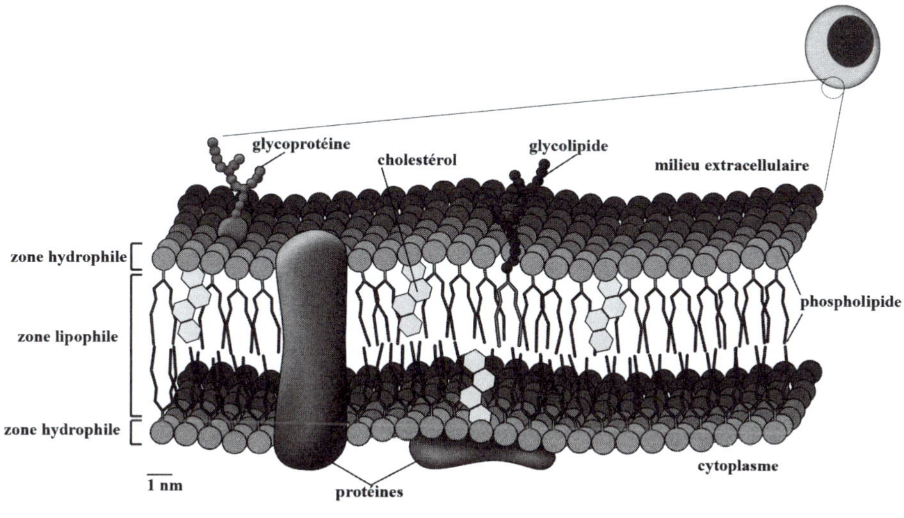

Aucun lien covalent n'existe, seules les interactions entre les parties lipophiles des milliers de lipides les constituant permettent la stabilité des membranes.

La double polarité des phospholipides confère la stabilité à cette structure membranaire, frontière entre deux milieux **aqueux** : le milieu extracellulaire et le cytoplasme.

Résumés de cours

L'essentiel

L'évolution des technologies, comme celle du microscope, a permis des études détaillées des êtres vivants et de comprendre les liens entre les différentes échelles des éléments les constituants.

À partir d'observations d'anatomie microscopique comparée, les prémices de la théorie cellulaire correspondent aux faits que :

- la cellule est l'unité de base de tout être vivant
- tous les organismes se composent d'une ou plusieurs cellules

Exercices

Énoncés des exercices

* Exercice 1 — 15 min

1. Quel instrument a permis d'établir les bases de la théorie cellulaire ?
2. Quel instrument a permis de comprendre la relation entre les échelles cellulaire et moléculaire ?
3. Légender la représentation schématique d'une membrane plasmique.

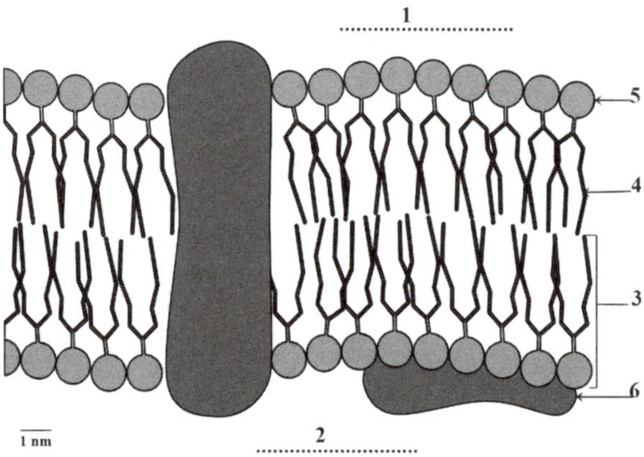

** Exercice 2 — 15 min

Les phospholipides sont l'un des principaux constituants de la membrane plasmique. Ils sont constitués d'un glycérol relié d'une part à deux acides gras lipophile et d'autre part à un phosphate lui-même relié à un alcool hydrophile.

Document 1

Formule chimique d'un exemple de phospholipide

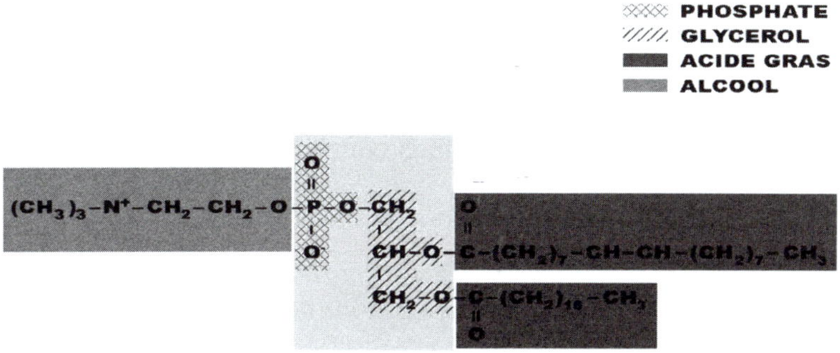

Document 2

Représentation schématique d'un phospholipide

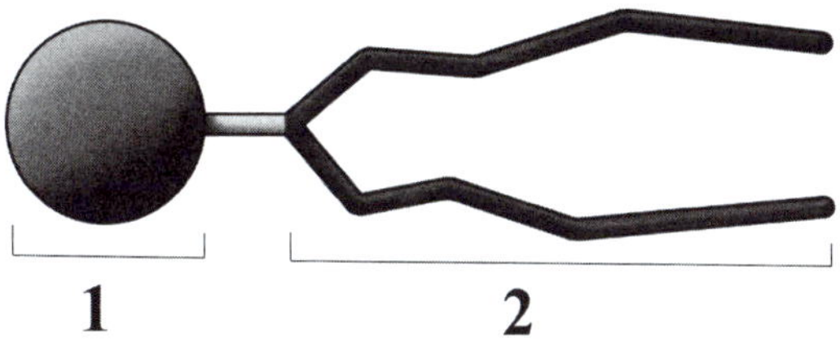

1. Indiquer les correspondances des parties hydrophile et lipophile du phospholipide aux légendes du document 2.

La membrane plasmique observée au microscope électronique apparaît formée d'un feuillet clair entouré de deux feuillets sombres.

Document 3

Micrographie d'une membrane plasmique au microscope électronique

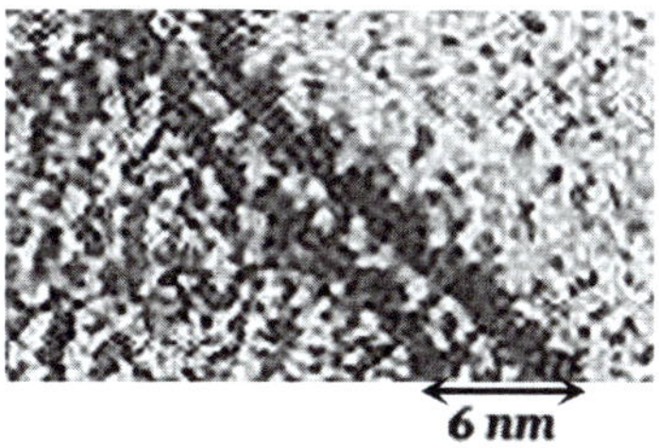

2. À l'aide de la représentation du document 2 schématiser l'organisation des phospholipides de la membrane plasmique (document 3). Préciser les deux milieux aqueux et les zones hydrophiles et lipophiles.

Exercice 3

15 min

Le microscope optique, même avec des lentilles optiques parfaites et une illumination idéale, ne pourra jamais distinguer deux objets si la distance qui les sépare est inférieure à la moitié de la longueur d'onde du rayonnement incident, soit la lumière blanche. La seule solution pour observer des objets plus petits est d'augmenter la résolution du microscope, c'est-à-dire d'utiliser une source d'illumination ayant une longueur d'onde plus courte ; c'est le cas du microscope électronique.

Document 1

Différentes dimensions vis-à-vis de l'échelle de taille

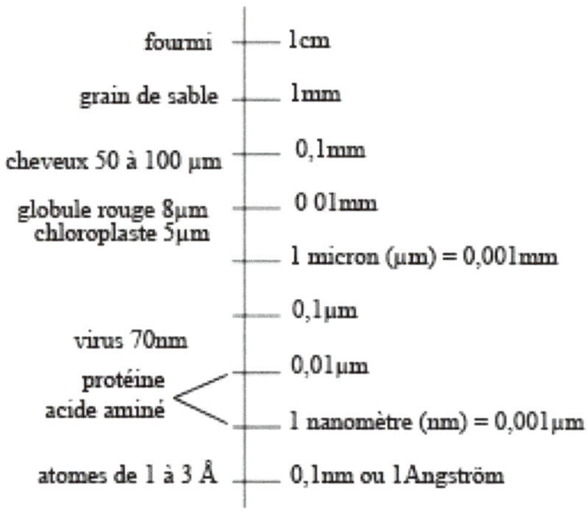

Document 2

Schéma simplifié d'une coupe de membrane plasmique

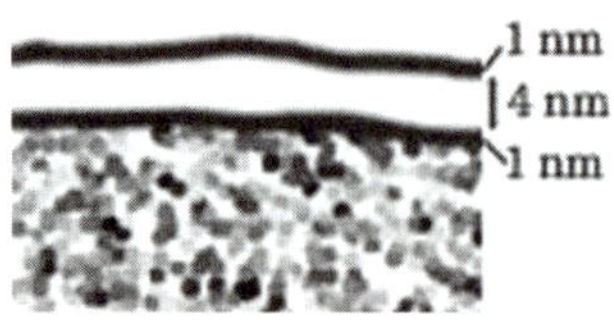

1. À l'aide de vos connaissances et des informations du texte introductif, indiquer la taille minimale des plus petits objets que l'on peut distinguer en utilisant un microscope optique.
2. À l'aide du document 1, expliquer quelle est l'échelle minimale du vivant visible avec un microscope optique.
3. Sachant que certains microscopes électroniques ont une résolution de l'ordre du nanomètre, expliquer pourquoi il est possible d'étudier en coupe des molécules de la membrane plasmique.

Contrôle

60 min – 20 points

Lorsque les astrophysiciens nucléaires se sont penchés sur la théorie du Big Bang, ils ont effectué des calculs mathématiques afin de la valider.

La cosmochimie étudie la géochimie des corps célestes à partir des échantillons lunaires, de comètes ou d'astéroïdes rapportés par des missions spatiales. On a constaté que les mesures effectuées sur des échantillons concordent avec les calculs sauf celles de l'abondance des isotopes de lithium 6 et 7.

On cherche à déterminer les variations entre les mesures issues des échantillons rapportés et les calculs théoriques.

Document 1

Du lithium provenant d'échantillons de roches lunaires

Au cours des missions Apollo, les astronautes américains ont rapporté 382 kg de roches lunaires. Ces roches contiennent à la surface sur une épaisseur de 30 nm des ions lithium Li^+ issus de la photosphère (atmosphère extérieure du Soleil) et apporté par le vent solaire quand il balaie la surface de la Lune.

Les cosmochimistes ont récupéré les ions lithium incrustés à la surface des échantillons, puis ont séparé les isotopes ${}^6_3Li$ et ${}^7_3Li$.

L'abondance théorique trouvé montre que $\frac{{}^6_3Li}{{}^7_3Li} = 1{,}6 \times 10^{-5}$. Cette abondance peut ensuite être comparée avec celle qu'on arrive à mesurer sur des objets astrophysiques qui retracent l'abondance primordiale en lithium 6.

Document 2

La formation des lithium 6 et 7

Document 2a : Représentation schématique de la formation d'un noyau de lithium 6.

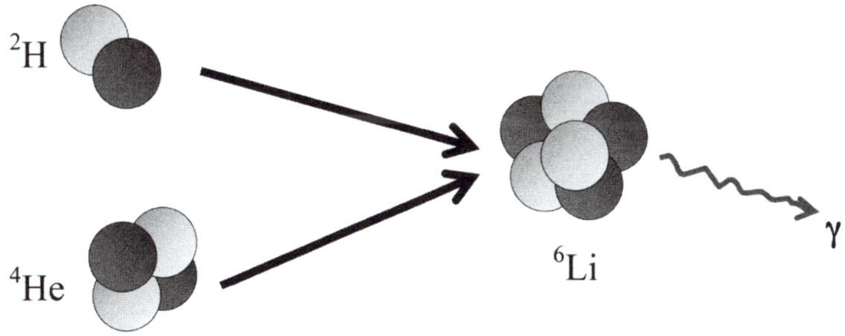

Contrôle

Document 2b : La formation de lithium 7

Le lithium 7 peut être obtenu par transformation du béryllium 7 ($^{7}_{4}Be$) en ^{7}Li en une demi-vie de 53,12 jours.

Document 3

Les différents types de radioactivités

Il existe deux types de radioactivité :

- une radioactivité naturelle, la radioactivité β associée à l'émission d'un noyau d'hélium ($^{4}_{2}He$), la radioactivité β^- qui entraîne l'émission d'un électron ($^{0}_{-1}e$) et la radioactivité β^+ à l'origine de l'émission d'un positron ($^{0}_{+1}e$).
- une radioactivité artificielle liée à deux phénomènes :
  - la fusion : un noyau lourd instable transmute en présence de neutron pour donner des noyaux plus légers et plus stables
  - la fission : deux noyaux légers fusionnent pour donner un noyau plus lourd et plus stable

Document 4

Le cristal de lithium

Le lithium cristallise dans le système cubique centré c'est-à-dire un atome sur chaque sommet du cube et un atome au centre de la maille.

Dans le modèle compact, les atomes sont tangents selon la diagonale du cube.

Document 4a : Représentation de la maille du Lithium

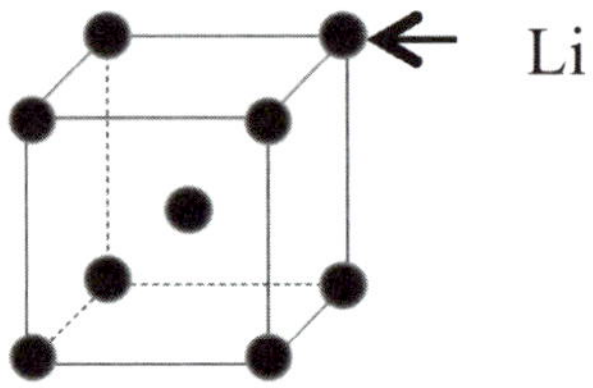

Document 4b : Quelques données sur le cristal de lithium et ses isotopes

Isotopes	$^{6}_{3}Li$	$^{7}_{3}Li$
Pourcentage massique (abondance)	7,4 %	92,6 %
Masse d'une mole d'atome (g)	6,0137	7,0144

Nombre d'Avogadro : $N_A = 6{,}02 \times 10^{23} mol^{-1}$

Le paramètre de maille est : a = 356 pm.

1. À l'aide de l'étude des documents et de vos connaissances, déterminer les caractéristiques du cristal de lithium et de ses isotopes. (16 points)

Préciser le type de réaction nucléaire à l'origine de la formation du noyau de lithium, la composition des deux isotopes, leurs caractéristiques qui ont permis aux scientifiques de les séparer, la compacité et la masse volumique du lithium.

2. Sachant que l'on a mesuré dans une roche lunaire une proportion de 4 noyaux de $^{6}_{3}Li$ contre $1{,}25 \times 10^3$ noyaux de $^{7}_{3}Li$, commenter à l'aide du document 1 les différences entre la valeur mesurée et le calcul théorique. (4 points)

Corrigés exercices

Exercice 1

1. L'instrument qui a permis d'établir les bases de la théorie cellulaire est le microscope optique.
2. L'instrument qui a permis de comprendre la relation entre les échelles cellulaire et moléculaire est le microscope électronique.
3. Les objets observés par le microscope optique sont traversés par la lumière blanche, soit des photons. Ils ont une longueur d'onde permettant de grossir jusqu'à 1 500 fois en moyenne les objets.

   Les objets observés par le microscope électronique sont traversés par des électrons. Ils ont une longueur d'onde permettant de grossir jusqu'à 100 000 fois en moyenne les objets.
4. 1. milieu extracellulaire / 2. cytoplasme / 3. phospholipide / 4. partie lipophile / 5. partie hydrophile / 6. protéine.

Exercice 2

1. 1. tête hydrophile / 2. queue lipophile
2. Schéma de l'organisation des phospholipides de la membrane plasmique

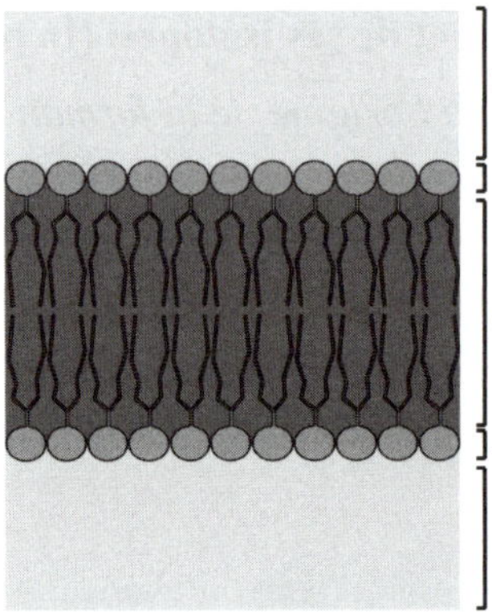

Exercice 3

1. La lumière blanche a une longueur d'onde comprise entre 0,4 et 0,8 µm. D'après le texte introductif le microscope optique « ne pourra jamais distinguer deux objets si la distance qui les sépare est inférieure à la moitié de la longueur d'onde du rayonnement incident, soit la lumière blanche ». On en déduit qu'un objet plus petit que 0,2 µm ne sera donc pas distinguable d'un autre.
2. La taille la plus petite visible est 0,3 µm ce qui correspond sur le document au chloroplaste soit l'échelle de l'organite.
3. D'après le document 2, la membrane plasmique a une épaisseur de 1 + 3 + 1 = 5 nm. Chaque couche lipidique a donc une épaisseur de 2,5 nm en moyenne. Le microscope électronique pouvant mettre en évidence des objets de la taille d'1 nm au plus petit, il est donc possible d'observer des éléments de la membrane plasmique s'ils ont une taille entre 1 et 2,5 nm. C'est le cas des protéines du document 1.

Corrigés

Corrigé du contrôle

1.a – 2 points

La réaction nucléaire illustrée ici est une fusion nucléaire, les noyaux d'hélium 4 (^4He) et de deutérium (^2H) fusionnent pour donner un noyau de lithium 6 plus stable que ces réactifs en émettant un rayonnement gamma (c'est-à-dire des photons de haute énergie).

1.b – 3 points

L'ion $^{6}_{3}Li^+$est constitué dans son noyau de Z = 3 soit 3 protons

et A – Z = 6 – 3 = 3 neutrons.

L'ion Lithium 6 est entouré de Z – 1 = 3 – 1 = 2 électrons qui gravitent autour du noyau.

L'ion $^{7}_{3}Li^+$ est constitué dans son noyau de Z = 3 soit 3 protons

et A – Z = 7 – 3 = 4 neutrons.

L'ion Lithium 7 est entouré de Z – 1 = 3 – 1 = 2 électrons qui gravitent autour du noyau.

1.c – 1 point

Les deux ions n'ont pas le même nombre de neutrons donc ils n'ont pas la même masse. Cela permet de les séparer.

1.d – 5 points

Le motif élémentaire de cette maille est un « atome de lithium ».

Il y a 8 sommets sur un cube et chaque sommet est commun à 8 cubes donc les atomes aux sommets comptent pour $8 \times \frac{1}{8} = 1$ atome et il y a un atome au centre de la maille élémentaire donc qui ne compte que pour 1.

Ainsi $N = 8 \times \frac{1}{8} + 1 = 2$, il y a deux atomes de lithium en propre par maille.

En considérant l'atome de lithium situé au centre du cube représentant la maille élémentaire, on observe qu'il est entouré de 8 atomes voisins.

La compacité C est la fraction du volume occupé par les motifs divisée par le volume de la maille.

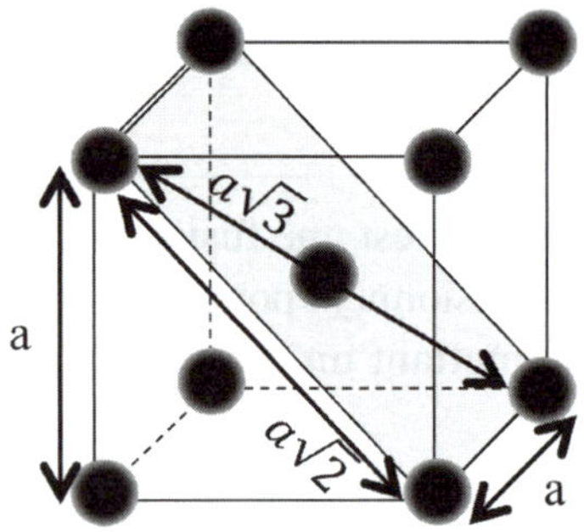

Le volume occupé par le motif « atome de lithium » est $V_{motif} = \frac{4}{3} \cdot \pi \cdot r^3_{atome}$

sur le plan diagonal à l'intérieur du cube, la diagonale est égale à $a\sqrt{3}$ ce qui correspond 4 rayons d'atomes de lithium

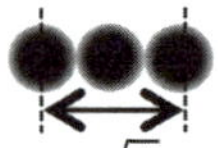

ainsi $4\,r = a\sqrt{3}$ soit $r = \frac{a\sqrt{3}}{4}$ et donc $V_{motif} = \frac{4}{3} \cdot \pi \cdot \left(\frac{a\sqrt{3}}{4}\right)^3$

Le volume de la maille $V_{maille} = a^3$

ainsi $C = \dfrac{\frac{4}{3} \cdot \pi \cdot \left(\frac{a\sqrt{3}}{4}\right)^3}{a^3} = \dfrac{\pi\sqrt{3}}{8}$

Application numérique

C = 0,68, les atomes de lithium occupent 68 % de la maille.

1.e – 5 points

n moles d'atome ont une masse égale à m $\left(n = \frac{m}{M}\right)$

Une mole d'atome a une masse égale à M $\left(n = \frac{N}{N_A}\right)$

N_A d'atomes a donc une masse égale à M

N atomes ont donc une masse égale à $\dfrac{N \cdot M}{N_A}$

or ici N = 1 atome a une masse égale à $\frac{M}{N_A}$

$$\rho = \frac{m_{atomes}}{V_{maille}} = \frac{2 \cdot \frac{M}{N_A}}{a^3} = \frac{2\ M}{N_A \cdot a^3}$$

Calculons la masse molaire atomique M de l'élément lithium naturel :

Les masses de chacun des isotopes sont donnés pour une mole, donc n = 1. Or on sait que $n = \frac{m}{M} \Leftrightarrow M = \frac{m}{n}$, ainsi avec n = 1, M(Li) = m(Li), cette masse dépend de l'abondance de ses isotopes ainsi

$$M(Li) = \frac{\%\left({}^{6}_{3}Li\right) \times m\left({}^{6}_{3}Li\right) + \%\left({}^{7}_{3}Li\right) \times m\left({}^{7}_{3}Li\right)}{100\%}$$

Application numérique

$$M(Li) = \frac{7{,}4 \times 6{,}0137 + 92{,}6 \times 7{,}0144}{100} = 6{,}9\ g \cdot mol^{-1}$$

Ainsi la masse volumique ρ du lithium est

Application numérique

$$\rho(Li) = \frac{2 \times 6{,}9 \times 10^{-3}}{6{,}02 \times 10^{23} \times \left(3{,}51 \times 10^{-10}\right)^3} = 0{,}53 \times 10^3\ kg \cdot m^{-3} = 0{,}53\ g \cdot cm^{-3}$$

2. – 4 points

Calculons le rapport entre les quantités de noyaux de ${}^{6}_{3}Li$ et celle de ${}^{7}_{3}Li$.

$\frac{{}^{6}_{3}Li}{{}^{7}_{3}Li} = \frac{4}{1{,}25 \times 10^3} = 3{,}2 \times 10^{-3}$ or le rapport théorique est $\frac{{}^{6}_{3}Li}{{}^{7}_{3}Li} = 1{,}6 \times 10^{-5}$ on trouve donc une valeur $\frac{3{,}2 \times 10^{-3}}{1{,}6 \times 10^{-5}} = 200$ fois plus grande que celle attendue théoriquement. C'est la valeur incompréhensible à laquelle se heurtent les scientifiques.

Corrigés

Thème 2
Le Soleil, notre source d’énergie

4 Le rayonnement solaire

Le Soleil, étoile du système solaire constituée principalement d'hydrogène et d'hélium, émet de l'énergie sous forme de rayonnement qui arrive à la surface de la Terre.

Quelle est l'origine du rayonnement solaire et quelles en sont les conséquences à la surface de la Terre ?

1. L'énergie émise par le Soleil

La perte d'énergie par rayonnement

Depuis 4,5 milliards d'années, chaque seconde dans le cœur du Soleil, 627 millions de tonnes d'hydrogène fusionnent pour produire 622,7 millions de tonnes d'hélium. Ces réactions nucléaires au cœur du Soleil engendrent une température de 15 millions degrés Celsius. Cette énergie migre lentement vers la surface solaire (photosphère) où la température est d'environ 6 000°C. L'énergie est alors libérée sous forme de flux de particules (flux stellaire), principalement des photons qui propagent l'énergie sous forme d'ondes électromagnétiques.

Grâce à **A. Einstein** et sa théorie de la relativité restreinte de 1905, on sait qu'il existe une correspondance entre énergie et masse d'un objet suivant la relation :

$$\mathbf{E = m \cdot c^2}$$

E est l'énergie rayonnée par un objet de masse m

c est la vitesse de la lumière, $c = 300\,000 \text{ km} \cdot \text{s}^{-1} = 3{,}0010^8 \text{ m} \cdot \text{s}^{-1}$

Ainsi chaque seconde notre Soleil perd une masse par rayonnement suivant la relation : $\Delta m = \dfrac{\Delta E}{c^2}$

Détermination de la puissance rayonnée par le Soleil à la distance $d_{\text{Soleil/Terre}}$:

$$\mathbf{P = k \cdot S}$$

$S = 4 \cdot \pi \cdot d^2$: aire de la surface d'une sphère centrée sur le Soleil de rayon d

d la distance Soleil-Terre avec d = 150 millions de km = $1{,}5 \times 10^{11}$ m soit 1 u.a (1 unité astronomique)

k : constante solaire qui représente la puissance de rayonnement solaire reçue par une surface de 1 m^2 située à la distance Soleil-Terre avec $k = 1\,367 \text{ W} \cdot \text{m}^{-2}$.

Application numérique

$P = 13\,674 \times 4\pi \times (1{,}50 \times 10^{11})^2$

$P = 3{,}87 \times 10^{26}$ W

$P = 3{,}87 \times 10^{26}$ J · s^{-1}

Détermination de la masse solaire perdue par rayonnement chaque seconde :

$$\Delta m = \frac{\Delta E}{c^2} \text{ or } \Delta E = P \cdot \Delta t$$

$$\Delta m = \frac{P.\Delta t}{c^2}$$

Application numérique

$$\Delta m = \frac{3{,}87 \times 10^{26} \times 1{,}0}{\left(3{,}00 \times 10^{8}\right)^2}$$

$\Delta m = 4{,}29 \times 10^9$ kg

La masse du Soleil diminue donc de plus de 4 millions de tonnes (1 t = 1 000 kg) à chaque seconde sous le seul effet de son rayonnement.

Sa masse s'élevant à $1{,}989 \times 10^{30}$ kg le Soleil pourra encore supporter très longtemps cette perte de masse.

La température de surface d'une étoile

Le Soleil est modélisé comme un **corps noir**, c'est-à-dire un objet qui absorbe toute l'énergie électromagnétique qu'il reçoit sans en réfléchir ni en diffuser. Cette absorption provoque une agitation thermique de la matière qui le constitue, qui se traduit alors par l'émission d'un rayonnement thermique dans toutes les longueurs d'onde, appelé **rayonnement thermique du corps noir**.

Spectres d'émission d'un corps noir à des températures données

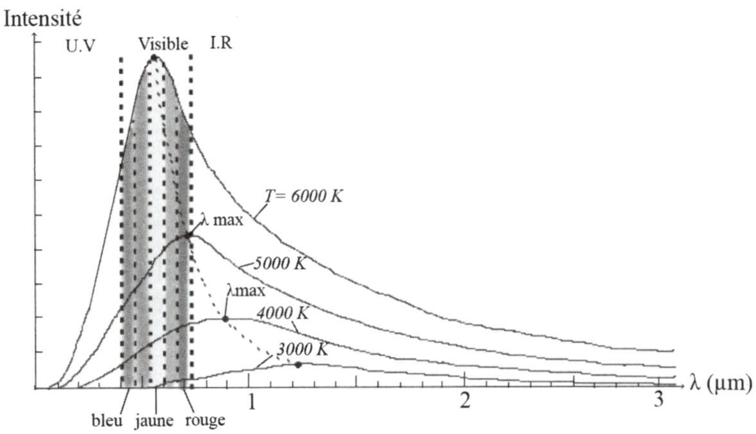

D'après le graphe, on remarque que l'intensité de l'énergie rayonnée par un corps noir à une température T en kelvin (K) donnée, est différente pour chaque valeur de longueur d'onde et que l'intensité de l'énergie rayonnée augmente avec la température T.

Pour chaque valeur de température T donnée, on remarque qu'il existe une certaine valeur de longueur d'onde notée λ_{max} pour laquelle l'intensité est maximale et que la valeur de λ_{max} diminue lorsque la température augmente.

Par exemple un corps noir de température de 5 000 K a une longueur d'onde d'émission maximale dans le rouge alors pour un corps noir de température de surface de 6 000 K, elle se situe dans le jaune.

Ainsi, si on connaît la longueur d'onde d'émission maximale d'une étoile, on peut alors déterminer sa température de surface grâce à la **loi de Wien** :

$$\boldsymbol{\lambda_{max} \cdot T = 2{,}90 \times 10^{-3}\ m \cdot K}$$

λ_{max} la longueur d'onde d'émission maximale de l'étoile, en mètre (m)

T la température de surface de l'étoile en kelvin (K) avec $T(K) - 273 = \theta(°C)$, θ température en degrés Celsius

Par exemple, à partir du spectre d'émission du Soleil on obtient une longueur d'onde au maximum d'émission $\lambda_{max} = 460$ nm. Par application de la loi de Wien, on calcule sa température de surface : $T_S = 6\,300$ K.

2. L'énergie solaire reçue par la Terre

La puissance radiative reçue

Dans un système où le Soleil est le centre d'une sphère de rayon Soleil-Terre avec $d = 1{,}50 \times 10^{11}$ m, la Terre apparaît comme un disque plat dont l'aire de la surface $S_{disque} = \pi \cdot r^2$.

Schématisation de la gigasphère Soleil-Terre

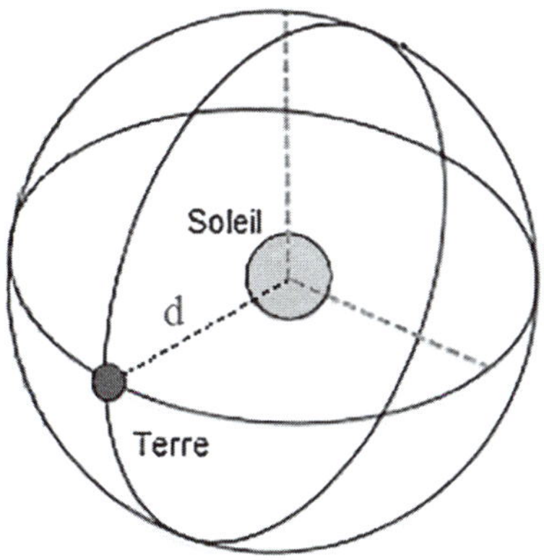

Schématisation du rayonnement solaire sur un disque plat

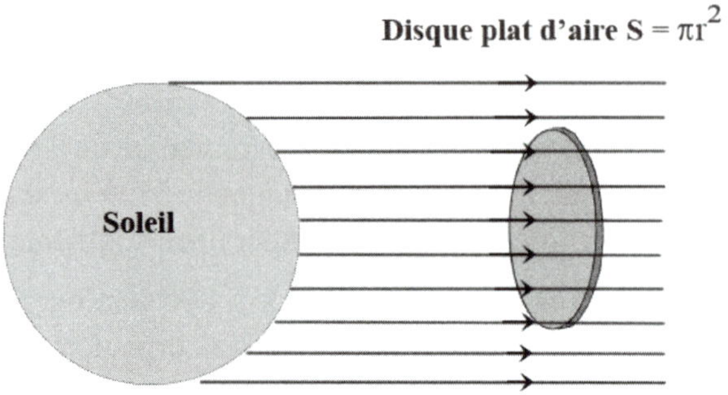

Du fait de la distance Soleil-Terre importante,on peut modéliser le rayonnement solaire arrivant sur Terre sous forme d'un faisceau de rayons parallèles.

Si la Terre était un disque plat exposé perpendiculairement à la direction du rayonnement solaire, chaque mètre carré recevrait à chaque seconde environ 1 367 W.

Schématisation du rayonnement solaire sur une sphère

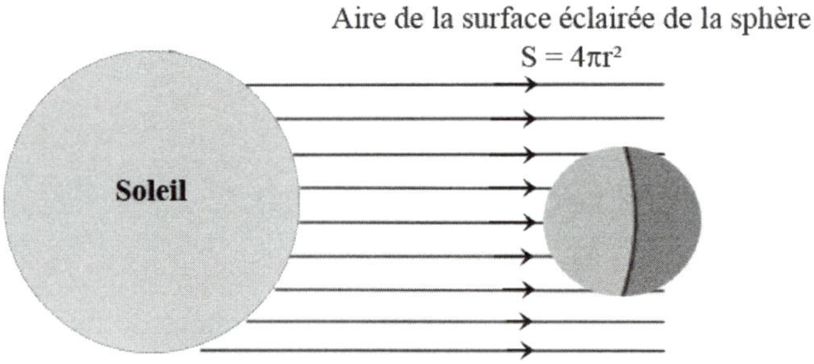

Or la Terre est une sphère dont l'aire de la surface est $S_{Terre} = 4\ \pi r^2$. Ainsi chaque mètre carré de surface terrestre reçoit donc 4 fois moins de puissance que sur un disque plat soit

$$P_{reçue} = \frac{1367}{4} = 342 \text{ W.}$$

Ainsi la puissance radiative reçue du Soleil par une surface est proportionnelle à l'aire de la surface.

Elle dépend aussi de l'angle d'incidence entre la normale à la surface et la direction du Soleil.

Schématisation des angles d'incidence sur une surface de référence

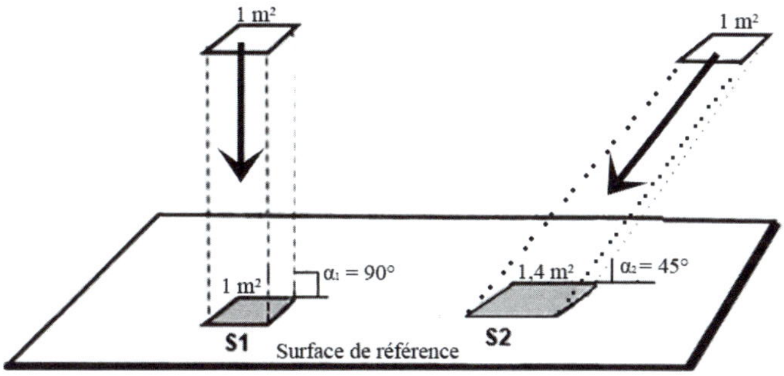

Un rayon perpendiculaire à la surface correspond à une puissance reçue par unité de surface maximale. Si on incline la surface à partir de cette position perpendiculaire, la puissance reçue par unité de surface diminue.

Pourcentage de rayonnement intercepté par une paroi en fonction de l'angle d'incidence

Angle d'incidence α (°)	0	30	60	90
Rayonnement intercepté (%)	100,0	86,6	50,0	0,0

Ainsi l'angle que font les rayons lumineux avec la surface éclairée détermine la puissance radiative que reçoit cette surface.

Les variations de la puissance radiative reçue à la surface de la Terre

Les variations diurnes

Variations de la température de surface terrestre et du rayonnement solaire en été dans l'hémisphère nord

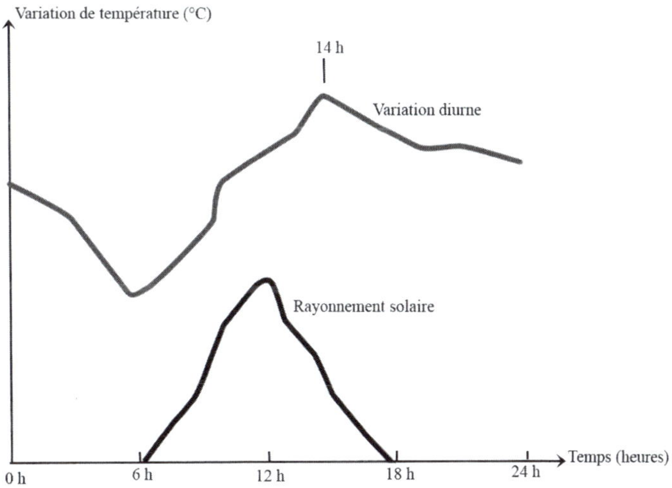

En un point donné, la température de surface terrestre varie avec l'intensité du rayonnement solaire reçu au cours de 24 h, durée que met la Terre pour tourner sur elle-même. Ainsi la période de rotation de la Terre conduit à une différence de la puissance solaire reçue entre le jour et la nuit, c'est le phénomène des variations diurnes.

Les variations climatiques

Le climat d'une région est défini entre autres par les variations et les valeurs moyennes de température.

Surfaces éclairées en fonction de la latitude

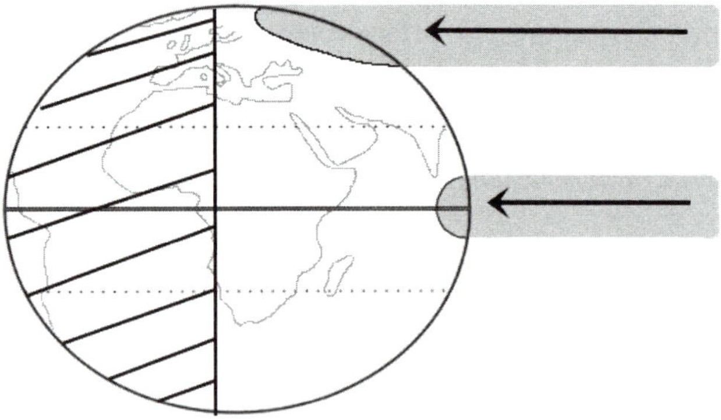

Tableau des surfaces d'énergie reçue en fonction de la localisation

Localisation	Équateur	**Bordeaux**	**Oslo**	**Pôle Nord**
Latitude	0°	45°N	60°N	90° N
Angle d'incidence	90°	45°	30°	1°
Surface recevant l'énergie	1,0 m^2	1,4 m^2	2,0 m^2	57,0 m^2

La puissance solaire reçue étant constante et la surface éclairée variant, 1 m^2 éclairé à l'équateur reçoit une puissance plus importante qu'1 m^2 au pôle qui en reçoit 57 fois moins.

Du fait de la sphéricité de la Terre, l'angle d'incidence du rayonnement solaire sur la surface terrestre est variable en fonction de la latitude. La surface éclairée augmente lorsqu'on s'éloigne de l'équateur ce qui conduit à une inégale répartition de la puissance solaire reçue à la surface. Ceci a pour conséquence une répartition inégale des températures. Ainsi sur plusieurs années apparaît une zonation climatique de la surface terrestre.

Répartition des températures à la surface de la Terre en été

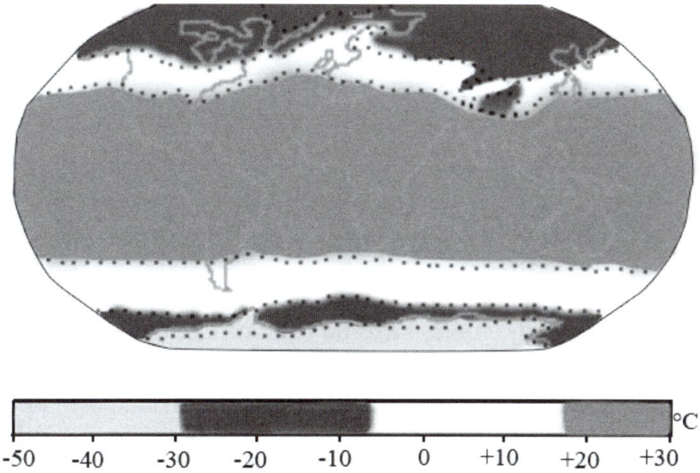

Les variations saisonnières

Au cours d'une année, la Terre décrit une ellipse autour du Soleil.

Position de la Terre par rapport au Soleil au cours d'une année

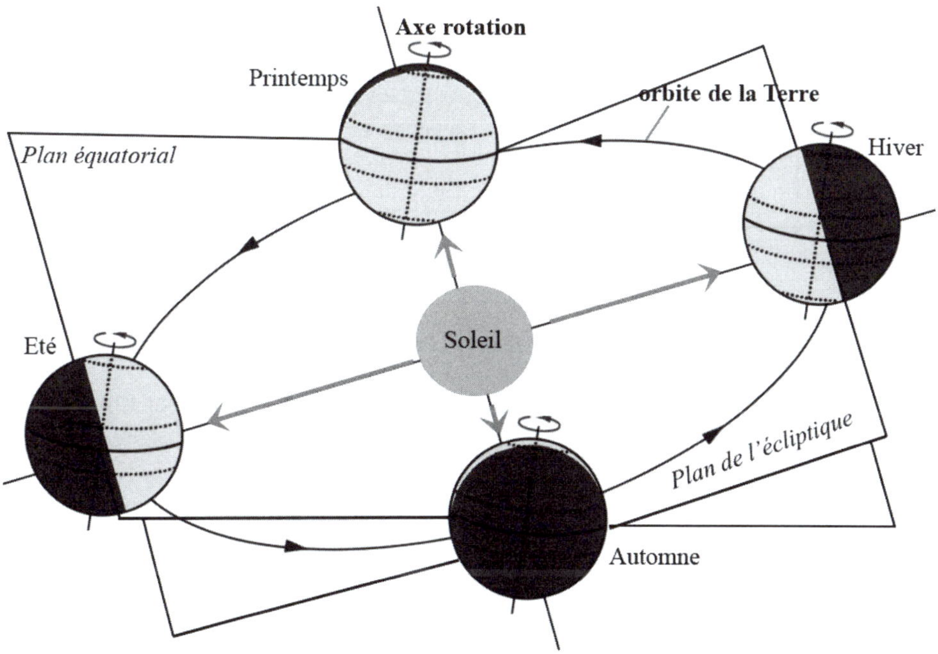

Variation de l'angle d'incidence au cours d'une année en France

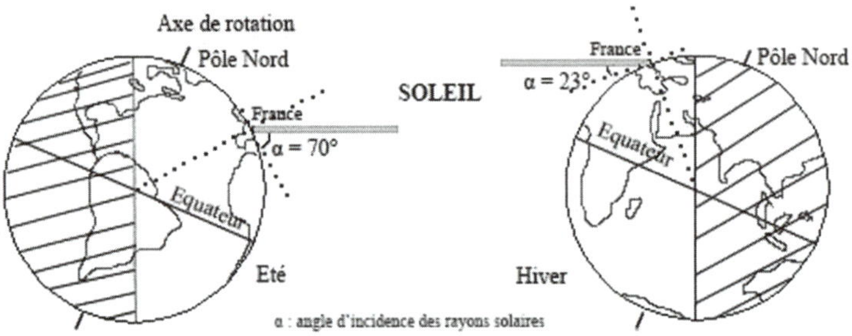

Dans l'hémisphère Nord, en été, l'axe de rotation de la Terre est incliné vers le Soleil. L'angle d'incidence des rayons solaires est alors plus important qu'en hiver. Ainsi la puissance solaire reçue par unité de surface est la plus importante de l'année. L'inclinaison en direction opposée en hiver engendre un angle d'incidence des rayons solaires plus faible et ainsi une puissance solaire reçue la plus faible dans l'année.

Évolution de la température moyenne en France en 2018

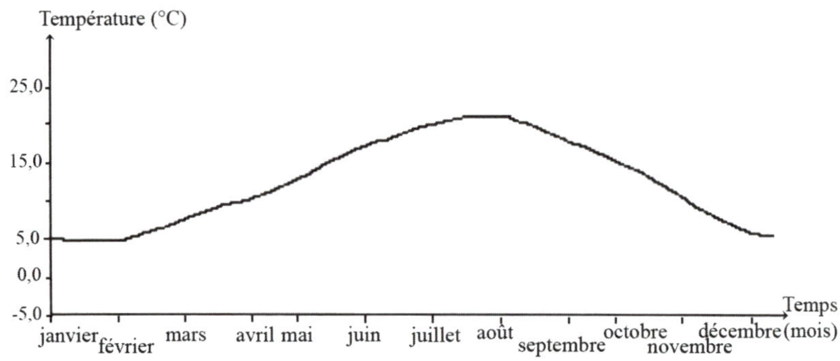

Sur l'année 2018 en France le phénomène des saisons est observable par des températures variant en hiver de 5,0 °C à 22,0 °C en été.

L'inclinaison de l'axe de révolution de la Terre autour du Soleil par rapport au plan de l'écliptique sur une année conduit à une variation de la puissance solaire reçue en fonction du temps, c'est le phénomène des saisons.

L'essentiel

La diminution de la masse du Soleil au cours du temps est une énergie qui est émise sous forme de rayonnements à sa surface. À cette énergie correspond une radiation dont la longueur d'onde maximale émise permet de calculer la température de surface de notre étoile. La puissance reçue à la surface de la Terre conditionne sa température de surface selon l'heure, la période et la latitude déterminant ainsi saisons et climats.

Énoncés des exercices

* Exercice 1 — 10 min

1. Écrire la relation d'Einstein qui exprime la correspondance entre la masse et l'énergie.
2. Comment détermine-t-on la masse du Soleil perdue par rayonnement ?
3. Écrire la loi de Wien et expliquer son utilité.
4. Quelles sont les causes des variations diurnes, des variations saisonnières et des variations climatiques ?

** Exercice 2 — 5 min

Soit deux spectres d'émission de deux corps chauds (1) et (2) représentés sur le graphique suivant.

Spectres d'émission de deux corps chauds

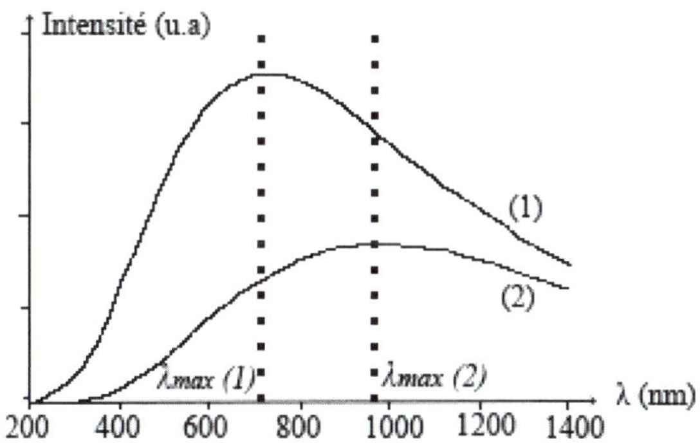

1. Expliquer quel est le corps qui possède la plus grande température de surface.
2. À quel(s) domaine(s) du spectre électromagnétique, les deux longueurs d'onde au maximum d'émission correspondent-elles ?

** Exercice 3 — 5 min

Depuis 1850, des mesures instrumentales ont permis de relever les températures à la surface du globe. En raison d'une forte variabilité naturelle, la température moyenne du globe peut, certaines années, être plus élevée ou plus basse que celle des années précédentes.

On calcule les anomalies de la température moyenne annuelle de l'air en surface par rapport à la normale de référence, la température moyenne du globe. Le zéro correspond à la moyenne de l'indicateur sur la période 1961-1990 soit 14 °C.

Écart de température à la surface du globe de 1850 à 2015

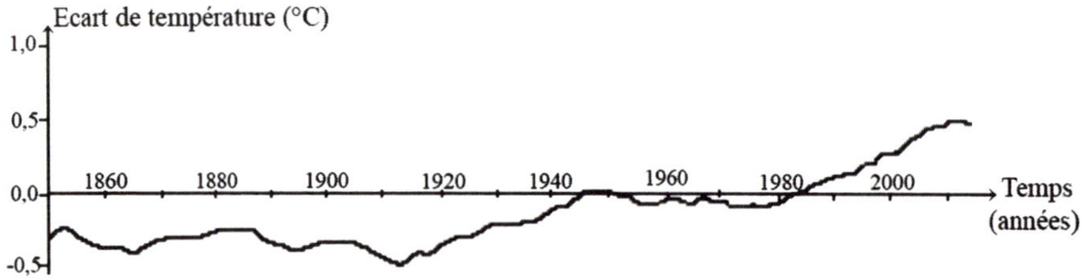

1. **Calculer les moyennes temporelles des extrema de températures de 1850 à 2015.**

2. Préciser l'évolution climatique générale.

** Exercice 4

15 min

La longueur d'onde du maximum d'émission du spectre du Soleil λ_{max} est égale à 502 nm.

1. Calculer la température T de la photosphère du Soleil en Kelvin puis la convertir en degrés Celsius.

2. Quelle est la couleur de la lumière émise par des ondes de longueur d'onde égale à λ_{max} ?

La Terre reçoit une partie du rayonnement solaire. Sa température moyenne est de 15°C.

3. Dans l'hypothèse que la surface de la Terre obéit à la loi de Wien, exprimer et calculer la longueur d'onde du rayonnement maximum qui serait émis par la Terre.

4. À quel domaine d'ondes électromagnétiques cette radiation appartient-elle ?

*** Exercice 5

15 min

La première réaction de fusion se produisant dans le Soleil fait intervenir quatre noyaux d'hydrogène et est à l'origine du rayonnement solaire :

$$4\,{}_{1}^{1}\mathrm{H} \rightarrow {}_{2}^{4}\mathrm{He} + 2\,{}_{1}^{0}\mathrm{e} + 2\gamma$$

Données

- Quelques masses en unité de masse atomique : 1 u = 1,660 54 × 10^{-27} kg

Particule	${}_{2}^{4}\mathrm{He}$	${}_{1}^{0}\mathrm{e}$	${}_{1}^{1}\mathrm{H}$
m (u)	4,001 50	0,000 55	1,007 28

- Célérité de la lumière dans le vide : c = 3,00 × 10^{8} m · s^{-1}

1. Calculer la masse perdue Δm_1 lors de la fusion de quatre noyaux d'hydrogène en un noyau d'hélium et deux positrons ?
2. Sachant qu'on estime que cette réaction de fusion s'est produite $1{,}45 \times 10^{55}$ fois depuis la naissance du Soleil, retrouver la valeur de la masse perdue par le Soleil en rayonnant.
3. Quelle énergie ΔE a-t-il déjà rayonnée ? Exprimer la valeur en J.

*** Exercice 6 — 20 min

Le rayonnement solaire met en moyenne 500 secondes à nous parvenir. Avant d'entrer dans l'atmosphère terrestre, la puissance moyenne de ce rayonnement par unité de surface perpendiculaire à la direction Soleil-Terre est $k = 1\ 370\ W \cdot m^{-2}$. Au cours de l'année, la valeur de k varie de plus ou moins 3 %.

Données

Célérité c de la lumière dans le vide : $c = 3{,}00 \times 10^8\ m \cdot s^{-1}$

1. Déterminer la distance d entre le Soleil et la Terre.
2. Montrer par le calcul que la puissance rayonnée par le Soleil à la distance d et dans toutes les directions vaut environ $P_S = 4 \times 10^{26}$ W.
3. Déterminer la valeur de l'énergie solaire $E_{Soleil\text{-}Terre}$ reçue annuellement par la Terre sachant que le rayon terrestre vaut $R = 6{,}40 \times 10^3$ km et que la Terre est assimilée à un disque d'aire $S' = \pi R^2$.
4. Chaque humain consomme en moyenne une puissance p = 3 000 W par an. L'énergie solaire pourra-t-elle, une fois maîtrisée, subvenir aux besoins de l'humanité en comptant 8 milliards d'êtres humains ?

Corrigés exercices

Exercice 1

1. Relation d'Einstein :

   $E = m \cdot c^2$ avec E : énergie en J, m : masse en kg et c : célérité de la lumière dans le vide $c = 3{,}00 \times 10^8\ m \cdot s^{-1}$.

2. On détermine la masse Δm du Soleil perdue par rayonnement en calculant l'énergie totale perdue par les réactions nucléaires de fusion de noyaux d'hydrogène qui ont lieu au cœur du Soleil puis en utilisant la relation d'Einstein

   $$\Delta m = \frac{\Delta E}{c^2}.$$

Corrigés

3. Loi de Wien :

$\lambda_{max} \cdot T = 2{,}9010^{-3}$ m · K avec :

λ_{max} : longueur d'onde d'émission maximale de l'étoile, en mètre (m)

T : température de surface de l'étoile en Kelvin (K)

Elle sert à déterminer la température de surface T d'un corps noir à partir de son spectre.

4. Les variations diurnes sont dues à la rotation de la Terre. Les variations saisonnières sont dues à l'angle d'incidence des rayons solaires arrivant à la surface de la Terre. Ces rayons dépendent de la position de la Terre par rapport au Soleil dans le plan de l'écliptique et sa position sur son orbite elliptique. Les variations climatiques sont dues à la sphéricité de la Terre.

Exercice 2

1. Le maximum de la courbe (1) est atteint pour une longueur d'onde inférieure à celle de la courbe (2). D'après la loi de Wien :

$\lambda_{max}\,T = 2{,}90 \times 10^{-3}$

$\lambda_{max} = \dfrac{2{,}90 \times 10^{-3}}{T}$ donc la longueur d'onde λ_{max} est inversement proportionnelle à la température T.

Donc, le corps (1) a la température la plus élevée.

2. Pour la courbe (1), $\lambda_{max} = 700$ nm c'est dans le domaine de la lumière visible (400 nm ; 800 nm). Pour la courbe (2), $\lambda_{max} = 950$ nm c'est le domaine de la lumière infrarouge (> 800 nm).

Exercice 3

1. La température minimale est en 1910 soit de –0,4°C correspondant à une température de 14 – 0,4 = 13,6°C. La température maximale est en 2015 soit de +0,5°C correspondant à une température de 14 + 0,5 = 14,5°C. La température a augmenté en moyenne de 0,9°C en 165 ans.

2. Depuis 165 ans nous sommes dans une phase de réchauffement climatique.

Exercice 4

1. D'après la loi de Wien, $\lambda_{max}\,T = 2{,}90 \times 10^{-3}$

$T = \dfrac{2{,}90 \times 10^{-3}}{\lambda_{max}}$ avec T en K et λ_{max} en m.

Application numérique

$$T = \frac{2,90 \times 10^{-3}}{502 \times 10^{-9}}$$

T = 5 777 K

T(K) = θ(°C) + 273 donc

θ(°C) = T(K) – 273

Application numérique

θ(°C) = 5 504 °C

2. La couleur des ondes de longueur d'onde $\lambda_{max} = 502$ nm est cyan.

Le Soleil n'est pas cyan car le cerveau fait la synthèse additive de toutes les radiations visibles perçues par l'œil.

3. D'après la loi de Wien,

$$\lambda_{max} = \frac{2,90 \times 10^{-3}}{T}$$ avec T en K et λ_{max} en m.

$$\lambda_{max} = \frac{2,90 \times 10^{-3}}{15 + 273}$$

$\lambda_{max} = 1,01 \times 10^{-5}$ m

4. La radiation correspondante $1,01 \times 10^{-5}$ m > $8,00 \times 10^{-7}$ m, appartient au domaine des longueurs d'ondes de l'infrarouge.

Exercice 5

1. $\Delta m_1 = m_{produits} - m_{réactifs}$

$$\Delta m_1 = m\left({}^{4}_{2}He\right) + 2m\left({}^{0}_{1}e\right) - 4m\left({}^{1}_{1}H\right)$$

Application numérique

$\Delta m_1 = 4,00150 + 2 \times 0,00055 - 4 \times 1,00728$

$\Delta m_1 = -0,02652$ u $= -4,40375 \times 10^{-29}$ (< 0, il y a donc perte de masse).

2. La masse perdue par le Soleil est $\Delta m = 1,45 \times 10^{55}\ \Delta m_1$

Application numérique

$\Delta m = 1,45 \times 10^{55} \times 4,40375 \times 10^{-29} = 6,4 \times 10^{26}$ kg

3. Cette variation de masse correspond à une variation d'énergie

$\Delta E = \Delta m \cdot c^2$

Corrigés

Application numérique

$\Delta E = 6,4 \times 10^{26} \times (3,00 \times 10^{8})^{2}$

$\Delta E = 5,76\ J \times 10^{43}\ J$

Exercice 6

1. $d = c \cdot \Delta t$ avec c en $m \cdot s^{-1}$ et Δt en s.

   Application numérique

   $d = 3,00 \times 10^{8} \times 500$

   $d = 1,50 \times 10^{11}\ m$

2. $P_S = k \cdot S$ avec $S = 4 \cdot \pi \cdot d^2$, aire d'une sphère de rayon $d = 1,50 \times 10^{11}\ m$

   $P_S = k \cdot 4 \cdot \pi \cdot d^2$

   Application numérique

   $P_S = 1\,370 \times 4\,\pi \times (1,50 \times 10^{11})^{2}$

   $P_S = 3,87 \times 10^{26}\ W$

3. $E_{ST} = P_S \cdot \Delta t$

   $E_{ST} = k \cdot S' \cdot \Delta t$

   $E_{ST} = k \cdot \pi \cdot R^2 \cdot \Delta t$

   Application numérique

   $E_{ST} = 1\,370 \times \pi \times (6,40 \cdot 10^{3} \cdot 10^{3})^{2} \times 365,25 \times 24 \times 3600$

   $E_{ST} = 5,56 \times 10^{24}\ J$

4. Calculons le nombre N d'êtres humains qui peuvent consommer cette énergie pendant un an :

   $E_{ST} = P \cdot \Delta t$

   $E_{ST} = N \cdot p \cdot \Delta t$

   Application numérique

   $$N = \frac{5,56 \cdot 10^{24}}{3000 \times (365,25 \times 24 \times 3600)}$$

   $N = 6 \times 10^{13} >> 8 \times 10^{9}$

   Par rapport aux 8 milliards d'habitants actuels on peut conclure que l'énergie solaire pourrait subvenir à $6 \times 10^{13}/8 \times 10^{9} = 7,5 \cdot 10^{3}$ soit environ 7 500 fois les besoins de l'humanité !

Corrigés

5 Le bilan radiatif terrestre

Sur Terre, sphère en rotation et en révolution, un équilibre dynamique d'énergie reçue s'établit, source des saisons et des climats. Associée à cette réception, la Terre émet un rayonnement. Le bilan radiatif terrestre, différence entre le rayonnement reçu et celui émis par la Terre, conditionne les milieux de vie à sa surface.

Comment le bilan énergétique terrestre influe-t-il sur la température de surface de la Terre ?

1. Les puissances lumineuses reçues sur Terre

La puissance moyenne reçue à la surface de la Terre

Pour obtenir la puissance totale reçue par le sol terrestre, il faut dans un premier temps calculer la puissance émise par le Soleil, puis la puissance totale atteignant l'atmosphère.

La puissance P totale rayonnée par le Soleil, dans toutes les longueurs d'onde et dans toutes les directions, peut se calculer en appliquant la **loi de Stephan-Boltzmann**.

$$\mathbf{P_{Soleil\ émise} = \sigma \cdot S_S \cdot T^4}$$

σ la constante de Stephan-Boltzmann avec $\sigma = 5{,}6698 \cdot 10^{-8}\ W \cdot m^{-2} \cdot K^{-4}$

T la température de surface du Soleil avec T = 5 800 K

S_S la surface du Soleil de rayon R_S avec $S_S = 4 \cdot \pi \cdot R_S^2$

$P_{Soleil\ émise} = \sigma \cdot 4 \cdot \pi \cdot R_S^2 \cdot T^4$

Schématisation de la gigasphère Soleil-Terre

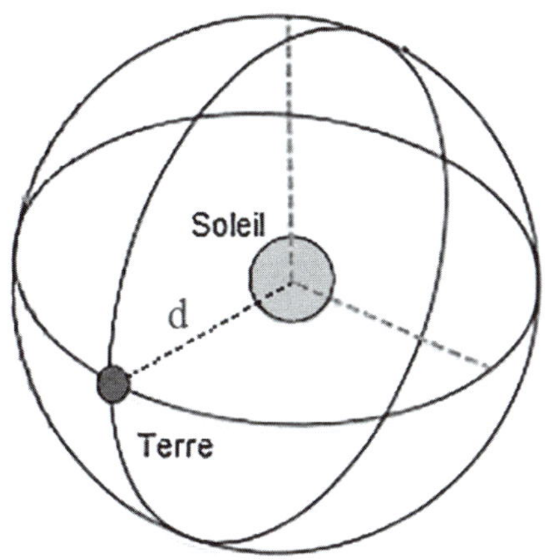

Le Soleil émet un rayonnement dans toutes les directions de l'espace donc toute la puissance issue de la surface du Soleil a pour expression :

$$\mathbf{P_{Soleil\ reçue} = \phi_{Soleil} \cdot S_{gigasphère}}$$

ϕ_{Soleil} la puissance radiative solaire par unité de surface

$S_{gigasphère} = 4 \cdot \pi \cdot d^2$ avec d la distance Soleil-atmosphère terrestre

$$\text{Donc } P_{Soleil\ reçue} = \phi_{Soleil} \cdot 4 \cdot \pi \cdot d^2$$

En considérant qu'il n'y a pas eu de perte de puissance dans le vide de l'espace, la puissance radiative solaire par unité de surface atteignant l'atmosphère terrestre est égale à la puissance solaire émise et la puissance reçue par la Terre à une distance d du Soleil.

$$\mathbf{P_{Soleil\ émise} = P_{Soleil\ reçue}}$$

$\sigma \cdot 4 \cdot \pi \cdot R_S^2 \cdot T^4 = \phi_{Soleil} \cdot 4 \cdot \pi \cdot d^2$

$\phi_{Soleil} = \dfrac{4 \cdot \pi \cdot R_S^2}{4 \cdot \pi \cdot d^2} \cdot \sigma \cdot T^4 = \left(\dfrac{R_S}{d}\right)^2 \cdot \sigma \cdot T^4$ avec T = 5 800 K,

$\sigma = 5{,}6698 \times 10^{-8}\ W \cdot m^{-2} \cdot K^{-4}$, $R_S = 7{,}0 \times 10^8$ m et $d = 1{,}50 \times 10^{11}$ m.

Application numérique

$\phi_{Soleil} = \left(\dfrac{7{,}0 \times 10^8}{1{,}50 \times 10^{11}}\right)^2 \times 5{,}6698 \times 10^{-8} \times 5800^4 = 1{,}37 \times 10^3\ W \cdot m^{-2}$ soit une valeur admise de 1 400 $W \cdot m^{-2}$.

La puissance solaire reçue dont le flux est $\phi_{Soleil} = 1\ 370\ W \cdot m^{-2}$ au sommet de l'atmosphère terrestre, intercepte la surface terrestre. Le disque apparent éclairé par le Soleil a une aire de surface $S = \pi \cdot R_T^2$ avec R_T le rayon terrestre.

Schématisation du disque apparent de la Terre

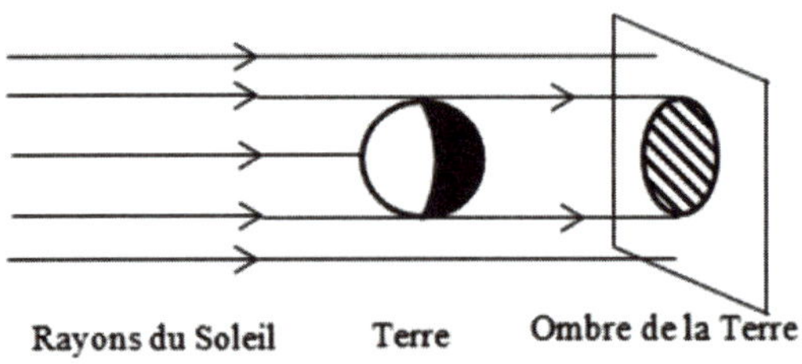

La puissance solaire reçue sur le disque apparent (ombre de la Terre) est :

$$\mathbf{P_{reçue} = \phi_S \cdot S}$$

$S = \pi \cdot R_T^2$

$P_{reçue} = \phi_S \cdot \pi \cdot R_T^2$

Pour obtenir le flux solaire moyen reçu (puissance reçue sur 1 m²) à la surface de la Terre, il faut tenir compte de sa sphéricité et de l'altitude *h* atmosphère-surface au sol.

$$\mathbf{S_{Terre} = 4 \cdot \pi \cdot (R_T + h)^2}$$

Ainsi, $\phi_{reçu} = \dfrac{P_{reçue}}{4\pi \cdot (R_T + h)^2} = \dfrac{\phi_S \cdot \pi \cdot R_T^2}{4\pi \cdot (R_T + h)^2} = \dfrac{1}{4} \cdot \phi_S \cdot \left(\dfrac{R_T}{R_T + h}\right)^2.$

Si on néglige h devant R_T, alors $R_T + h = R_T$

$\phi_{reçu} = \dfrac{1}{4} \cdot \phi_S = \dfrac{1}{4} \cdot 1\,370 = 342{,}5\ W \cdot m^{-2}$ soit une valeur admise de $340\ W \cdot m^{-2}$.

La puissance solaire absorbée par la Terre

Une fraction de la puissance solaire reçue, quantifiée par l'**albédo** terrestre moyen noté A, est diffusée par la Terre vers l'espace.

Cet albédo est le rapport entre la puissance réfléchie par la surface de la Terre ou par son atmosphère et la puissance incidente reçue du Soleil. Il s'exprime par un chiffre compris entre 0 et 1 ou un pourcentage entre 0 et 100 %. La valeur de l'albédo dépend de la nature de la surface terrestre.

Mesure de l'albédo

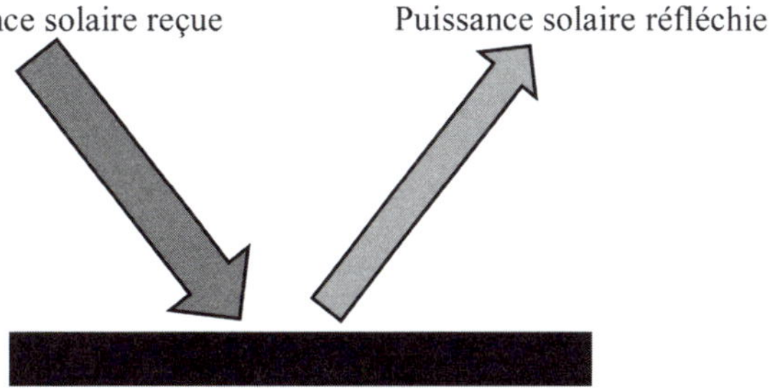

Albédo : $A = \dfrac{\text{Puissance solaire réfléchie}}{\text{Puissance solaire reçue}}$

L'albédo moyen sur Terre est égal 0,3 c'est-à-dire que 30 % du rayonnement solaire reçu par le sommet de l'atmosphère sont réfléchis. Le reste est absorbé.

La puissance absorbée par la planète correspond à :

$$\mathbf{P_{reçue} = P_{absorbée} + P_{réfléchie} \text{ et } P_{réfléchie} = A \cdot P_{reçue}}$$

$P_{absorbée} = P_{reçue} - P_{réfléchie}$

$P_{absorbée} = P_{reçue} - A \cdot P_{reçue}$

$P_{absorbée} = (1 - A)\ P_{reçue}$

$P_{absorbée} = (1 - 0{,}3)\ P_{reçue}$

$P_{absorbée} = 0{,}7\ P_{reçue}$

Résumés de cours

Sur Terre 70 % de la puissance solaire incidente est absorbée par l'atmosphère, les continents et les océans.

Courbe d'absorption des longueurs d'onde par l'atmosphère terrestre

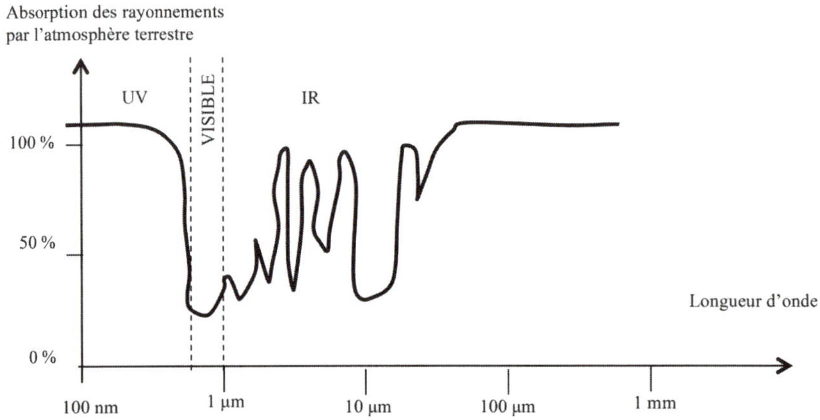

L'atmosphère absorbe majoritairement certaines radiations (UV, IR moyen [3 - 50 µm] et IR lointain [50 µm - 5 mm]) et en transmet d'autres (lumière visible et IR proche [0,780 - 3 µm]).

Répartition de la puissance solaire incidente reçue par la Terre

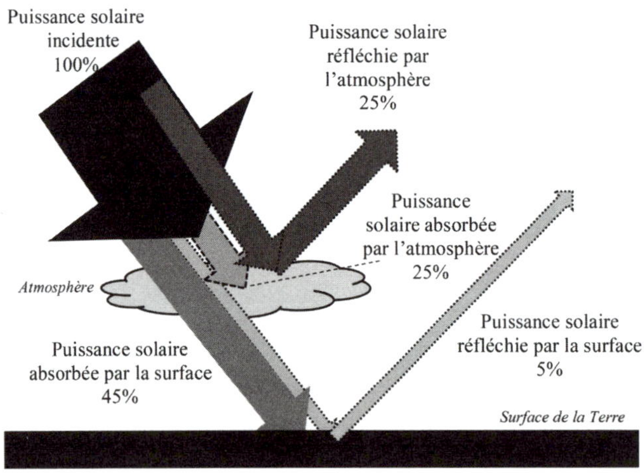

2. Le rayonnement thermique émis par la Terre

La puissance solaire absorbée par la planète la réchauffe et celle-ci émet alors un rayonnement électromagnétique dont la longueur d'onde est supérieure à celle reçue du Soleil. Sur Terre cette longueur d'onde avoisine 10 µm, elle émet donc dans les infrarouges.

Pour calculer la puissance rayonnée thermiquement par la planète, on suppose que sa surface a une température uniforme $T_{équilibre}$ et qu'elle se comporte comme un corps noir. Cette puissance vaut alors, d'après la loi de Stephen-Boltzman, en considérant la planète sphérique :

$$\mathbf{P_{thermique} = \sigma \cdot 4 \cdot \pi \cdot r^2 \cdot T_{éq}^4}$$

Plus la puissance par unité de surface est grande et plus la température est élevée.

Répartition du rayonnement infrarouge émis par la surface terrestre

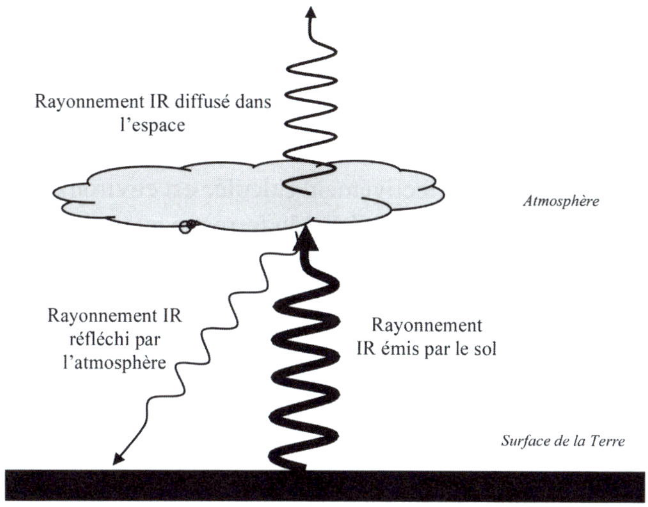

70 % de la puissance rayonnée par la surface terrestre est transmise vers l'espace, le reste est absorbé par l'atmosphère qui le rayonne de nouveau vers la Terre toujours dans le domaine de l'infrarouge, c'est l'effet de serre.

Un équilibre, qualifié de dynamique, est atteint lorsque le sol absorbe une puissance lumineuse égale à celle qu'il émet thermiquement par rayonnement IR. C'est le cas pour la Terre.

L'absorption du rayonnement solaire est donnée par la relation :

$$\mathbf{P_{abs} = (1 - A) \cdot P_{reçue}}$$

$P_{reçue}$ la proportion réfléchie de la puissance incidente

$P_{reçue} = \pi \cdot r^2 \cdot \phi_S$ ($\pi \cdot r^2$: section de la Terre, ϕ_S : flux solaire à l'extérieur de l'atmosphère)

La puissance rayonnée thermiquement par l'ensemble de la planète est donnée par la relation :

$$\mathbf{P_{thermique} = \sigma \cdot 4 \cdot \pi \cdot r^2 \cdot T_{éq}^4}$$

$4 \cdot \pi \cdot r^2$ est la surface de la Terre qui rayonne, en supposant que la surface de la planète a une température uniforme $T_{éq}$ et se comporte comme un corps noir.

Lorsque l'équilibre thermique est atteint :

$$(1-A)\cdot\pi\cdot r^2\cdot\phi_S=\sigma\cdot 4\pi\cdot r^2\cdot T_{éq}^4$$

$$(1-A)\cdot\pi\cdot r^2\cdot\phi_S=\sigma\cdot 4\pi\cdot r^2\cdot T_{éq}^4$$

$$T_{éq}^4=\frac{(1-A)\cdot\phi_S}{4\cdot\sigma}$$

$$T_{éq}=\left(\frac{(1-A)\cdot\phi_S}{4\cdot\sigma}\right)^{1/4}$$

Ainsi sur Terre, avec un albédo de 0,3, $T_{éq}$ = 256 K soit = –17°C.

Or la température moyenne effectivement calculée est environ de 15°C ; cela est dû à l'effet de serre. D'autre part, si l'albédo terrestre augmente, la température d'équilibre diminue.

L'essentiel

Le bilan radiatif terrestre (visible et thermique) prend en compte la puissance solaire lumineuse incidente reçue et les puissances terrestres émises par réflexion et thermiquement :

$$P_{\text{solaire incidente reçue}}=P_{\text{lumineuses réfléchies}}+P_{\text{rayonnement thermique}}$$

La température de surface influe sur le rayonnement thermique et lorsque le bilan est équilibré $P_{\text{lumineuse absorbée}}=P_{\text{rayonnement thermique}}$ avec $P_{\text{solaire incidente reçue}}-P_{\text{lumineuses réfléchies}}=P_{\text{lumineuse absorbée}}$), la planète est en équilibre dynamique. La température moyenne à la surface de la Terre, appelée température d'équilibre, est alors constante. Cette température conditionne le milieu de vie des êtres vivants.

Énoncés des exercices

* Exercice 1 — 5 min

1. Qu'appelle-t-on la température d'équilibre d'une planète ?

2. Parmi les schémas ci-dessous le ou lesquels illustre(nt) un bilan radiatif sur une planète avec atmosphère ? Justifier.

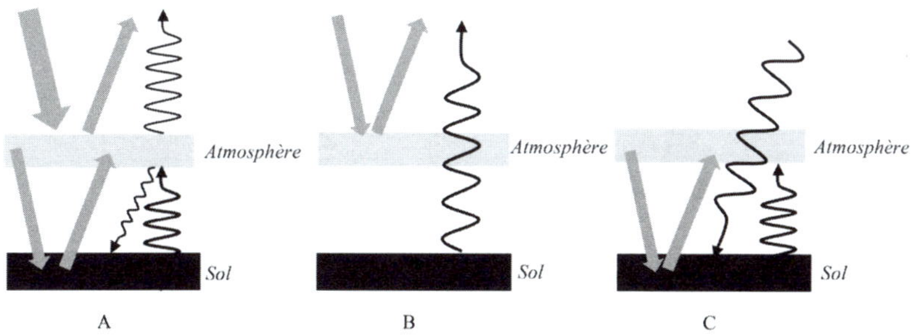

3. Qu'est-ce que l'albédo et comment le calcule-t-on ?

** Exercice 2 — 5 min

Dans notre système solaire, Vénus est une planète plus proche du Soleil que la Terre. Sa température de surface est d'environ 450°C. La puissance solaire qu'elle reçoit par unité de surface vaut $P_{\text{solaire reçue}} = 210\ W \cdot m^{-2}$.

Comme tout corps de température non nulle, Vénus perd de l'énergie par rayonnement.

1. En supposant que l'équilibre radiatif est atteint, calculer la température moyenne à la surface de Vénus en Kelvin puis en degrés Celsius.

2. Commenter la température moyenne calculée et émettre une hypothèse sur la différence obtenue avec la température de l'énoncé.

** Exercice 3 — 10 min

La Terre reçoit un rayonnement solaire dont les longueurs d'ondes sont dans le visible et émet un rayonnement dans l'infrarouge.

Document

Valeurs des différentes puissances à la surface de la Terre

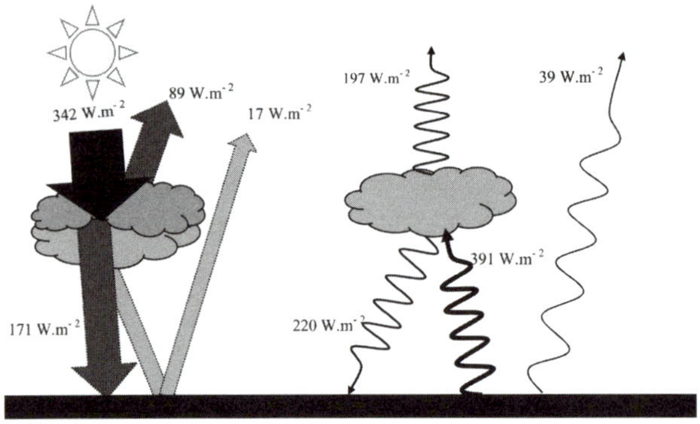

1. Calculer la puissance reçue par le sol en un lieu donné.
2. Expliquer pourquoi on peut dire que la Terre est en équilibre dynamique.

*** Exercice 4

30 min

Depuis sa formation il y a 4,6 milliards d'années, le visage de la Terre a subi de nombreuses modifications du fait de la tectonique des plaques. Sa surface actuelle possède une couverture variée sur laquelle on mesure l'albédo.

Document 1

Mesures de l'albédo en fonction de la couverture de surface

Localisations	Albédo
Océan	0,07
Nuages	0,78
Sable clair et sec	0,35
Végétation basse et verte	0,17
Neige fraiche	0,80

Document 2

Pourcentages de l'occupation des sols sur Terre

Occupation des sols	Part mondiale (%)
Océan	48
Nuages	20
Sable clair et sec	17
Végétation basse et verte	10
Neige fraiche	5

Document 3

Données numériques

- Puissance moyenne du rayonnement par unité de surface du Soleil :
- $\varphi_S = 1\,370$ W arrivant à la surface de l'atmosphère de la planète.
- La loi de Stephan donne l'émission totale du corps par unité de surface :
  $P = \sigma \cdot S \cdot T^4$ avec $\sigma = 5{,}6698 \times 10^{-8}\ W \cdot m^{-2} \cdot K^{-4}$
- $T(K) = 273{,}15 + \theta(°C)$
- $\theta_{(Terre)} = \theta_{éq}(°C) + \theta_{effet\ de\ serre} = 15\ °C$

1. Calculer les températures d'équilibre de la Terre en supposant les cas suivants :

- La Terre n'est qu'un océan
- La Terre est totalement couverte de nuages
- La Terre est a une surface de sable clair et sec
- La Terre est totalement recouverte de végétation basse et verte
- La Terre est a un couvert entier de neige fraîche.

2. Calculer l'albédo moyen de la planète Terre et sa température d'équilibre.
3. Calculer la température de la planète Terre générée par l'effet de serre et expliquer son importance dans la survie des espèces.

   Si le climat se refroidit, l'ensoleillement est moins important et la neige et la glace vont couvrir une plus grande partie de la surface de la Terre (13 %) au détriment des zones couvertes de végétation (5 %) et des océans (45 %) qui vont diminuer.
4. Calculer la valeur de l'albédo terrestre moyen lors de cette période de refroidissement.
5. Expliquer en quoi l'albédo peut-il être un mécanisme amplificateur des variations climatiques.

Corrigés exercices

Exercice 1

1. La température d'équilibre d'une planète est la température du corps noir dont la puissance rayonnante est la même que celle reçue par la planète.
2. La bonne réponse est le schéma A.

Une partie de la puissance lumineuse émise par l'étoile est absorbée par l'atmosphère, une autre partie est diffusée jusqu'à la surface où elle est réfléchie. De même, la surface de la planète émet un rayonnement thermique dont une partie est réfléchie par l'atmosphère et une autre partie est diffusée dans l'espace.

3.

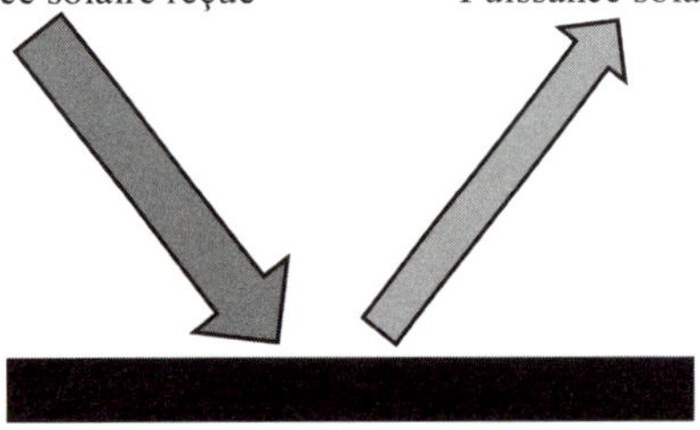

$$\text{Albédo : } A = \frac{\textit{Puissance solaire réfléchie}}{\textit{Puissance solaire reçue}}$$

Exercice 2

1. Vénus est en équilibre radiatif, la puissance qu'elle émet par rayonnement est donc égale à la puissance qu'elle absorbe.

   Vénus étant considérée comme un corps noir, on peut appliquer la loi de Stephan-Boltzmann telle que $P_{\text{reçue du Soleil}} = \sigma \cdot S_S \cdot T^4$ qui pour 1 m^2 est $P_{\text{reçue du Soleil}} = \sigma \cdot T^4$ avec $\sigma = 5{,}6698 \cdot 10^{-8}\ W \cdot m^{-2} \cdot K^{-4}$.

   Elle émet donc vers l'espace 210 $W \cdot m^{-2}$.

   $\sigma \cdot T^4 = 210$

   $$T = \left(\frac{210}{\sigma}\right)^{1/4}$$

Application numérique

$T = 247$ K

$\theta = 247 - 273 = -26$°C

2. La température calculée impliquerait que Vénus soit gelée en surface or ce n'est pas le cas et sa température moyenne de surface est d'environ 450°C. On peut émettre l'hypothèse que la différence observée s'explique par le phénomène de l'effet de serre.

Corrigés

Exercice 3

1. La puissance reçue par le sol en un lieu donné correspond à :

   $P_{\text{reçue}}$ par le sol $= P_{\text{reçue}}$ du Soleil $+ P_{\text{reçue}}$ de l'atmosphère

$P_{reçue}$ du Soleil = $P_{\text{lumineuse absorbée}}$ par le sol = 171 W · m^{-2}

$P_{reçue}$ de l'atmosphère = 220 W · m^{-2}

Application numérique

$P_{reçue}$ sol = 171 + 220 = 391 W · m^{-2}

2. Un équilibre est qualifié de dynamique car sur le document la puissance reçue par le sol a une valeur égale à la puissance thermique émise par la Terre.

Exercice 4

1. $$T_{éq} = \left(\frac{(1-A)\cdot \phi_S}{4\cdot\sigma} \right)^{1/4}$$

Les applications numériques de cette relation effectuées avec les valeurs de A données dans le document 1 et les valeurs de φ_S = 1 370 W et de $\sigma = 5{,}6698 \cdot 10^{-8}$ W · m^{-2} · K^{-4} permettent de donner les valeurs de températures indiquées dans le tableau suivant.

Terre recouverte par	Albédo	Température d'équilibre (°C)
Océan	0,07	0,60
Nuages	0,78	-82
Sable clair et sec	0,35	-23
Végétation basse et verte	0,17	-7,1
Neige fraiche	0,80	-87

2. $A_{Terrestre} = (48/100) \times 0{,}07 + (20/100) \times 0{,}78 + (17/100) \times 0{,}35 + (10/100) \times 0{,}17 + (5/100) \times 0{,}80$

$A_{Terrestre} = 0{,}30$

$$\theta_{\text{éq Terre}}(°C) = \left(\frac{(1-A)\cdot \phi_i}{4\cdot\sigma} \right)^{1/4} - 273{,}15$$

$$\theta_{\text{éq Terre}}(°C) = \left(\frac{(1-0{,}30)\times 1370}{4\times 5{,}6698\cdot 10^{-8}} \right)^{1/4} - 273{,}15$$

$$\theta_{\text{éq Terre}}(°C) = -18°C$$

3. $\theta_{Terre} = \theta_{\text{éq Terre}}(°C) + \theta_{\text{effet de serre}}$

$\theta_{\text{effet de serre}} = \theta_{Terre} - \theta_{\text{éq Terre}}(°C)$

$\theta_{\text{effet de serre}} = 15 - (-18)$

$\theta_{\text{effet de serre}} = 33°C$

L'effet de serre permet d'avoir des températures supérieures à zéro degrés Celsius, températures de vie pour la plupart des espèces terrestres.

Corrigés

4. $A_{Terrestre} = (45/100) \times 0{,}07 + (20/100) \times 0{,}78 + (17/100) \times 0{,}35 + (5/100) \times 0{,}17 + (13/100) \times 0{,}80$

$A_{Terrestre} = 0{,}36$

5. $$\theta_{\text{éq Terre}}(°C) = \left(\frac{(1-A)\cdot\phi_i}{4\cdot\sigma}\right)^{1/4} - 273{,}15$$

$$\theta_{\text{éq Terre}}(°C) = \left(\frac{(1-0{,}36)\times 1370}{4\times 5{,}6698\cdot 10^{-8}}\right)^{1/4} - 273{,}15$$

$$\theta_{\text{éq Terre}}(°C) = -24°C$$

La température moyenne est plus faible avec un albédo plus élevé. L'albédo a donc une influence sur la température moyenne terrestre.

Corrigés

6 Une conversion naturelle de l'énergie solaire : la photosynthèse

Depuis quelques milliards d'années, une infime partie de l'énergie solaire reçue par la Terre est utilisée directement par certains organismes dont les végétaux verts. De nombreux êtres vivants dépendent de ces végétaux verts et ont donc indirectement besoin d'énergie solaire.

Comment l'énergie solaire peut-elle être source d'énergie pour tous les êtres vivants ?

1. De l'énergie solaire à la matière organique

La **photosynthèse** permet de convertir une partie de l'énergie solaire en énergie chimique dans les molécules organiques de type glucides (glucose $C_6 H_{12}O_6$).

Cette réaction a lieu, chez les végétaux verts, dans les cellules chlorophylliennes des feuilles. Ces cellules sont caractérisées par la présence d'organites, les **chloroplastes**, qui contiennent des **pigments** permettant l'absorption du rayonnement solaire.

Spectre d'absorption des pigments et spectre d'action photosynthétique

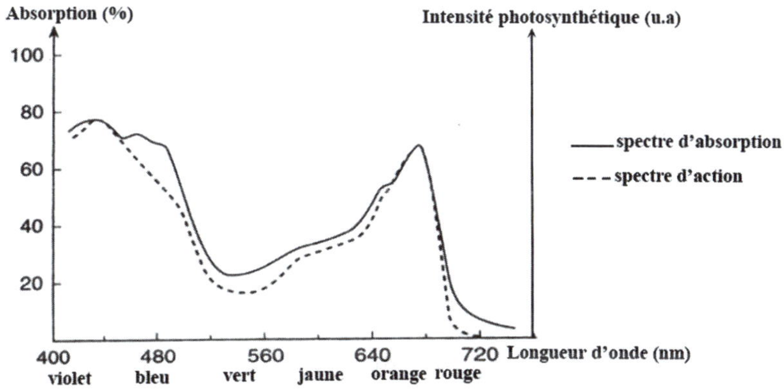

Seule une partie du rayonnement solaire est absorbée par les pigments en fonction de la longueur d'onde de la lumière visible reçue. Seules les lumières bleues (entre 400 et 480 nm) et rouges (entre 620 et 690 nm) sont absorbées.

On distingue le spectre d'absorption des pigments de la feuille du spectre d'action correspondant à l'intensité de la photosynthèse en fonction des longueurs d'onde. On note une corrélation entre le spectre d'action et le spectre d'absorption des chlorophylles ce qui confirme que les pigments sont indispensables à la photosynthèse.

Outre l'énergie lumineuse, la photosynthèse des glucides au niveau des chloroplastes nécessite des éléments minéraux prélevés dans le milieu :

- l'eau et les sels minéraux prélevés par les racines dans le milieu,
- le dioxyde de carbone prélevé par les feuilles dans le milieu.

Équation bilan de la photosynthèse

Rayonnement solaire (longueur d'onde bleu et rouge)

$$6CO_2 + 6\,H_2O \longrightarrow C_6H_{12}O_6 + 6O_2$$

Glucose

2. La photosynthèse à l'échelle de la feuille

À l'échelle d'une feuille de végétal vert, seule une très faible fraction d'environ 1 % de la puissance radiative solaire reçue est convertie en énergie chimique sous forme de molécules organiques. Cette faible proportion est notamment due à la capacité d'absorption des pigments dans des longueurs d'onde limitées.

Le reste de la puissance radiative solaire :

- est diffusée, c'est-à-dire qu'elle est renvoyée sans avoir pénétré la feuille,
- est transmise, c'est-à-dire qu'elle traverse totalement la feuille,
- est absorbée par l'eau contenue dans la feuille provoquant un échauffement et une évapotranspiration.

Bilan énergétique à l'échelle de la feuille en pourcentage du rayonnement solaire

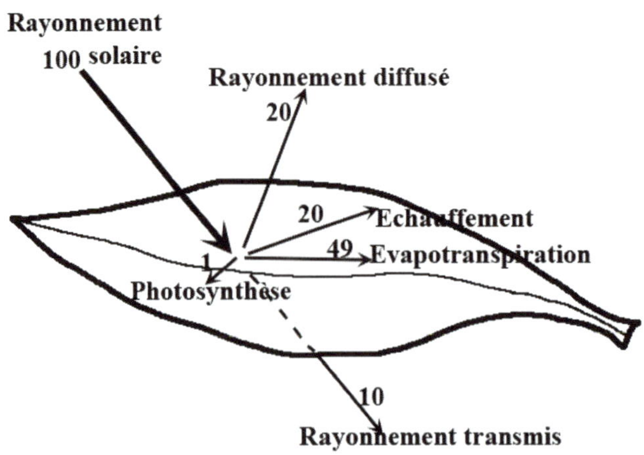

3. La photosynthèse à l'échelle de la biosphère

Les végétaux verts convertissent ainsi environ 0,1 % de la puissance solaire totale reçue par la Terre en énergie chimique sous forme de matière organique ; ce sont des producteurs primaires. Ils utilisent une partie de l'énergie chimique produite pour leurs propres besoins. Ils constituent aussi le premier maillon d'une chaîne alimentaire d'êtres vivants qui tirent leur énergie de celle qui est contenue dans les végétaux verts.

Flux de matière et d'énergie dans la biosphère

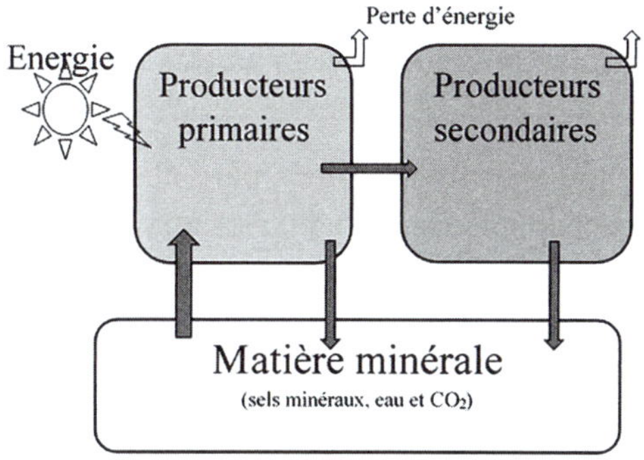

Les producteurs secondaires utilisent pour leur fonctionnement l'énergie chimique contenue dans la matière organique (glucides) et libérée lors de réactions métaboliques :

- la **respiration** qui nécessite un apport en dioxygène,
- la **fermentation** qui ne nécessite pas d'apport en dioxygène.

Deux métabolismes producteurs d'énergie

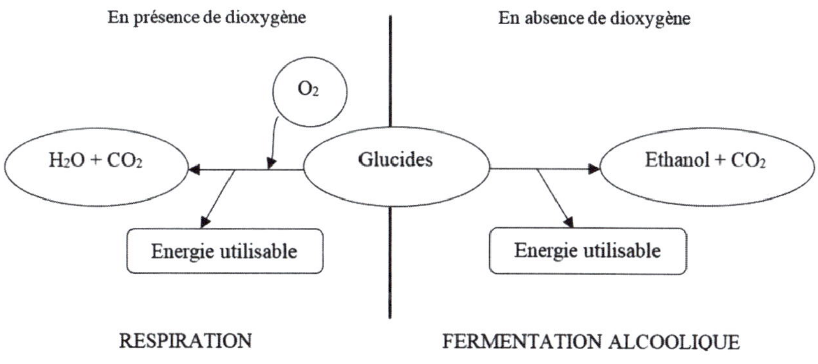

La présence de producteurs primaires sur la Terre est donc déterminante pour toutes les formes de vie dépendante de cette conversion naturelle d'énergie solaire. À l'échelle de la planète, la photosynthèse permet l'entrée, dans la biosphère, de matière minérale et d'énergie chimique contenue dans les molécules organiques.

4. De la matière organique à l'énergie fossile

Les réactions du métabolisme (photosynthèse, respiration, fermentation) permettent des flux d'énergie sur une échelle de temps inférieure au siècle. Sur des échelles de temps beaucoup plus longues, ce sont des processus de nature géologique qui permettent de stocker de l'énergie d'origine biologique.

Une partie de la matière organique peut s'accumuler dans les sédiments puis se transformer en donnant des combustibles fossiles : gaz, charbon ou pétrole.

Dans le cas du pétrole, plusieurs paramètres sont nécessaires à sa formation dans le milieu marin :

- une production abondante de matière organique lors de la photosynthèse du **phytoplancton**,
- des processus biologiques sont possibles par l'absence de décomposition du phytoplancton et par la présence de bactéries **anaérobies** qui transforment la matière organique en **kérogène** lors de son enfouissement,
- des processus géologiques avec un enfouissement des kérogènes dans les sédiments durant une longue durée et à une profondeur où règnent des conditions de pression et température favorables à leur transformation en combustibles fossiles. Les combustibles fluides (pétrole et gaz) fabriqués dans une roche mère s'échappent pour être piégés dans une roche réservoir poreuse, bloqués dans leur ascension par une roche imperméable au-dessus de celle réservoir.

Schéma des conditions de formation des combustibles fossiles

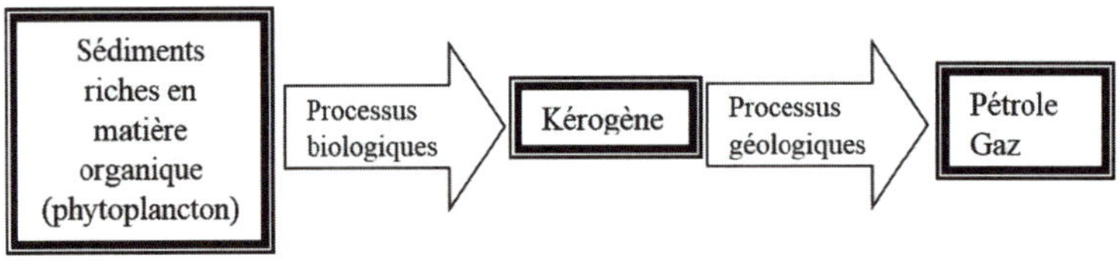

Contexte géologique de formation du pétrole

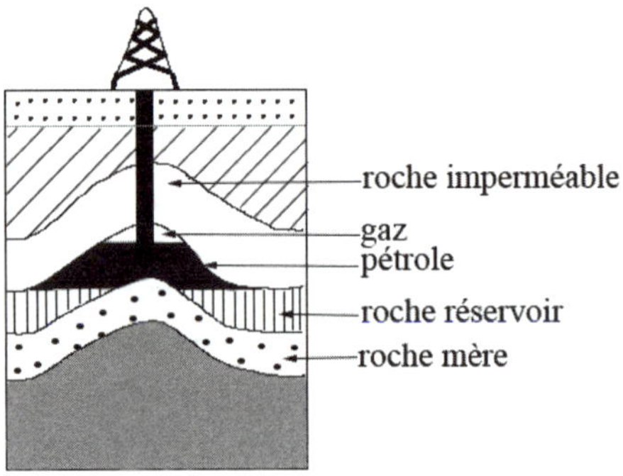

La matière organique à l'origine du pétrole résulte d'une matière végétale constituée à partir de l'énergie solaire au cours de la photosynthèse. L'énergie stockée dans le pétrole, produite lentement au cours des temps géologiques, et conservée par des processus bio-géologiques, est donc une énergie fossile.

Les êtres humains savent recueillir dans les profondeurs du sol l'héritage rare de cette énergie enfouie d'origine biologique qui est ensuite exploitée pour produire à court terme d'autres formes d'énergie (thermique, électrique).

L'essentiel

Les végétaux verts ont la capacité de convertir une partie de l'énergie solaire en énergie chimique sous forme de molécules organiques. Ce processus de photosynthèse se réalise dans les organes chlorophylliens et permet de faire entrer dans la biosphère de l'énergie d'origine solaire et des éléments minéraux. Les êtres vivants utilisent pour leur propre fonctionnement une partie de cette énergie transformée lors de la respiration ou la fermentation. L'humain peut récupérer une partie de l'énergie de la matière organique dont sont issus les combustibles fossiles.

Énoncés des exercices

* Exercice 1 — 10 min

1. Écrire l'équation bilan de la photosynthèse.
2. Schématiser les différents échanges d'énergie au niveau d'une feuille.
3. Quels sont les métabolismes qui permettent aux êtres vivants de libérer l'énergie de la matière organique végétale ?

** Exercice 2 — 20 min

On réalise une série de trois montages expérimentaux contenant la même quantité d'élodée, végétal aquatique, à la lumière pendant 15 minutes. L'hydrogénocarbonate (HCO_3^-) est une forme ionique du dioxyde de carbone dissous dans l'eau.

Document

Résultats des expériences

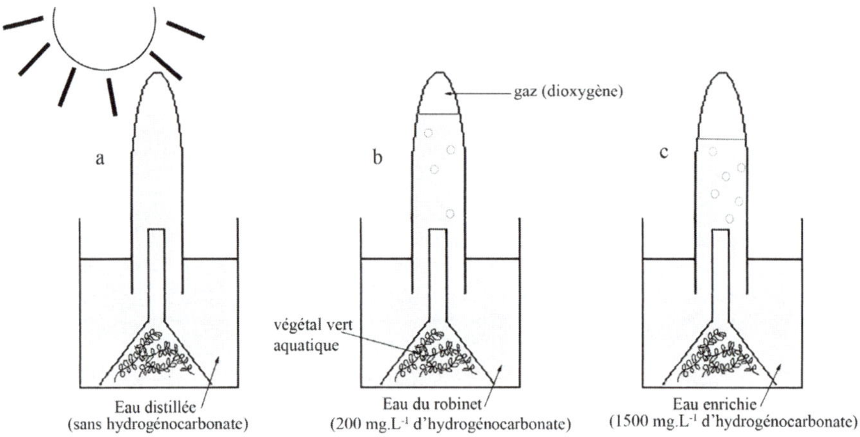

1. Expliquer quel est le métabolisme testé avec ces montages.
2. Expliquer le résultat probable dans le cas d'une expérience similaire au montage b mais sans source de lumière.
3. Expliquer ce qui est à l'origine de la différence de résultat entre les montages b et c.

** Exercice 3 — 15 min

On mesure chez un coquelicot les spectres d'absorption de trois pigments et l'intensité photosynthétique.

Spectre d'absorption des pigments et activité photosynthétique du coquelicot

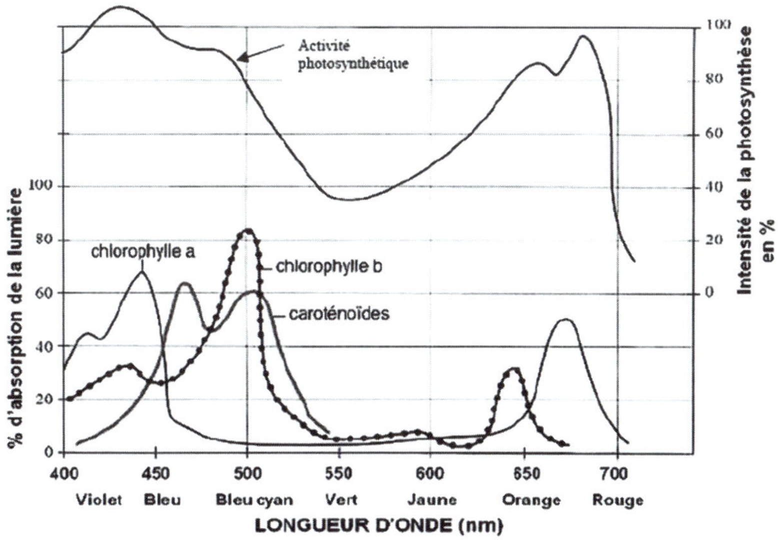

1. Montrer que seule une partie du rayonnement solaire est absorbée par le coquelicot.
2. Montrer que les pigments sont à l'origine de l'activité photosynthétique.

** Exercice 4

10 min

Afin d'étudier le fonctionnement des levures, champignons unicellulaires, on réalise, les mesures des concentrations de trois composés présents dans le milieu de culture. On injecte au bout d'une minute du saccharose, glucide d'origine végétale.

Document 1

Concentration en dioxygène, dioxyde de carbone et saccharose du milieu de vie des levures.

Temps (mn)	0	1	2	3	4	5	6	7	8	9
Concentration en O_2 (u.a)	19	19	18	17	8	2	1	0,7	0,3	0,3
Concentration en CO_2 (u.a)	1	1,2	1,7	2	7,5	12,5	17	18,5	20	22,5
Teneur en saccharose ($g.L^{-1}$)	0	15	12	10	8	5	4	3	2	1

Document 2

Évolution du nombre de levure dans 0,01 mm^3 selon le milieu de culture

Temps (jours) / Composition du milieu	1er jour	5e jour
Eau distillée + sels minéraux	5	10
Eau distillée + sels minéraux + saccharose	5	250

1. Expliquer le métabolisme effectué par les levures.
2. Montrer que les levures utilisent la matière organique d'origine végétale pour fonctionner.

*** Exercice 5

25 min

La période Carbonifère s'étale de –360 millions d'années (Ma) à –295 Ma, les sédiments de cette période sont riches en charbons.

Document 1

Évolution des pourcentages par rapport aux valeurs actuelles des concentrations atmosphériques en CO_2 et O_2 en fonction du temps

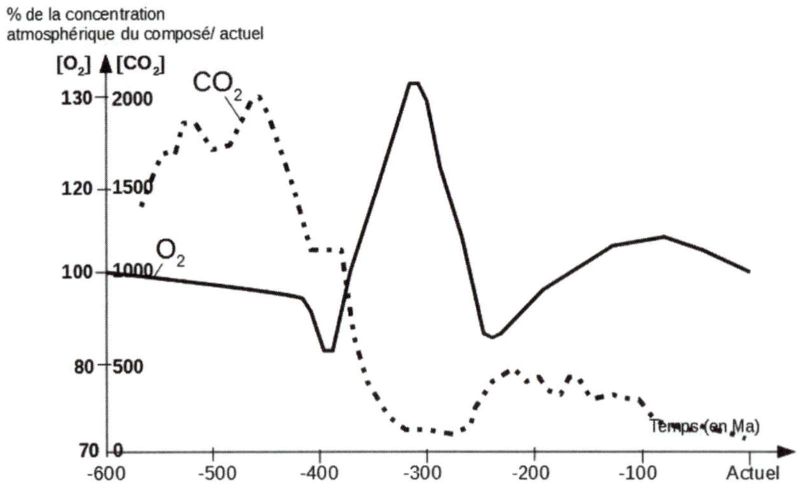

Document 2

Les caractéristiques de différents charbons

Combustibles fossiles / Caractéristiques	Anthracite	Houille	Tourbe
Âge moyen	300 Ma	150 Ma	1 000 à 7 000 ans
Taux de carbone dans la matière	90 à 95 %	75 à 95 %	50 à 55 %
Observation à l'œil nu et à la loupe •	Empreinte de végétaux		Restes de fibres végétales

Ma : millions d'années

Proposer à partir des documents, des arguments en faveur de l'origine biologique végétale des charbons du Carbonifère.

Corrigés exercices

Exercice 1

1. Équation bilan de la photosynthèse

Rayonnement solaire (longueur d'onde bleu et rouge)

$$6CO_2 + 6\,H_2O \longrightarrow C_6H_{12}O_6 + 6O_2$$

Glucose

2. Bilan énergétique à l'échelle de la feuille

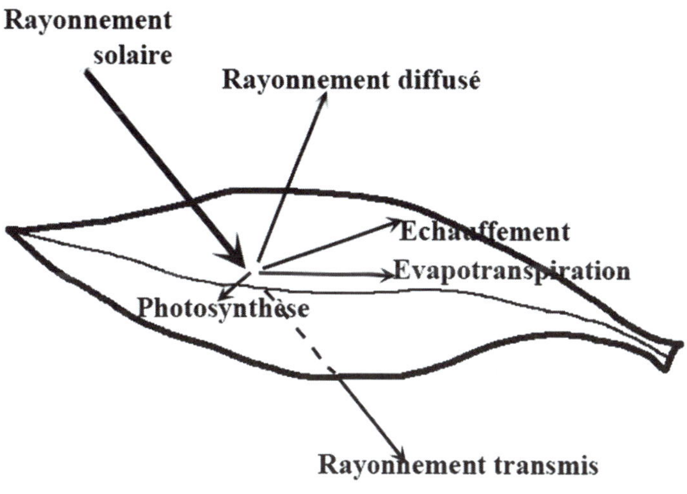

3. La respiration et la fermentation sont deux métabolismes permettant de libérer de l'énergie issue de la matière organique végétale.

Exercice 2

1. Les végétaux sont placés à la lumière et dégagent du dioxygène dans le milieu, il s'agit des caractéristiques de la photosynthèse : le dispositif teste donc les caractéristiques de la photosynthèse.
2. Nous aurions le même résultat que lors de l'expérience avec l'eau distillée ou bien un léger dégagement gazeux mais ce gaz serait issu de la respiration : ce serait du dioxyde de carbone.
3. La production de dioxygène est plus intense lorsqu'il y a plus d'hydrogénocarbonate, forme ionique du dioxyde de carbone, dissous dans l'eau. L'intensité de la photosynthèse dépend donc de l'abondance de dioxyde de carbone disponible : plus il y en a, plus l'intensité photosynthétique augmente.

Exercice 3

1. La chlorophylle absorbe le rayonnement solaire principalement entre 400 et 450 nm ainsi qu'aux alentours de 650 et 700 nm. La chlorophylle b absorbe le rayonnement solaire principalement autour de 500 et de 640 nm. Les caroténoïdes absorbent entre 450 et 510 nm. Ainsi le rayonnement solaire est absorbé par les pigments uniquement pour des longueurs d'onde de la lumière visible dans le violet-bleu et l'orange-rouge.
2. Lorsque l'activité photosynthétique est maximale, l'absorption du rayonnement solaire par les pigments est maximale. L'activité photosynthétique est donc corrélée au spectre d'absorption des pigments du coquelicot. On peut donc en déduire que les pigments sont à l'origine de l'activité photosynthétique.

Exercice 4

1. Au début des mesures en absence de saccharose, les concentrations en dioxygène et dioxyde de carbone sont relativement stables. A 1 mn, lors de l'injection de saccharose, la concentration en dioxygène diminue fortement passant de 19 u.a à 0,3 u.a en 8 minutes. Dans le même temps la concentration en dioxyde de carbone est multipliée par plus de 18. On peut en déduire que les levures absorbent du dioxygène et rejettent du dioxyde de carbone. Ces échanges sont caractéristiques de la respiration. On peut donc conclure que, durant 8 minutes, les levures respirent.

2. Avant l'injection de saccharose, les levures ne respirent pas alors qu'après, elles respirent. De plus le document 2 montre que les levures ne se développent que dans le milieu contenant, du saccharose. Cette matière organique d'origine végétale permet donc aux levures de respirer et ainsi de produire de l'énergie qui est nécessaire à leur croissance.

Exercice 5

On voit, sur le document, que la période carbonifère qui s'étale de –360 Ma à –295 Ma correspond à une période d'appauvrissement de l'atmosphère en dioxyde de carbone et d'enrichissement en dioxygène. Ce type d'échange correspondant à ceux de la photosynthèse par les végétaux verts, on peut conclure que cette période était probablement une période de richesse en végétaux verts.

On peut constater par la lecture du document 2 que les charbons sont constitués d'une grande quantité de carbone qui peut aller jusqu'à 95 % et ils comportent des éléments végétaux.

La présence de carbone et donc de matière organique ainsi que de végétaux associés à une activité photosynthétique confirme l'origine biologique végétale des charbons du Carbonifère.

7 Le bilan thermique du corps humain

L'organisme humain régule sa température corporelle interne aux alentours de 37°C quelles que soient les variations de son milieu de vie. Celle-ci est le résultat d'échanges de flux d'énergie sous forme de chaleur entre l'organisme et son milieu.

Comment ces flux énergétiques maintiennent-ils une température du corps stable ?

1. Les modalités de la perte d'énergie thermique par l'organisme

La température des organes du corps humain n'est pas la même selon leur position à proximité ou non de l'environnement. On distingue ainsi :

- les organes centraux du corps humain (cœur, appareil digestif, système nerveux central…),
- les organes périphériques (peau et tissus sous-cutanés), plus proches du milieu de vie.

Variations des températures centrale et périphérique du corps humain en fonction de la température de l'air au contact du corps
*La température centrale est prise au niveau du **rectum**.*

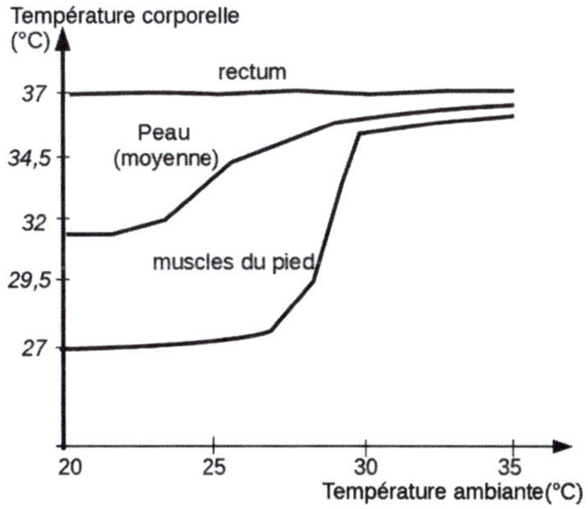

La température des organes centraux reste stable. Elle ne varie que de 1°C en fonction des cycles biologiques, comme le cycle éveil/sommeil ou le cycle menstruel.

La température des organes périphériques augmente lorsqu'il fait plus chaud dans le milieu. Elle subit des variations de température importantes (de 20°C à 40°C) selon les conditions de l'environnement.

Dans un milieu extérieur plus froid que lui, le corps humain et notamment les organes périphériques libèrent une importante quantité d'énergie thermique sous forme de chaleur vers son milieu.

Cette déperdition thermique se réalise selon quatre modes de transfert :

- le **rayonnement,** l'énergie est émise sous forme d'ondes électromagnétiques infrarouges,
- la **conduction**, l'énergie est transmise de proche en proche par contact de l'organisme avec un solide.
- la **convection,** l'énergie est transmise par le mouvement de matière du fluide (air ou eau) en contact avec l'organisme.
- l'**évaporation** de l'eau émise par la peau ou lors de la ventilation.

Les différents transferts thermiques du corps humain avec son milieu

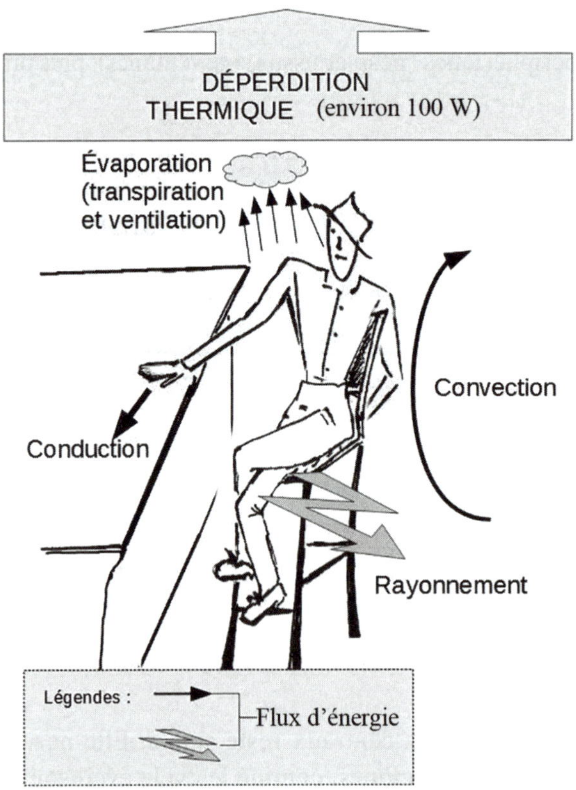

On considère qu'un humain perd en moyenne une puissance de 100 W au repos sous forme de transfert d'énergie thermique vers le milieu extérieur mais cette valeur dépend de plusieurs paramètres.

Paramètres augmentant la déperdition thermique dans un environnement froid

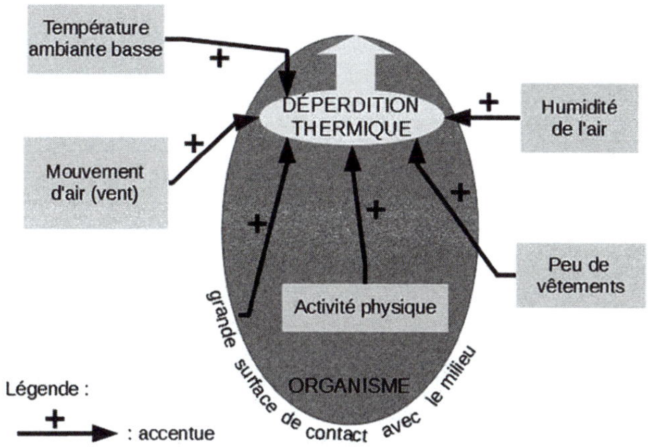

Afin de conserver une température corporelle moyenne de 37°C compatible avec le maintien du **métabolisme**, le corps humain génère de l'énergie thermique pour compenser les déperditions.

2. La production d'énergie thermique par le corps humain

Afin de garder une température constante, l'organisme doit compenser les dépenses énergétiques par la production d'une quantité d'énergie au moins équivalente aux pertes. Lors des réactions métaboliques, une partie de l'énergie libérée est convertie en énergie thermique. Chez l'Homme, deux métabolismes permettent cette production :

- la **respiration cellulaire** qui se déroule dans les mitochondries, organites cellulaires, avec un apport de dioxygène

Équation bilan de la respiration cellulaire :

$$C_6H_{12}0_6 + 6\ O_2 \rightarrow 6\ CO_2 + 6\ H_2O + \text{énergie}$$

(glucose) (utilisable et thermique)

- la **fermentation lactique** qui a lieu dans le cytoplasme des cellules sans apport de dioxygène quand l'apport en dioxygène est insuffisant

Équation bilan de la fermentation lactique :

$C_6H_{12}0_6$	$\rightarrow$	$2\ C_3H_6O_3$	+	énergie
(glucose)		(acide lactique)		(utilisable et thermique)

Ces réactions métaboliques permettent de convertir l'énergie chimique des **nutriments** en énergie utilisable pour le fonctionnement des cellules et en énergie thermique qui, transférée sous forme de chaleur, participe au réchauffement du corps.

Les apports énergétiques des types d'aliments et les dépenses énergétiques pour une personne de 70 kg selon ses activités physiques

Apports énergétiques ($kJ \cdot g^{-1}$)		**Dépenses énergétiques ($kJ \cdot h^{-1}$)**	
Protéines	17	Lecture	396
Lipides	38	Volleyball	1 046
Glucides	17	Squash	3 766

kJ : kilojoules

Les dépenses énergétiques n'étant pas les mêmes en fonction des activités physiques effectuées, les apports nutritionnels doivent être choisis pour être suffisants afin de compenser les pertes.

L'essentiel

Malgré d'importantes pertes vers le milieu extérieur, la température corporelle reste stable. Cet équilibre énergétique repose sur la production d'énergie métabolique par fermentation lactique et respiration à partir des nutriments et sur les échanges régulés avec son environnement.

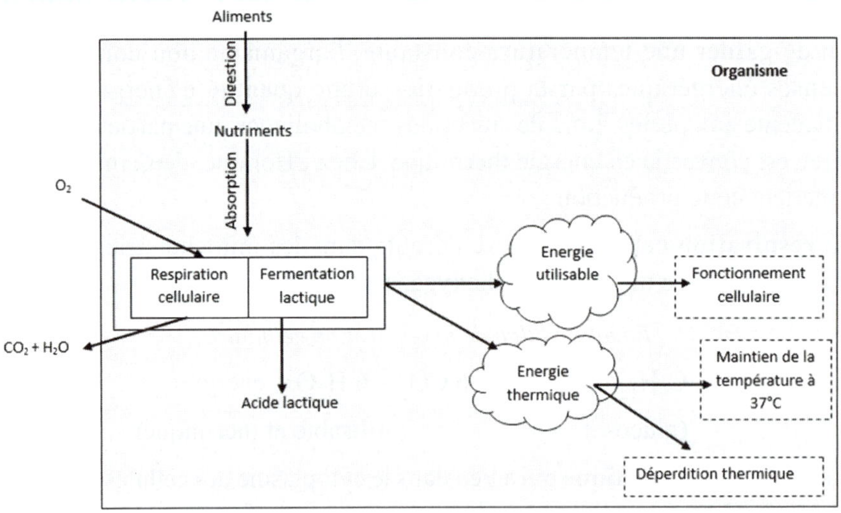

Énoncés des exercices

* Exercice 1 — 10 min

1. Citer les différents modes de transferts d'énergie thermique entre un humain et son milieu.
2. Préciser la puissance moyenne d'énergie thermique libérée par un humain dans des conditions standards au repos puis nommer les paramètres qui peuvent la faire varier.
3. Expliquer l'origine de l'énergie thermique permettant de compenser la perte calorique vers le milieu et de conserver une température corporelle de 37°C.

** Exercice 2 — 10 min

Les enzymes sont des molécules qui permettent d'accélérer les réactions métaboliques. Elles sont essentielles aux différents métabolismes d'un individu. On étudie l'action de la température sur leur activité.

Document

Variations de l'intensité de l'activité enzymatique moyenne en fonction de la température

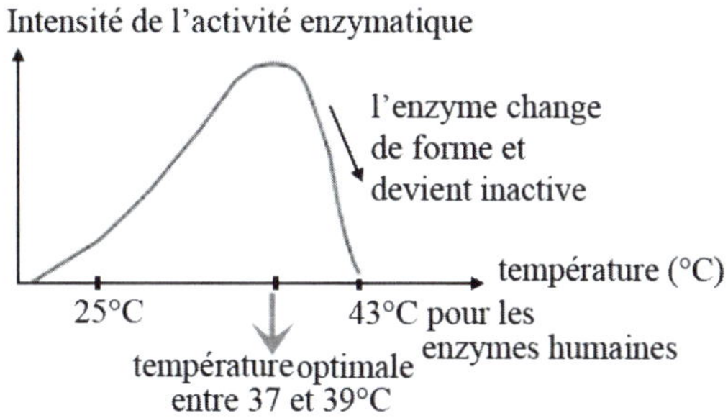

1. À l'aide du document proposé, expliquer l'effet d'une hypothermie (baisse de température) sur le métabolisme des cellules des muscles des doigts un jour d'hiver.

   Lors d'une infection grave, notre température corporelle peut dépasser les 41°C. Il faut dans ce cas faire en sorte qu'elle n'augmente pas plus.

2. Expliquer l'effet mortel pour nos cellules d'une température corporelle supérieure à 43°C.

** Exercice 3

10 min

On place un individu dans une pièce dans laquelle on fait varier la température ambiante. À l'aide d'un équipement adapté, on mesure la consommation de dioxygène de l'individu durant 30 minutes.

Document

Variation de la consommation de dioxygène d'un individu au cours du temps en fonction de la température ambiante

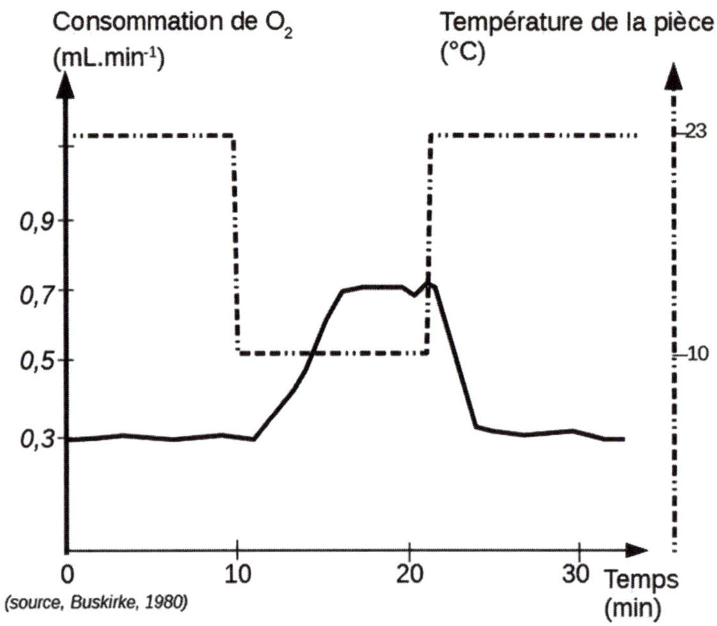

1. Décrire la variation de la consommation de dioxygène de l'individu durant cette expérience.
2. Expliquer l'origine de la variation de consommation de dioxygène constatée au cours de l'expérience.

*** Exercice 4

20 min

Samia veut évaluer sa dépense journalière énergétique totale. Elle souhaite ainsi connaître la quantité de pain de mie qui lui permettrait d'apporter l'énergie nécessaire pour équilibrer cette dépense.

Document 1

Étiquetage nutritionnel d'un paquet de pain de mie industriel

Valeurs nutritionnelles pour 100 g de pain	
Valeur énergétique	1 148 kJ
Lipides	4,5 g
Glucides dont amidon et glucose	48 g 39 g 9 g
Fibres alimentaires non absorbables	2,2 g
Protéines	8,7 g
Sels	1,1 g

Document 2

Apports énergétiques des nutriments et quantité de dioxygène nécessaire pour effectuer la respiration cellulaire

Nutriments présentant une source d'énergie	Énergie dégagée par gramme de nutriment (en $kJ \cdot g^{-1}$)	Consommation de dioxygène par gramme utilisé ($L \cdot g^{-1}$)
Lipides	39,6	2,02
Glucides complexes (amidon) simples (glucose)	 17,5 15,6	 0,83 0,75
Protéines	19,7	1,01

Document 3

Coûts énergétiques de diverses activités sur 1 heure rapportés au coût du repos (position allongée)

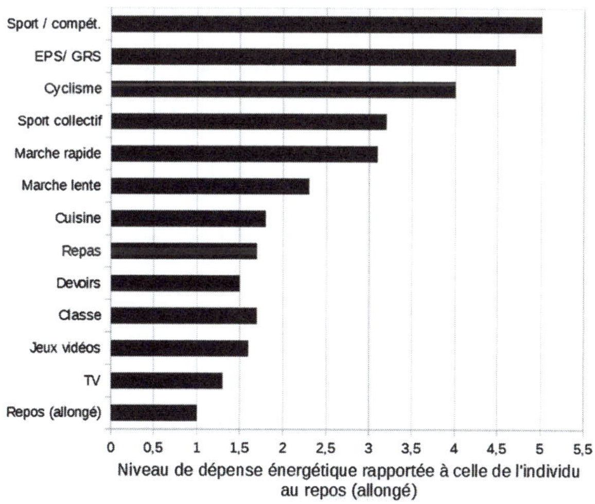

Le repos (allongée) correspond au **métabolisme basal** de l'organisme dont la dépense énergétique moyenne est de 4 à 5 kJ · min^{-1}.

1. Expliquer quels sont les nutriments les plus énergétiques présents dans le pain de mie.

   Samia consomme allongée au repos 6 000 kJ · jour^{-1}. Sur une journée de 24 heures, elle va dormir 12 h, marcher lentement 1 h, assister à 3 h de cours en classe et 1 h d'EPS dans un gymnase, faire ses devoirs pendant 2 h, faire 1 h de vélo (cyclisme) et regarder la télévision pendant 2 h. Dans la journée, elle cumulera 2 h de repas.

2. Préciser comment évolue la dépense énergétique en fonction du type d'activité.
3. Évaluer la dépense énergétique de Samia sur une journée puis indiquer la quantité de pain de mie qu'elle devrait consommer pour équilibrer cette dépense journalière si ce n'était que son seul aliment.
4. Déterminer le volume de dioxygène nécessaire pour utiliser les nutriments contenus dans 100 g de pain de mie lors de la respiration. En déduire la consommation en dioxygène quotidienne au cours de la journée expérimentale de Samia.

Contrôle

60 min – 20 points

Contrôle

Le Soleil inonde notre Terre d'énergie sous forme de lumière. Notre planète absorbe cette énergie pour la convertir en énergie de longueur d'onde différente. Cette transformation permet le fonctionnement de nombreux systèmes physiques et biologiques.

On cherche à montrer le rapport entre énergie solaire, températures de la Terre et équilibre des cellules vivantes.

Document 1

Énergie solaire et température à la surface de la Terre

Document 1a : bilan de l'énergie solaire reçue au sol au mois de mars 2019

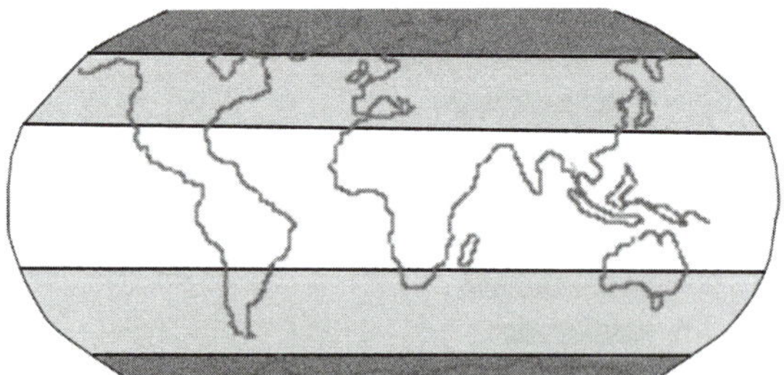

Puissance radiative reçue du Soleil par unité de surface

W.m^{-2} 151 — 223 — 367 — 439

Document 1b : températures moyennes à la surface de la Terre

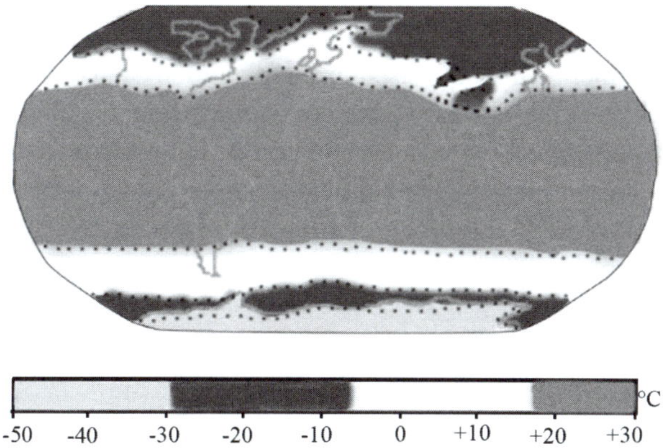

Document 2

Devenir du rayonnement solaire incident sur Terre

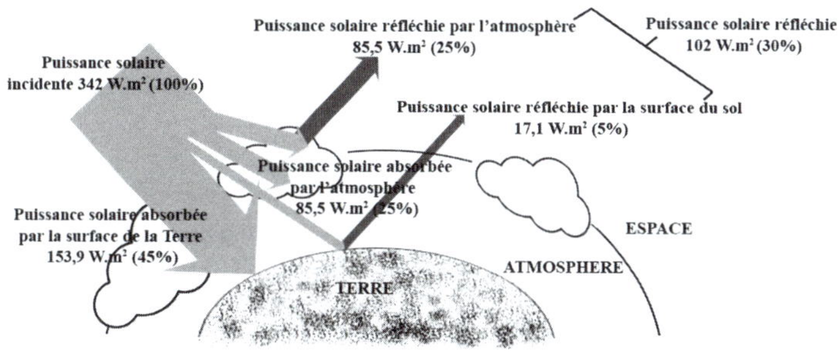

Données

- $T_{éq} = \left(\dfrac{(1-A).\varphi_s}{4.\sigma}\right)^{1/4}$
- La loi de Stephan donne l'émission totale du corps par unité de surface : $P = \sigma.S.T^4$ avec $\sigma = 5{,}6698 \times 10^{-8}\ W.m^{-2}.K^{-4}$
- $T(K) = 273{,}15 + \theta(°C)$
- $\varphi_S = 1370\ W$
- $\theta(\text{Terre}) = \theta_{éq}(°C) + \theta_{\text{effet de serre}} = 15°C$

Document 3

Le réchauffement climatique

Le réchauffement climatique est une augmentation de la température moyenne à la surface de la Terre. Il provoque des bouleversements climatiques majeurs. Ce réchauffement est lié à l'augmentation de l'effet de serre existant naturellement du fait des activités humaines (exemple : consommation des énergies fossiles, comme le pétrole ou le charbon) qui libèrent des gaz à effet de serre dans l'atmosphère.

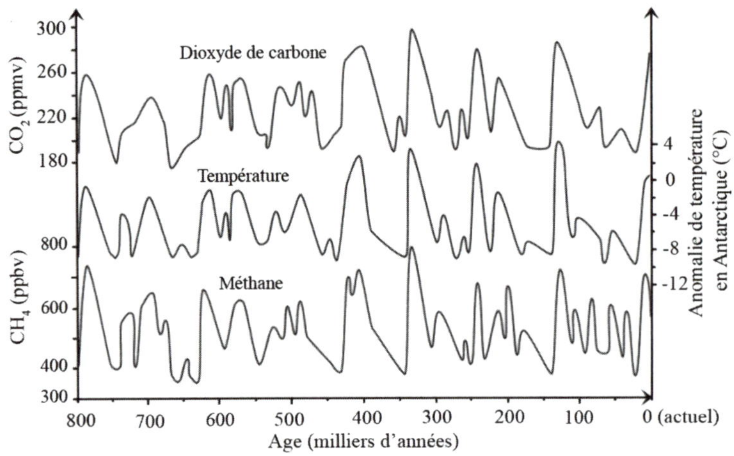

ppmv : partie par million en volume (1 ppmv = 1µL/L)
ppbv : partie par billion (milliard) en volume

Document 4

Un réseau trophique simplifié

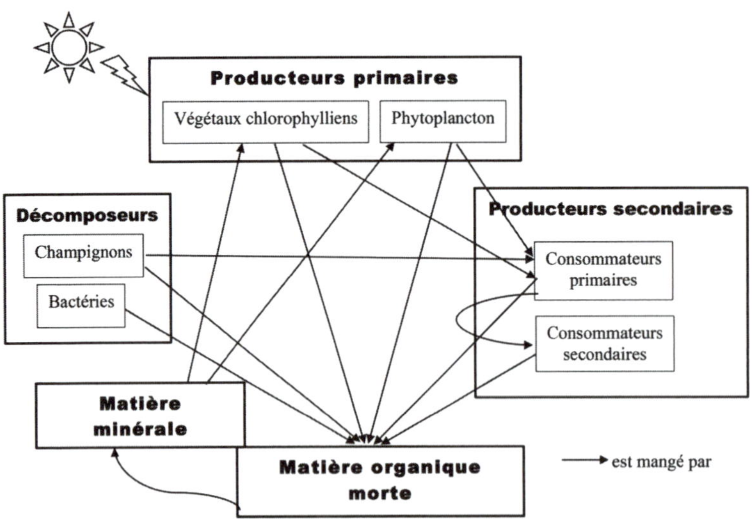

Document 5

Rendements photosynthétiques en fonction de la puissance de la lumière incidente et de la température

Les mesures sont effectuées en laboratoire dans une enceinte hermétique riche en végétaux chlorophylliens.

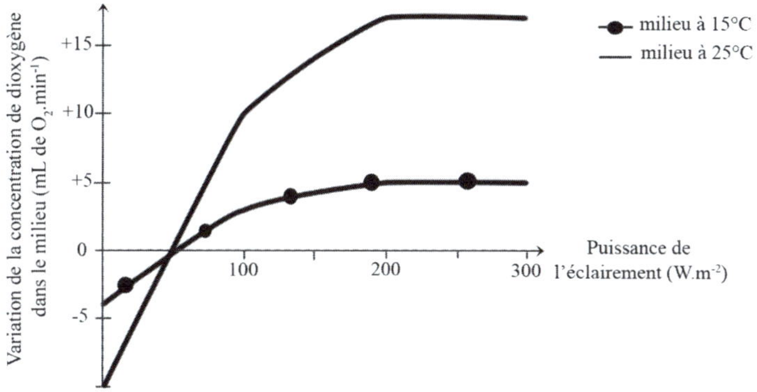

1. À partir de l'étude des documents 1 à 3 et de vos connaissances, expliquer l'impact de l'énergie solaire sur les températures de la Terre, planète sphérique possédant une atmosphère. (12 points)

Votre argumentation s'appuiera notamment sur le calcul de la température d'équilibre afin de déterminer la part de l'effet de serre sur la température de la surface terrestre.

2. À partir de l'étude des documents 3 à 5 et de vos connaissances, montrer comment l'énergie solaire et le dioxyde de carbone rentrent dans la biosphère et interviennent à différents maillons des réseaux trophiques pour assurer un rôle essentiel à l'échelle de la planète. (8 points)

Corrigés exercices

Exercice 1

1. Les différents modes de transferts de chaleur entre un humain et son milieu sont :
   - la conduction du corps vers les objets plus froids
   - l'évaporation de l'eau en surface du corps
   - la convection de l'air froid au contact de la peau
   - le rayonnement de l'énergie thermique vers le milieu.

2. La puissance moyenne d'énergie thermique libérée par un humain dans des conditions standards au repos est de l'ordre de 100 W.

   Les paramètres qui peuvent faire varier cette puissance sont : la température de l'environnement, les mouvements et l'humidité de l'air ambiant, la quantité de vêtements mis, le type d'activité et la taille de la surface de contact du corps avec le milieu.

3. En présence de dioxygène, la production d'énergie thermique est obtenue par le métabolisme de respiration cellulaire. L'énergie chimique des nutriments est convertie en énergie utilisable et thermique. En absence de dioxygène, la production d'énergie thermique est obtenue par le métabolisme de la fermentation lactique. Dans les deux cas, la production d'énergie thermique est transférée sous forme de chaleur, permettant de réchauffer les organes et de libérer l'excès vers le milieu ambiant.

Exercice 2

1. Plus la température diminue en dessous de 37°C, moins les enzymes sont actives. Une diminution de leur activité ralentit la vitesse des réactions métaboliques comme la respiration cellulaire et la fermentation lactique dans les doigts un jour d'hiver. Ainsi, les muscles des doigts produisent moins d'énergie thermique, ce qui diminue la température des doigts.
2. Au-delà de 43°C, les enzymes changent de forme et ne sont plus fonctionnelles. Les réactions métaboliques n'ayant plus lieu, les cellules ne produisent plus d'énergie pour fonctionner et meurent.

Exercice 3

1. La consommation de dioxygène est constante à 0,3 $mL \cdot min^{-1}$ quand la température ambiante est de 23°C. Lorsque la température est de 10°C, la consommation de dioxygène augmente jusqu'à 0,7 $mL \cdot min^{-1}$ et ceci durant toute la période à 10 °C.
2. Lorsque la température de l'environnement est plus basse (10°C) le gradient thermique entre le corps et la pièce augmente ; la perte d'énergie thermique va devenir plus importante. Pour compenser cette perte, la respiration cellulaire s'intensifie pour fournir plus d'énergie thermique. L'organisme va alors consommer plus de dioxygène.

Exercice 4

1. 1 g de lipide correspondent à un apport d'énergie de 39,6 kJ à l'organisme alors que les deux autres nutriments apportent entre 15,6 et 19,7 kJ. Les nutriments les plus énergétiques sont donc les lipides qui contiennent environ deux fois plus d'énergie sous forme chimique pour une même masse que les protides et les glucides.
2. La dépense énergétique augmente avec l'intensité de l'activité : un sport en compétition demande plus d'énergie qu'une marche lente.
3. Dépense énergétique au repos pour une heure : $6\,000/24 = 250$ kJ · h^{-1}

   La dépense énergétique totale sur 24 h :

   $[(250\times 1)\times 12]+[(250\times 2{,}25)\times 1]+[(250\times 1{,}75)\times 3]+[(250\times 4{,}75)\times 1]+[(250\times 1{,}5)\times 2] + [(250 \times 4) \times 1] + [(250 \times 1{,}25) \times 2] + [(250 \times 1{,}75) \times 2] = 3\,000 + 562{,}50 + 1\,312{,}50 + 1\,187{,}50 + 750 + 1\,000 + 625 + 875 = 9\,312{,}50$ kJ

   Sachant que 100 g de pain de mie a une valeur énergétique de 1 148 kJ, Samia doit manger :

   $(9\,312{,}5/1\,148) \times 100 = 811{,}20$ g
4. Le volume de dioxygène nécessaire pour utiliser les nutriments contenus dans 100 g de pain de mie est :

   $VO_2 = (2{,}2 \times 4{,}5) + (0{,}83 \times 39) + (0{,}75 \times 9) + (1{,}01 \times 8{,}7)$

   $VO_2 = 9{,}7 + 32{,}37 + 6{,}75 + 8{,}787$

   $VO_2 = 57{,}607$ L

   Sachant que Samia doit manger 811,20g de pain de mie pour être en équilibre énergétique.

   Pour une journée, VO_2 consommé = $57{,}607 \times 8{,}112 = 467{,}30$ L d'O_2

Corrigé du contrôle

1. (12 points)

1.a - 3 points

Du fait de la sphéricité de la Terre, l'angle d'incidence du rayonnement solaire sur la surface terrestre est variable en fonction de la latitude. La surface éclairée à l'équateur est plus importante que celle aux pôles, ce qui conduit à une inégale répartition de la puissance solaire reçue à la surface : supérieure à 367 $W.m^{-2}$ à

Corrigés

l'équateur et inférieure à 223 $W.m^{-2}$ aux pôles (document 1a). Ceci a pour conséquence une répartition inégale des températures : supérieure à +20°C à l'équateur et inférieure à -10°C aux pôles (document 1b).

1.b - 4 points

Calcul de la température d'équilibre sans prendre en compte l'effet de serre avec les informations du document 2 :

$$T_{éq} = \left(\frac{(1-A).\varphi_s}{4.\sigma} \right)^{1/4}$$

$A_{Terrestre} = 0,30$

$\sigma = 5,6698 \times 10^{-8}\ W.m^{-2}.K^{-4}$

$\varphi_S = 1370\ W$

$T(K) = 273,15 + \theta(°C)$

$$\theta_{éq\ Terre}(°C) = \left(\frac{(1-A).\varphi_s}{4\sigma} \right)^{1/4} - 273,15$$

$$\theta_{éq\ Terre}(°C) = \left(\frac{(1-0,30)\times 1370}{4\times 5,6698\times 10^{-8}} \right)^{1/4} - 273,15$$

$$\theta_{éq\ Terre}(°C) = -17°C$$

Ainsi sur Terre, avec un albédo de 0,3, $T_{éq}$ = 256 K soit = -17°C.

1.c - 2 points

La planète Terre possède une atmosphère composée de gaz augmentant les températures terrestres. Les variations de méthane et de dioxyde de carbone observées dans le document 3 ont provoqué des augmentations de température allant jusqu'à +12°C par le passé. Ces gaz dits à effet de serre sont responsables de la température moyenne actuelle de surface.

1.d - 3 points

Calcul de la part de l'effet de serre pour la température actuelle de surface de +15°C.

$$\theta_{Terre} = \theta_{éq\ Terre}(°C) + \theta_{effet\ de\ serre}$$

$$\theta(Terre) = \theta_{éq}(°C) + \theta_{effet\ de\ serre} = 15°C$$

$$\theta_{effet\ de\ serre} = \theta - \theta_{éq\ Terre}(°C)$$

$$\theta_{effet\ de\ serre} = 15 - (-18)$$

$$\theta_{effet\ de\ serre} = 33°C$$

Corrigés

2. 8 points

2.a - 3 points

La photosynthèse permet de produire de la matière organique et du dioxygène en présence de lumière (énergie solaire) à partir de matière minérale et de dioxyde de carbone. D'après le document 5, plus la puissance de l'éclairement est importante plus la consommation de dioxygène augmente. La température du milieu est importante pour cette production. La température de +15°C permet une production plus importante de dioxygène que celle de +25°C.

2.b - 3 points

L'énergie solaire et le dioxyde de carbone atmosphérique, essentiels pour la photosynthèse, sont utilisés par les végétaux chlorophylliens, producteurs primaires de la biosphère. Le document 4 permet d'établir la place de ces végétaux au sein d'un réseau trophique. Ces producteurs primaires sont mangés par les producteurs secondaires, consommateurs de leur matière organique. Ainsi l'énergie solaire et la source de carbone qu'est le dioxyde de carbone entrent directement et indirectement à différents maillons de la biosphère.

2.c - 2 points

La photosynthèse permet de stocker le dioxyde de carbone de l'atmosphère sous forme de molécules organiques contribuant à la diminution du taux de dioxyde de carbone atmosphérique.

Thème 3
La Terre, un astre singulier

8 La forme de la Terre

De tout temps, l'Homme a étudié la voûte céleste ce qui lui a permis de comprendre la forme et les dimensions de la Terre. Les mathématiques ont permis de calculer des dimensions inaccessibles à la mesure directe.

Comment les scientifiques ont-ils déterminé la forme et les dimensions de la Terre au cours de l'histoire ?

1. La sphéricité de la Terre et ses dimensions

Dès le VIe siècle avant J.-C., les pythagoriciens furent les premiers à soutenir l'opinion de la sphéricité de la Terre. Mais les différentes observations locales font que la Terre apparaît plate aux yeux des philosophes grecs tel **Anaxagore** (500-428 av J.-C.).

C'est en observant le ciel et la forme toujours circulaire de l'ombre de la Terre sur la Lune, lors des éclipses de Lune, que certains philosophes de l'Antiquité tel **Aristote** (428-322 av. J.-C.) ont conclu que la Terre est sphérique.

Vers 220 av. J.-C., le savant grec **Ératosthène** (284-192 av. J.-C.) fît la première estimation de la circonférence terrestre grâce à des mesures d'arcs de méridien. Pour Ératosthène, la Terre est sphérique et les rayons du Soleil qui parviennent à sa surface sont tellement éloignés que l'on peut considérer qu'ils arrivent parallèles entre eux. Il mesura l'angle, c'est à dire la différence de latitudes, entre deux villes d'Égypte placées sur la même longitude à partir des mesures de longueur d'ombres portées. Les ombres des objets étant différentes en fonction de la position du Soleil au cours de la journée.

Localisation de Syène et d'Alexandrie

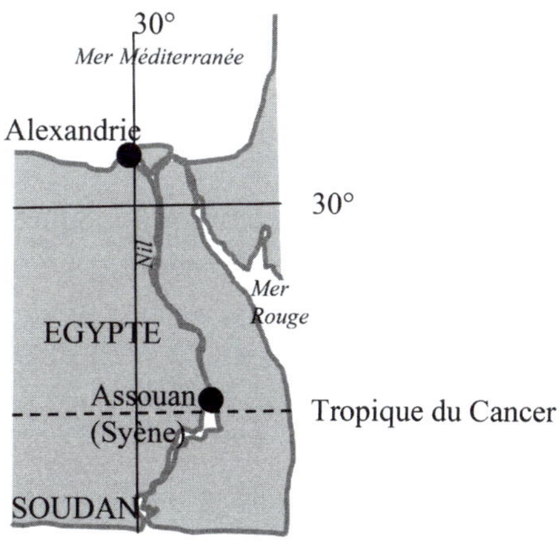

Ératosthène avait observé qu'à Syène (aujourd'hui Assouan), ville située sur le tropique Nord, le Soleil ne donnait aucune ombre et éclairait le fond d'un puit, à midi, le jour du solstice d'été : il était donc situé au zénith, exactement à la verticale du puit.

Le même jour, à la même heure, à Alexandrie, au bord de la Méditerranée, ville située plus au nord, un obélisque donnait sur le sol une ombre portée dont il mesura longueur.

Schématisation des positions de Syène (S) et d'Alexandrie (A) et des mesures correspondantes

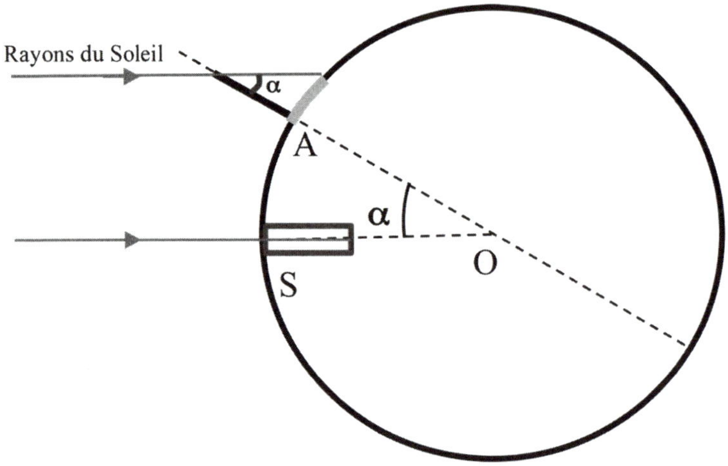

Il déduisit de la longueur de l'ombre que les rayons solaires faisaient un angle = 7,2° par rapport à la verticale d'Alexandrie (AO). Par ailleurs, Ératosthène savait qu'en parcourant 100 stades par jour, les caravanes de chameaux mettaient 50 jours pour parcourir la distance de Syène à Alexandrie. Connaissant la distance AS et l'angle et sachant que la circonférence C de la Terre correspond à 360°

$$AS \Leftrightarrow \alpha$$

$$C \Leftrightarrow 360°$$

Ainsi $C = \dfrac{360° \times AS}{\alpha}$

Sachant que 1 stade égyptien correspond environ à 158 mètres et que les caravanes ont parcouru 100 stades par jour soit 5 000 stades,

soit SA = 5 000 × 158 = 790 km

Ainsi la circonférence de la Terre est : $C = \dfrac{790}{7,2} \times 360 = 39500$ km

Dans son calcul, Ératosthène ne se trompa que d'un centième par rapport aux mesures actuelles.

De ce calcul, il déduisit le rayon terrestre : $R_T = \frac{C}{2\pi}$, soit $R_T = \frac{39500}{2\pi} = 6287\text{km}$

soit $R_T = 395\,002 = 6\,287$ km

La valeur aujourd'hui retenue est de 6 371 km.

L'écart relatif r entre la valeur actuelle et celle d'Ératosthène est tel que :

$$\mathbf{r = \frac{valeur\ attendue - valeur\ calculée}{valeur\ attendue}}$$

soit $r = \frac{6371-6287}{6371} = 0{,}013$ soit 1,3 %

La valeur trouvée par Ératosthène est très proche de la valeur retenue de nos jours, pourtant il ne disposait que de moyens de mesures rudimentaires par rapport à ceux dont nous disposons. Mais ses calculs ne furent corrects que parce que Syène et Alexandrie étaient sur le même méridien.

Les XVIIe et XVIIIe siècles virent se développer les techniques de mesures du méridien terrestre. C'est en 1615, que le hollandais **W. Snell** (1580-1626) substitue à la méthode de l'arc de méridien d'Ératosthène la méthode de la triangulation plane. Celle-ci fait intervenir une série de mesures angulaires et d'une seule mesure linéaire.

Le 24 juin 1792, deux expéditions partent des Tuileries pour une durée de sept ans, l'une menée par **P.-F. Méchain** (1744-1804) vers le Sud, l'autre menée par **J.-B. Delambre** (1749-1822), vers le Nord. Ils sont chargés d'effectuer la *« plus longue mesure géodésique de tous les temps »* c'est-à-dire de mesurer avec la plus parfaite exactitude la longueur de l'arc du méridien de Paris entre Dunkerque et Barcelone en vue de définir une unité de longueur internationale qui serait un morceau du globe : *« la quarante-millionième partie d'un méridien terrestre ».* C'est le « mètre-étalon ».

Ils utilisèrent la méthode de triangulation pour mesurer la longueur d'un trajet rectiligne, ici l'arc du méridien entre Dunkerque et Barcelone.

Afin de relier ces deux localités situées sur un même méridien, on constitue une chaîne de triangles recouvrant l'arc dont les sommets sont localisés sur des points de vue (collines, tours, châteaux, clochers d'église, …) visibles d'un triangle à l'autre.

Plusieurs mesures et calculs successifs sont alors effectués :

1. Mesure d'un des côtés du triangle appelé **base.**

Cette mesure se fait sur le terrain. Deux bases ont été mesurées à l'aide de règles en platine et cuivre longues de 12 toises du Pérou, unité référente de l'époque. L'une des bases est localisée à Melun en Seine et Marne d'une longueur de 12 km, et l'autre près de Perpignan. Les calculs de l'époque ne montrent qu'une erreur de 3 cm pour des bases de 12 km.

Application de la méthode de triangulation plane

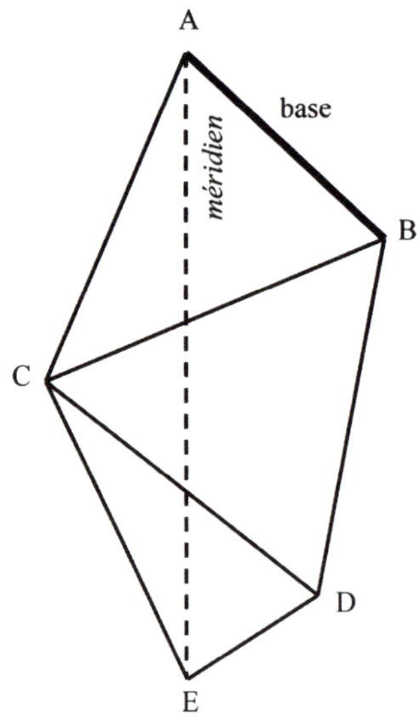

2. Mesures des angles entre les trois sommets d'un triangle.

Ils sont déterminés par des **visées**, mesures géodésiques effectuées à l'aide du cercle répétiteur.

Visée à l'aide du cercle répétiteur (depuis la chapelle, on vise la tour puis la forteresse pour mesurer un angle)

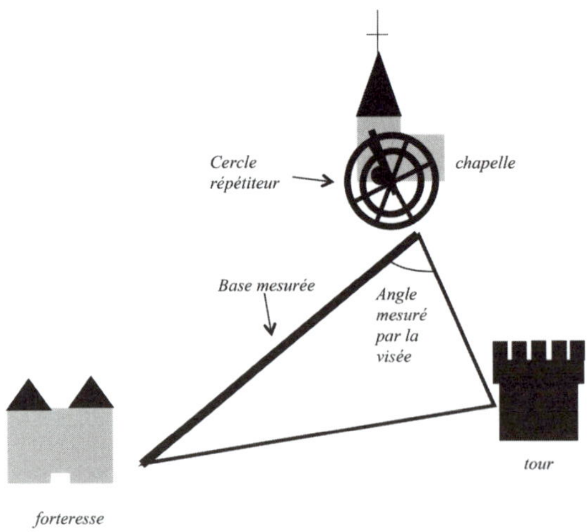

3. Détermination de l'azimut

C'est la détermination de la direction des côtés du triangle par rapport au méridien en mesurant avec un cercle répétiteur l'angle que les côtés font avec le méridien (mesure astronomique par rapport à l'axe nord-sud).

Schématisation de l'azimut

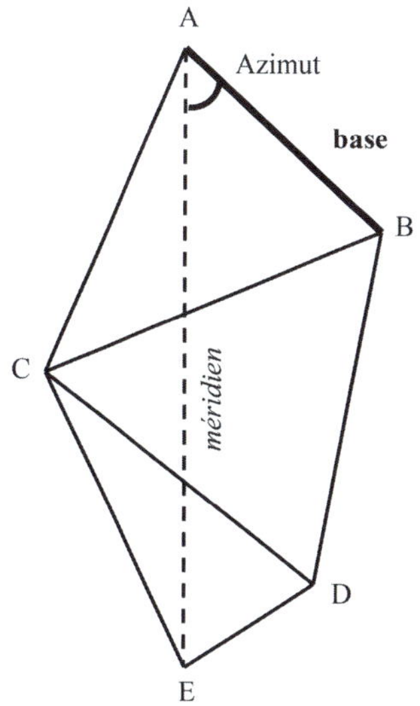

4. Détermination de proche en proche des bases des triangles juxtaposés

Si l'on connaît un côté d'un triangle et deux de ses angles, on peut déterminer tous les côtés d'un triangle grâce à la loi des sinus.

Relation entre les segments et les angles d'un triangle

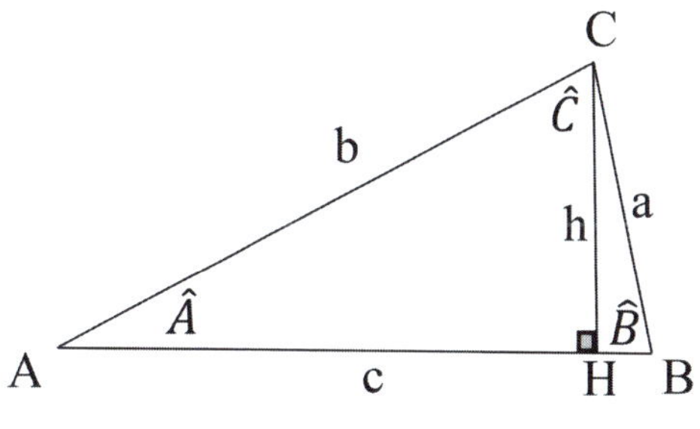

La somme des trois angles intérieurs d'un triangle est égale à 180° :

$$\widehat{A} + \widehat{B} + \widehat{C} = 180$$

Le calcul de proche en proche de tous les côtés des triangles s'effectue avec la loi des sinus :

Soit un triangle ABC quelconque et soit h sa hauteur portant sur la longueur c ; avec a, b, c longueurs des côtés.

Dans le triangle ACH, rectangle en H : $\sin \widehat{A} = \frac{h}{b}$

Dans le triangle BCH, rectangle en H : $\sin \widehat{B} = \frac{h}{a}$.

Ainsi $h = b \cdot \sin \widehat{A} = a \cdot \sin \widehat{B}$

De même, si on choisit la hauteur de B sur AC, et celle de A sur BC, on obtient la loi des sinus :

$$\frac{a}{\sin \widehat{A}} = \frac{b}{\sin \widehat{B}} = \frac{c}{\sin \widehat{C}}$$

Ainsi en ayant la base b on peut déterminer les côtés a et c qui sont les bases des triangles juxtaposés

5. Détermination de l'amplitude de l'arc sphérique

Elle se fait par la détermination des latitudes des deux extrémités par des mesures astronomiques à l'aide du cercle répétiteur.

6. Réduction de la valeur à l'horizontale

Les triangles étant inclinés car les points de vue (sommets) ne sont pas situés à la même hauteur, il faut mesurer l'angle que fait chacun d'eux avec la verticale pour se ramener à l'horizontale. La réduction à l'horizontale se fait en mesurant l'angle de chaque côté avec la verticale des extrémités des côtés, ce sont des mesures zénithales.

Représentation de la mesure zénithale

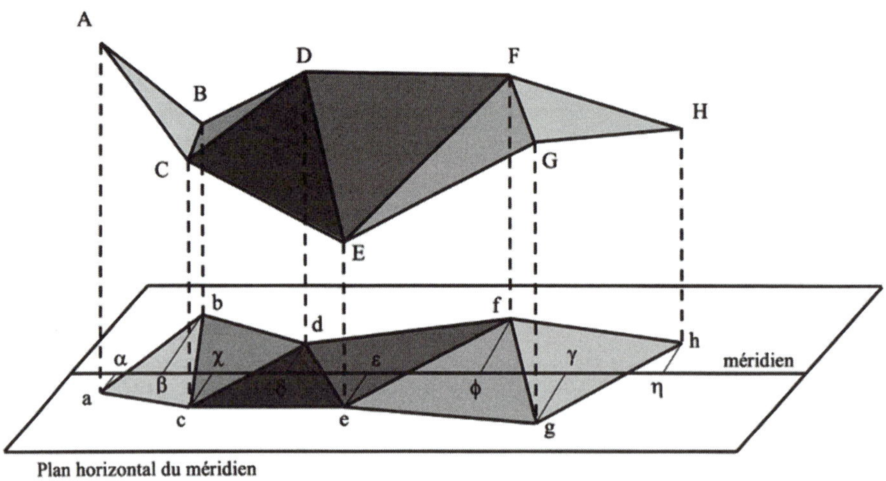

7. Ramener les calculs au niveau de la mer

Par des formules mathématiques, les mathématiciens, modifient les segments (portions de méridien), en arcs car la Terre est ronde et non plate. Ensuite, ils ramènent toujours par des calculs, les mesures au niveau de la mer.

Représentation d'une corde projetée sur la surface de la Terre

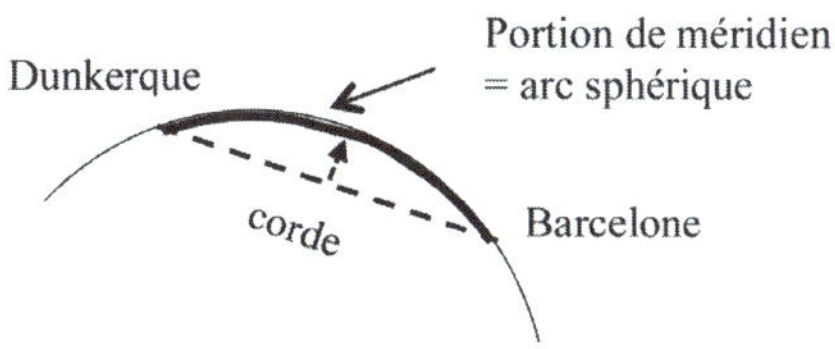

L'arc du méridien entre Dunkerque et Barcelone mesuré par J.-B. Delambre et P.-F. Méchain est de 9,67°. Au sol, ils mesurent 551 584 toises du Pérou.

Représentation de l'arc mesuré et du quart du méridien terrestre « de l'époque »

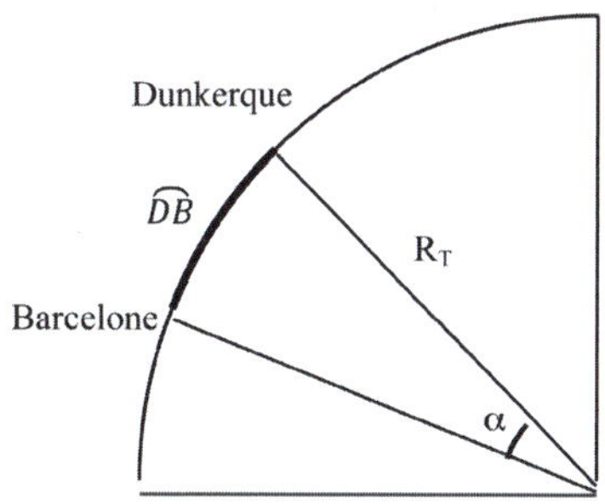

À l'époque, on considérait la définition du méridien comme celle de l'astronomie : un méridien était un cercle complet, ainsi

$$9{,}67° \Leftrightarrow 551\ 584 \text{ toises}$$

$$360° \Leftrightarrow C$$

Ainsi $C = \dfrac{360° \times 551\ 584}{9{,}67°} = 20534668$ toises

Par conséquent, *« la quarante-millionième partie d'un méridien terrestre »* est environ de $\dfrac{20\ 534\ 668}{40} \times 10^{-6} = 0{,}513$ toise du Pérou. Le mètre était né !

Un mètre-étalon en platine fut construit comme référence universelle de mesure. Des copies furent distribuées aux grandes puissances de l'époque.

Par conversion en mètre, $C = \dfrac{20\ 534\ 668}{0{,}513} = 40\ 264\ 055$ m, on trouve alors bien un méridien dont la valeur est d'environ 40 000 km, valeur actuelle retenue à ce jour.

Résumés de cours

Application du calcul d'une longueur par la méthode de triangulation plane

On considère que les mesures ont été faites à ras de Terre. Le but est de déterminer la longueur de l'arc de méridien entre les villes A et E.

Schéma du principe de mesure du méridien

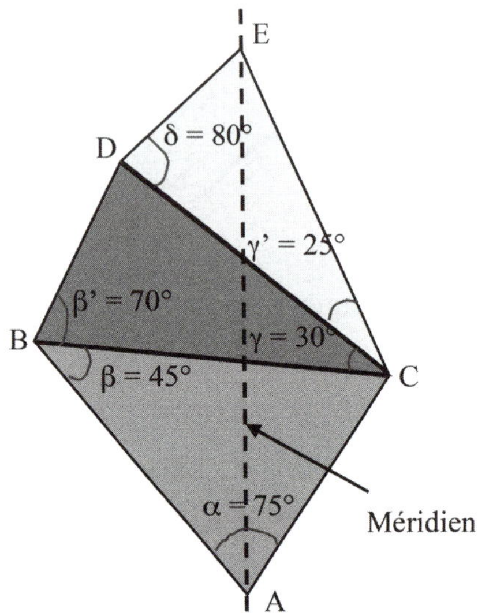

On a mesuré la base de notre triangulation dont la longueur AB est égale à 7,0 km. Des visées ont été faites et on a relevé les angles dont les valeurs sont indiquées sur la figure et l'angle $\widehat{CAE} = 37{,}64°$ (azimut).

1. D'après la loi des sinus :

- Dans le triangle ABC :

Pour AC : $\dfrac{AC}{\sin\hat{\beta}} = \dfrac{AB}{\sin\widehat{BCA}}$ et avec $\widehat{BCA} = 180° - \alpha - \beta = 60°$

$$AC = \frac{AB}{\sin\widehat{BCA}} \times \sin\beta$$

Application numérique

AC = 7,0 × sin 45° / sin 60° = 5,7 km

Pour BC : $\dfrac{AC}{\sin\beta} = \dfrac{AB}{\sin\widehat{BCA}} = \dfrac{AB}{\sin\widehat{BCA}} \times \sin\alpha$

Application numérique

BC = 7,0 × sin 75° / sin 60° = 7,8 km

- Dans le triangle BDC :

Pour BD : $\dfrac{BC}{\sin \widehat{BDC}} = \dfrac{BD}{\sin \gamma}$ et avec $\widehat{BDC} = 180° - \gamma - \beta' = 80°$

D'où $BD = \dfrac{BC}{\sin \widehat{BDC}} \times \sin \gamma$

Application numérique

BD = 7,8 × sin 80° / sin 30° = 15 km

Pour CD : $\dfrac{CD}{\sin \beta'} = \dfrac{BD}{\sin \gamma}$ d'où $CD = \dfrac{BD}{\sin \gamma} \times \sin \beta'$

Application numérique

CD = 15 × sin 70° / sin 30° = 28 km

- Dans le triangle CDE :

Pour DE : $\dfrac{DE}{\sin \gamma'} = \dfrac{DC}{\sin \widehat{CED}}$ et avec $\widehat{CED} = 180° - \delta - \gamma' = 180 - 80 - 25 = 75°$

d'où $DE = \dfrac{DC}{\sin \widehat{CED}} \times \sin \gamma'$

Application numérique

DE = 28 × sin 25° / sin 75° = 12 km

Pour CE : $\dfrac{CE}{\sin \delta} = \dfrac{DC}{\sin \widehat{CED}}$ et avec $CE = \dfrac{DC}{\sin \widehat{CED}} \times \sin \delta$

Application numérique

CE = 28 × sin 80° / sin 75° = 29 km

2. D'après la loi des sinus, dans le triangle CAE : $\dfrac{CE}{\sin \widehat{CAE}} = \dfrac{AE}{\sin \widehat{ACE}}$

$$AE = \dfrac{CE}{\sin \widehat{CAE}} \times \sin \widehat{ACE}$$

avec $\widehat{CAE} = 37,64°$ et $\widehat{ACE} = \widehat{BCA} + \gamma + \gamma' = 60° + 30° + 25° = 115°$

Application numérique

AE = 29 × sin 115° / sin 37,64° = 43 km

Résumés de cours

2. Les coordonnées d'un point à la surface de la Terre

On repère un point à la surface de la Terre par deux coordonnées angulaires :

- sa **latitude** qui est une mesure angulaire permettant de repérer son positionnement Nord ou Sud sur Terre. Elle s'étend de 0° à l'équateur à + 90° au pôle Nord et – 90° au pôle Sud. Les points de même latitude constituent des cercles qu'on appelle **parallèles**.

Représentation des latitudes

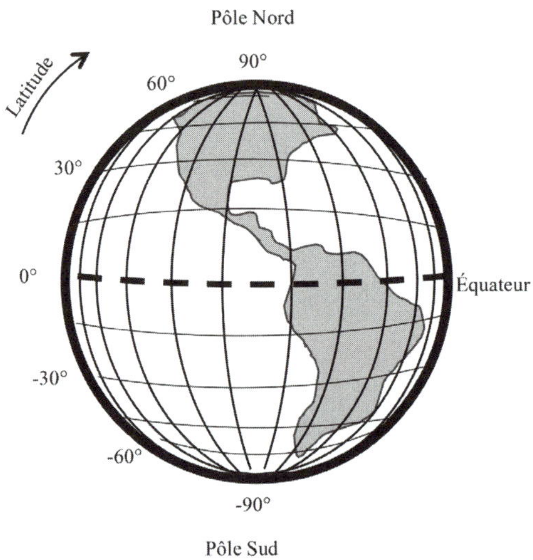

- sa **longitude** qui est une mesure angulaire permettant de repérer son positionnement Est ou Ouest sur Terre. Elle s'étend de – 180° Ouest à + 180° par rapport au méridien de Greenwich.

Représentation des longitudes

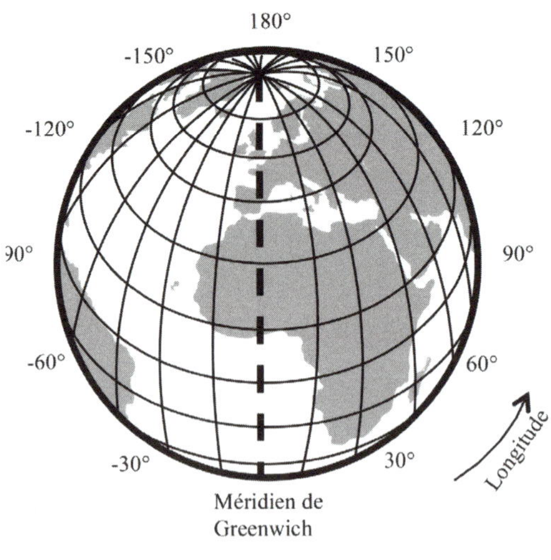

Les coordonnées géographiques sont exprimées dans le **système sexagésimal**, noté « **DSM** » en une unité appelée « **D**egré d'angle, **M**inute, **S**econde » noté (° ' ''). Sachant qu'un tour complet de la Terre représente 360°, alors 1° = 60' = 3 600''.

Les systèmes de géocalisation les plus utilisés sont le *GPS* américain *(Global Positionning System)* qui a une précision de quelques mètres et le système européen *Galiléo* qui a une précision de l'ordre du mètre voire du centimètre. Ils permettent à toute personne les utilisant de se situer n'importe où sur Terre. Le calcul des coordonnées géographiques se fait grâce à la combinaison d'informations issues de plusieurs satellites en orbite autour de la Terre.

3. Les longueurs entre deux points

La longueur d'un arc de méridien

Lorsque l'on cherche à déterminer le plus court chemin entre deux points à la surface de la Terre, on calcule la longueur d'un arc de cercle.

Représentation d'un arc de cercle

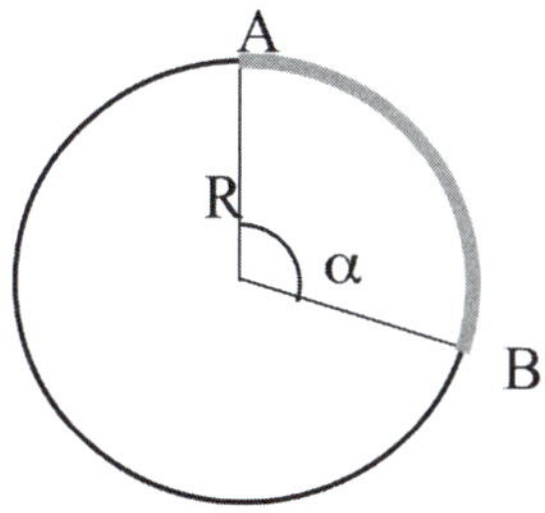

Dans un cercle, le périmètre p du cercle $p = 2\pi R$ et sa mesure d'angle est de 180°.

La longueur l de l'arc $\overset{\frown}{AB}$ fait un angle de α degrés.

$$2\pi R \Leftrightarrow 180°$$

$$l\left(\overset{\frown}{AB}\right) \Leftrightarrow \alpha$$

Ainsi $180° \times l\left(\overset{\frown}{AB}\right) = 2\pi R \cdot \alpha$ et la longueur de l'arc $l\left(\overset{\frown}{AB}\right) = \dfrac{2\pi R \cdot \alpha}{180°}$

ou $l\left(\overset{\frown}{AB}\right) = R \cdot \alpha$ avec α en radian (avec π radian = 180°)

Le calcul de la longueur d'un arc de cercle peut être utilisé pour calculer la longueur d'un arc de méridien pour une longitude identique entre deux points.

Prenons l'exemple entre Limoges en France et Lomé au Mali situées à peu près à la même longitude.

Coordonnées GPS de Limoges et Lomé

Ville	Limoges (France)	Lomé (Mali)
Latitude	45.8354243°	6.103788°
Longitude	1.2644847°	1.299377°

Localisation spatiale de Limoges (Li) et Lomé (Li)

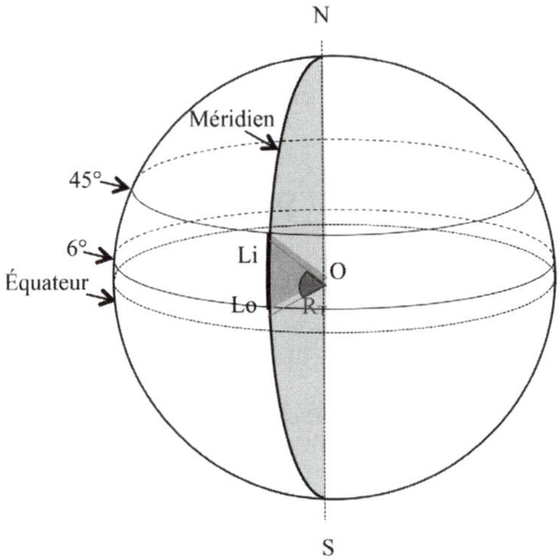

La différence de latitude est : 39,7316363 °

La longueur de l'arc $l\left(\overline{\text{Limoges} - \text{Lomé}}\right) = R.\alpha$ (α en radian).

Application numérique

$l\left(\overline{\text{Limoges} - \text{Lomé}}\right) = 6370 \times 39,7316363 \times \frac{\pi}{180°} = 4417$ km 4 417 km.
Les deux villes sont séparées de 4 417 km.

La longueur d'un arc de parallèle

Pour une même latitude, on peut calculer la longueur d'un arc de parallèle entre deux villes. Prenons l'exemple entre Limoges en France et Trieste en Italie situées à peu près à la même latitude.

Coordonnées GPS de Limoges et Trieste

Ville	**Limoges (France)**	**Trieste (Italie)**
Latitude	45.8354243°	45.639894°
Longitude	1.2644847°	13.814362°

Localisation spatiale de Limoges (L) et Trieste (T)

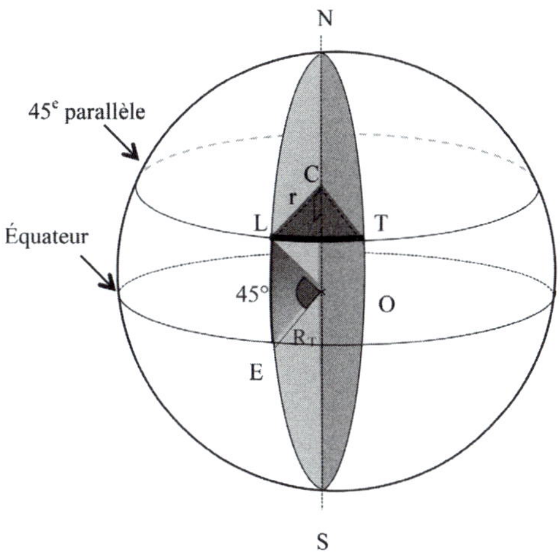

On détermine tout d'abord le rayon r du cercle au 45e parallèle.

Coupe entre le 45e parallèle et l'équateur

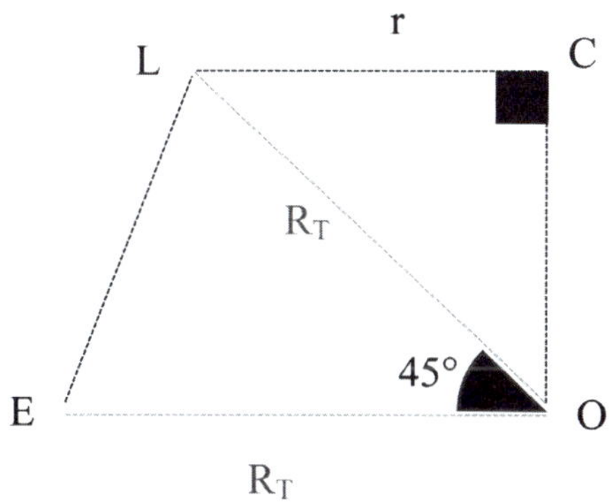

Les angles $\widehat{CLO}$ et $\widehat{LOE}$ sont alternes internes et comme (LC) // (EO), ils sont égaux.

Dans le triangle LCO rectangle en C, on a la relation $\cos\left(\widehat{CLO}\right) = \frac{r}{R_T}$.

Ainsi $r = R_T \cdot \cos\left(\widehat{CLO}\right)$ en restant sur le même parallèle de latitude 45°N.

On sait que la longitude de Limoges est 1.2644847° et celle de Trieste est 13.814362°. La différence de longitude est : 12,5498793 °.

De plus la circonférence de ce parallèle qui a pour rayon r est $C = 2\pi r$.

En utilisant la proportionnalité de la longueur d'un arc de cercle et de la mesure de l'angle au centre qui l'intercepte, on a

$$360° \Leftrightarrow C$$

$$12{,}5498793° \Leftrightarrow l\left(\widehat{LT}\right)$$

La distance recherchée est donc

$$l\left(\widehat{LT}\right) = \frac{12{,}5498793 \times C}{360} = \frac{12{,}5498793 \times 2\pi r}{360} = 987 \text{ km}$$

Les deux villes de Limoges et de Trieste sont donc séparées de 987 km en suivant l'arc de parallèle.

L'utilisation d'un système d'information géographique

Pour aller d'un point à un autre, plusieurs chemins sont possibles. Pour déterminer les différentes distances séparant deux villes sur le globe terrestre. On peut se déplacer suivant l'arc de parallèle, mais on pourrait aussi choisir le chemin de l'arc de grand cercle.

Soit deux villes, Madrid en Espagne et New York aux États-Unis, situées sur le même parallèle 40°N.

Coordonnées GPS de Madrid et New-York

Ville	**Madrid (Espagne)**	**New York (États-Unis)**
Latitude	40°25'00'' N	40°43'51'' N
Longitude	3°42'13'' O	–73°59'14'' O

Plusieurs calculs successifs sont alors effectués pour déterminer la longueur des deux chemins reliant ces deux villes.

Cas n° 1. Distance séparant New-York et Madrid (*trajet en gras sur le document*) par le calcul de l'arc de parallèle.

Localisation spatiale de l'arc de parallèle entre New-York (N) et Madrid (M)

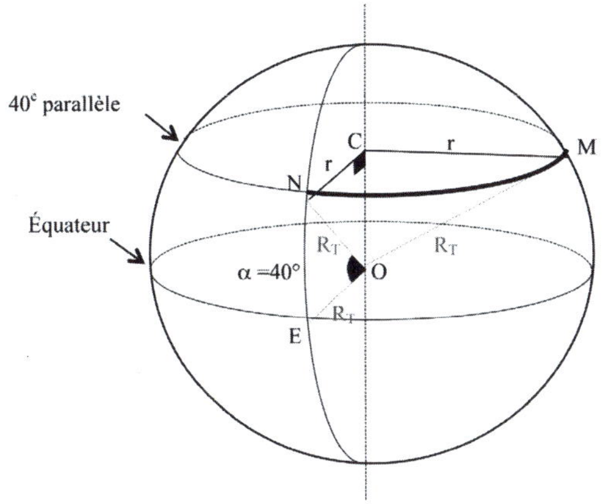

Coupe entre le 40e parallèle et l'équateur

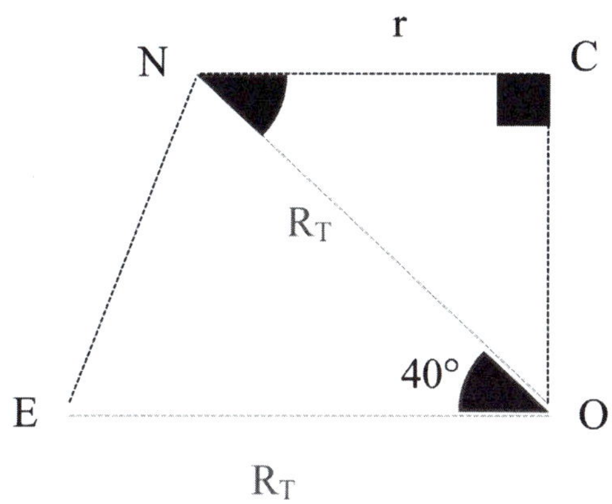

1ère étape : déterminer l'angle $\widehat{NOC}$

Les angles $\widehat{CNO}$ et $\alpha = \widehat{NOE}$ sont alternes internes et comme (NC) // (EO), ils sont égaux.

Sachant que dans un triangle, la somme des angles est de 180°,

$\widehat{NOC} + \widehat{OCN} + \widehat{CNO} = 180°$ avec $\widehat{OCN} = 180°$ et $\widehat{CNO} = \widehat{NOE} = \alpha = 40°$

ainsi $\widehat{NOC} = 180 - 90° - 40° = 50°$

2ᵉ étape : déterminer le rayon r du cercle au 40ème parallèle

$\sin\left(\widehat{NOC}\right)=\dfrac{NC}{NO}$ avec NO = R_T (rayon de la Terre) et NC = r (rayon du cercle sur le 40ᵉ parallèle)

$\sin\left(\widehat{NOC}\right)=\dfrac{r}{R_T}$ ainsi $r=R_T\times\sin\left(\widehat{NOC}\right)$.

Application numérique

$r = 6\,370 \times \sin 50° = 4\,880$ km

3ᵉ étape : déterminer la distance parcourue pour aller de New York à Madrid en restant sur le même parallèle de latitude 40°N.

On sait que la longitude de Madrid est 3°42'13''

Soit $3+\dfrac{42}{60}+\dfrac{13}{3600}=3{,}704°$

et celle de New York est – 73°59'14''

Soit $-\left(73+\dfrac{59}{60}+\dfrac{14}{3600}\right)=-73{,}98°$

Soit l'arc de parallèle NM avec G un point situé sur le méridien de Greenwich à la même latitude que les deux villes.

Repérage des angles entre le méridien de Greenwich (G)
et les villes New-York (N) et Madrid (M)

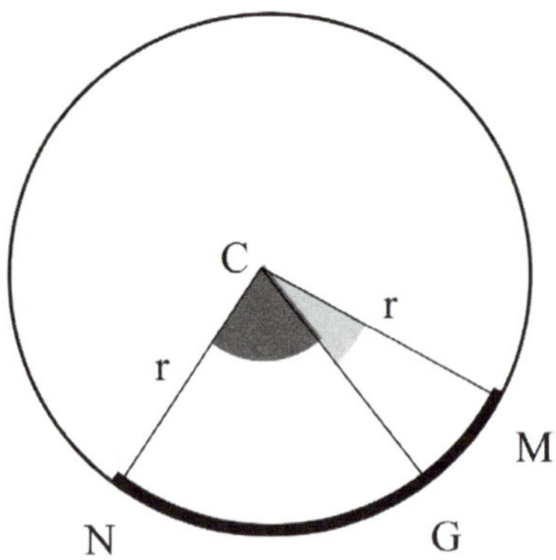

ainsi $\widehat{NCG}=73{,}98°$ et $\widehat{GCM}=3{,}704°$

donc $\widehat{NCM}=\widehat{NCG}+\widehat{GCM}$

$\widehat{NCM}=73{,}98°+3{,}704°=77{,}68\ °$

De plus la circonférence de ce parallèle qui a pour rayon r est $C = 2\pi \cdot r$

En utilisant la proportionnalité de la longueur d'un arc de cercle et de la mesure de l'angle au centre qui l'intercepte, on a

$$360° \Leftrightarrow C$$

$$77{,}68° \Leftrightarrow l\left(\overset{\frown}{NM}\right)$$

La distance recherchée est donc $l\left(\overset{\frown}{NM}\right) = \dfrac{77{,}68 \times C}{360} = \dfrac{77{,}68 \times 2\pi r}{360} = 6\,616$ km.

Les deux villes sont séparées de 6 616 km en suivant la latitude.

Cas n° 2. Distance séparant New-York et Madrid (*trajet en gras sur le document*) par le calcul de l'arc du grand cercle.

L'arc du grand cercle est le trajet que suivent les avions de ligne. En mathématiques, on parle de **route orthodromique** ou **route géodésique**.

Localisation spatiale de l'arc du grand cercle entre New-York (N) et Madrid (M)

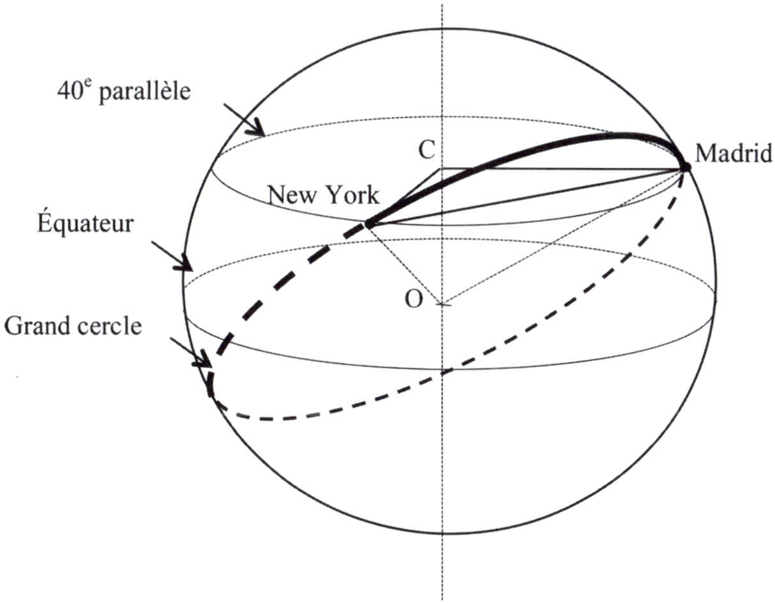

CN : rayon r au 40° parallèle (calculé comme précédemment)

ON = OM : rayon du globe terrestre RT = 6 370 km

Triangle NCM inscrit dans le cercle du 40e parallèle

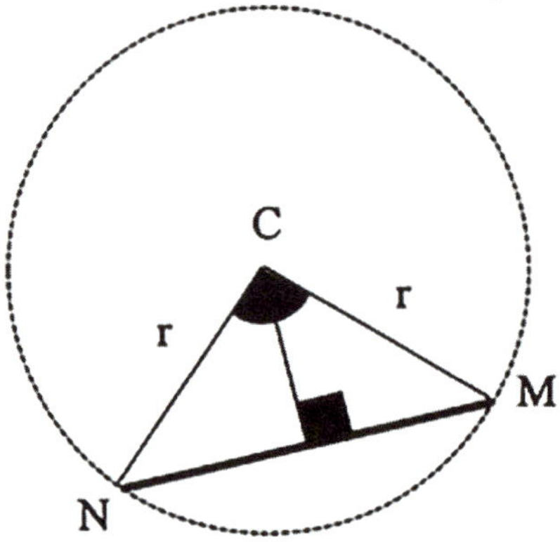

Dans le triangle NCM, on détermine NM connaissant r et $\widehat{NCM}$ par la relation

$$\sin\left(\frac{\widehat{NCM}}{2}\right) = \frac{\frac{NM}{2}}{r} = \frac{NM}{2r} \text{ ainsi } NM = 2r \times \sin\left(\frac{\widehat{NCM}}{2}\right)$$

Application numérique

$$NM = 2 \times 4880 \times \sin\left(\frac{77{,}68}{2}\right) = 6121 \text{ km.}$$

Triangle NOM inscrit dans le grand cercle

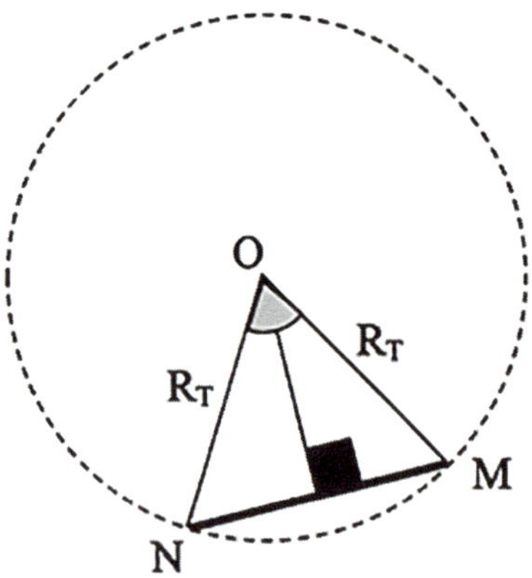

Dans le triangle NOM, situé dans le grand cercle, connaissant R_T et NM, on détermine l'angle $\widehat{NOM}$ par la relation $\sin\left(\frac{\widehat{NOM}}{2}\right) = \frac{\frac{NM}{2}}{R_T} = \frac{NM}{2R_T}$

ainsi $\widehat{NOM} = 2\arcsin\left(\dfrac{NM}{2R_T}\right)$

Application numérique

$\widehat{NOM} = 57{,}43° = 57{,}43 \times \dfrac{\pi}{180} = 1{,}002$ rad

On détermine alors l'arc du grand cercle avec la relation :

$$l_{\text{grand cercle}}\left(\widehat{NM}\right) = R_T \cdot \widehat{NOM}$$

Application numérique

$l_{\text{grand cercle}}\left(\widehat{NM}\right) = 6\,370 \times 1{,}002$

$l_{\text{grand cercle}}\left(\widehat{NM}\right) = 6\,385$ km

Lorsque l'on compare les deux longueurs, celle obtenue par l'arc de parallèle et celle obtenue par l'arc du grand cercle, le trajet le plus court passe par celle du grand cercle (6 385 km < 6 616 km).

L'essentiel

La curiosité des scientifiques et leur volonté de définir le monde qui nous entoure ont permis de mettre au point des méthodes et techniques de plus en plus précises et complexes afin de mesurer et calculer des longueurs et des angles à la surface de la Terre. Les mathématiques permettent ainsi de connaître avec exactitude les caractéristiques géographiques de la Terre.

De la mesure du méridien réalisée par Méchain et Delambre a découlé un système international (S.I) des unités de mesure dont le mètre est actuellement une des unités de référence.

Énoncés des exercices

* Exercice 1 — 5 min

1. Quelles sont les deux méthodes qui historiquement permirent de calculer la longueur d'un méridien terrestre ?
2. Comment repère-t-on un point à la surface de la Terre ?
3. Définir les termes « arc de méridien » et « arc de parallèle ».

** Exercice 2 — 10 min

Diane est à Versailles. Elle est dans les jardins du château et cherche à savoir à quelle distance elle se trouve du château. À l'aide d'un double décimètre tenu à bout de bras verticalement, elle vise avec un œil le bâtiment de la façade ouest face à elle.

Exercices

Document

Schématisation de l'observation

À d = 70,0 cm de l'œil, la hauteur de visée est occultée par une portion de règle de h = 4,1 cm. Elle sait, d'après le dépliant qu'on lui a donné à l'entrée des visiteurs, que la hauteur du bâtiment est de H = 20,0 m.

1. Schématiser la situation décrite en traçant uniquement les rayons provenant des extrémités du bâtiment.
2. À l'aide du théorème de Thalès, déterminer la distance D qui sépare Diane du bâtiment.

** Exercice 3 — 10 min

Pour Anaxagore, philosophe du Ve siècle avant J.-C., le Soleil et la Lune sont des boules incandescentes qui flottent dans le ciel.

Des voyageurs de retour de la ville de Syène lui avaient appris que le jour du solstice d'été, à midi, le Soleil se trouve au zénith. Il savait de plus qu'à Alexandrie, 5 000 stades (1 stade ≈ 158 m) au nord de Syène, le Soleil, ce même jour à midi, était à peu près à 7 degrés du zénith.

Croyant que la Terre était plate, il trouva que le Soleil était situé, au moment des mesures, à une altitude h = 6 500 km.

1. Réaliser un schéma du triangle Soleil (point C) - Syène (point B) - Alexandrie (point A) avec l'angle noté β qui a pour valeur « à peu près 7 degrés » et l'altitude *h* du Soleil.
2. Calculer, en utilisant les relations trigonométriques appropriées, la valeur de l'altitude *h* obtenue par Anaxagore.
3. Quelle a été « l'erreur » commise par Anaxagore dans sa mesure ?

** Exercice 4 — 15 min

Le méridien de Greenwich a, depuis 1884 et la conférence internationale du méridien de Washington, supplanté celui de Paris. Il est reconnu internationalement comme la référence universelle pour l'origine des longitudes. La dernière commune française traversée par le méridien de Greenwich est Gavarnie dans les Pyrénées.

Données

- Gavarnie : latitude : 42°43' N ; longitude : 0° 0' O
- Greenwich : latitude : 51° 28' N ; longitude 0° 0' E

1. Calculer la longueur de l'arc terrestre entre deux lieux notés A et B, situés sur un même méridien, dont la latitude diffère de 1°.
2. Calculer la distance qui sépare Greenwich de Gavarnie.
3. Sachant que les villes du Caire et de Saint Pétersbourg se situent pratiquement sur le même méridien, calculer la distance séparant ces deux villes.

Données

- Le Caire : latitude : 30°03' N ; longitude : 31°14' E
- Saint Pétersbourg : latitude : 59°56' N ; longitude : 30°19' E

4. Sachant que les villes du Cap (Afrique du sud) et de Sydney (Australie) se situent pratiquement sur le même parallèle, calculer la distance séparant ces deux villes.

Localisation des villes du Cap et de Sydney sur le globe terrestre

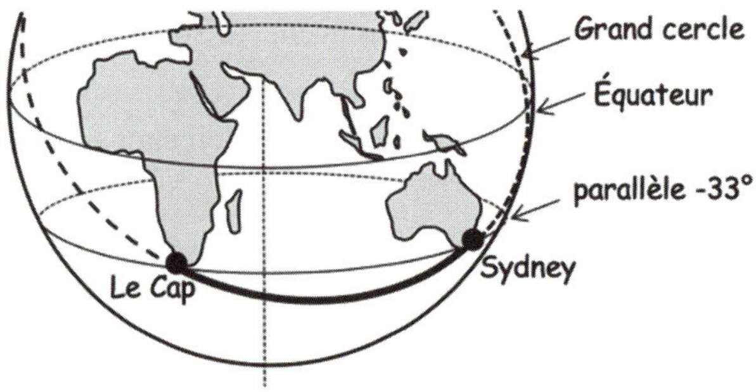

Données

- Sydney : latitude : – 33, 867° ; longitude : 151,21°
- Le Cap : latitude : – 33,925° ; longitude : 18,424

*** Exercice 5

20 min

Les élèves de deux classes de première, l'une située à Paris et l'autre à Barcelone, décident de mesurer le rayon terrestre.

Ces deux villes sont situées sur le méridien de Paris et sont séparées d'une distance à vol d'oiseau estimée à 830,87 km.

Les élèves des deux classes plantent verticalement un bâton dans le sol de telle façon que sa hauteur soit de 2,00 m. Le même jour, à la même heure, ils mesurent la longueur de l'ombre portée sur le sol horizontal : elle est de 0, 91 m à Barcelone et 1,24 m à Paris.

1. Schématiser le bâton vertical (AC), l'ombre (AB) portée sur le sol horizontal et l'angle α que font les rayons du Soleil avec la verticale.
2. Calculer l'angle α entre les rayons du Soleil et la verticale à l'instant des relevés pour les deux villes.
3. Montrer sur un schéma comment déterminer la différence de latitude entre Paris et Barcelone et effectuer le calcul.
4. Déterminer, à l'aide des valeurs obtenues, une mesure du rayon terrestre et la commenter.

Corrigés exercices

Exercice 1

1. Les deux méthodes géométriques permettant de calculer la longueur d'un méridien terrestre sont :
   - la méthode d'Ératosthène
   - la méthode de triangulation de Delambre et Méchain
2. On repère un point à la surface de la Terre par deux coordonnées angulaires que sont sa latitude et sa longitude.
3. L'arc de méridien est la distance entre deux points situés à la même longitude.

   L'arc de parallèle est la distance entre deux points situés à la même latitude.

Exercice 2

1.

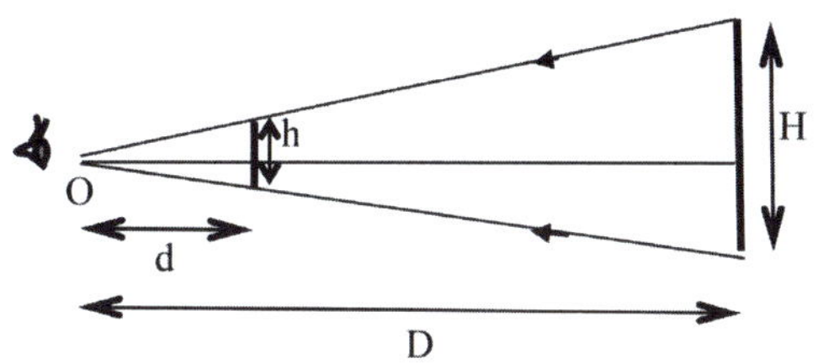

2. Le théorème de Thalès permet d'écrire :

$$\frac{H}{h} = \frac{D}{d} \text{ ainsi } D = \frac{H}{h} \cdot d$$

Application numérique

$$D = \frac{20{,}0}{0{,}041} \times 0{,}700 = 341 \text{ m}$$

Diane se trouve à 341 m de la façade ouest du château.

Exercice 3

1. Pour Anaxagore, la Terre est plate.

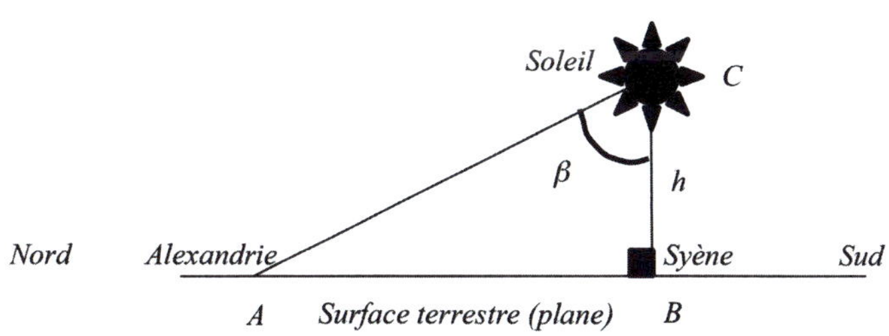

Corrigés

2. On travaille dans le triangle Alexandrie/Syène/Soleil (ABC), rectangle en B.

D'après le théorème de Pythagore, on peut écrire :

$$AB^2 + BC^2 = AC^2 \Rightarrow BC^2 = AC^2 - AB^2$$

Soit $BC = \sqrt{AC^2 - AB^2}$ et comme $\sin\beta = \dfrac{AB}{AC}$ alors $AC = \dfrac{AB}{\sin\beta}$

Donc $BC = \sqrt{\left(\dfrac{AB}{\sin\beta}\right)^2 - AB^2} = AB.\sqrt{\dfrac{1-\sin^2\beta}{\sin^2\beta}}$

comme $AB = 5\,000 \times 158 = 790$ km et $\beta = \mathbf{7°}$

Application numérique

$BC = 790 \times \sqrt{\dfrac{1-\sin^2 7}{\sin^2 7}} = 6\,434$ km

Le Soleil est donc placé à une altitude de 6 434 km de Syène.

3. L'erreur commise par Anaxagore dans sa mesure est qu'il a considéré la Terre comme étant plate.

Exercice 4

1.

Illustration pour mieux comprendre

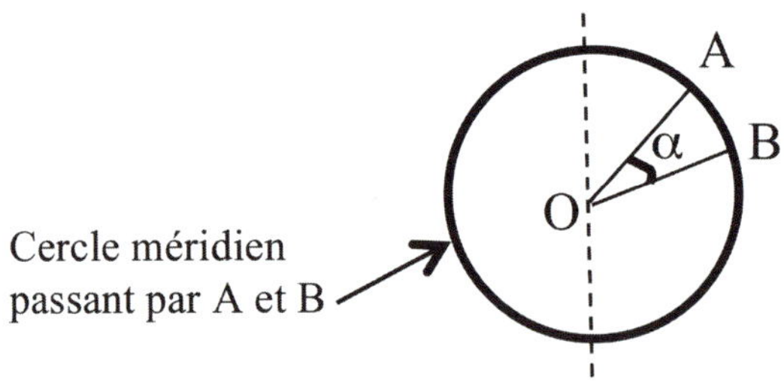

L'arc $\overset{\frown}{AB}$ a pour longueur $l\left(\overset{\frown}{AB}\right) = R \cdot \alpha$ avec $R = 6\,380$ km et $180° = \pi$ radians

ainsi $1° = \dfrac{\pi}{180}$ rad $= 0{,}01745$ rad

Application numérique

$l\left(\overset{\frown}{AB}\right) = 6\,380 \times 0{,}1745$ rad $=$ **111 km**

2. Les longitudes de Greenwich et de Gavarnie sont très proches ; on considère expérimentalement qu'elles sont situées sur le même méridien.

On calcule l'angle entre ces deux villes en soustrayant leurs latitudes, on obtient :

$\alpha = 51°28' - 42°43' = (51\times60 + 28) - (42\times60 + 43) = 3\,088 - 2\,563 = 525'$

or 3 600'' = 60 ' = 1° d'où $\alpha = 8{,}75°$

de plus $1° = \frac{\pi}{180}$ rad d'où $\alpha = 8{,}75° = 8{,}75 \times \frac{\pi}{180} = 0{,}153$ rad

On détermine alors la longueur de l'arc $\overset{\frown}{AB}$: $l\left(\overset{\frown}{AB}\right) = R \cdot \alpha$

Application numérique

$l\left(\overset{\frown}{AB}\right) = 6\,380 \times 0{,}153$ rad = **974 km**

À vol d'oiseau, les villes de Gavarnie et Greenwich sont séparées de 974 km.

3. Les longitudes du Caire et de Saint Pétersbourg sont très proches ; on considère expérimentalement qu'elles sont situées sur le même méridien.

On calcule l'angle entre ces deux villes en soustrayant leurs latitudes, on obtient :
$\alpha = 59°56' - 30°03' = (5\,960 + 56) - (3\,060 + 3) = 3\,596 - 1\,803 = 1\,793'$

soit 29,88° ou 0,52 rad.

On détermine alors la longueur de l'arc $\overset{\frown}{AB}$: $l\left(\overset{\frown}{AB}\right) = R \cdot \alpha$

Application numérique

$l\left(\overset{\frown}{AB}\right) = 6\,380 \times 0{,}52$ rad = **3 327 km**

À vol d'oiseau, les villes de Saint Pétersbourg et du Caire sont séparées de 3 327 km.

4. Les deux villes sont situées sur le même parallèle où elles décrivent un cercle de rayon r tel que r = CL = CS.

On détermine l'arc de grand cercle entre Le Cap (L) et Sydney (S)

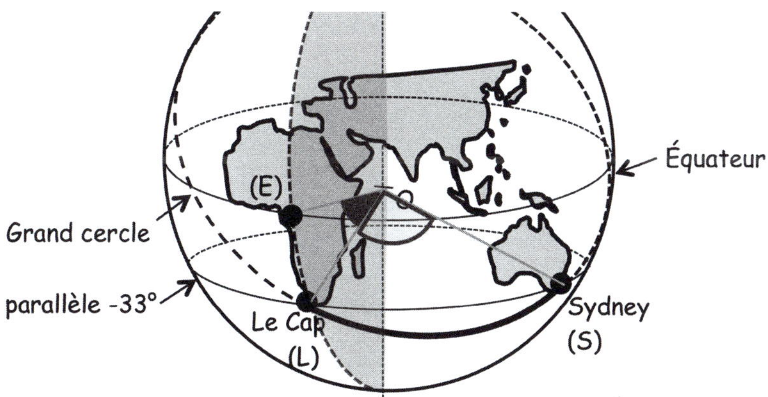

Corrigés

1re étape : déterminer l'angle $\widehat{LOC}$

Coupe terrestre entre l'équateur et le 33e parallèle sud

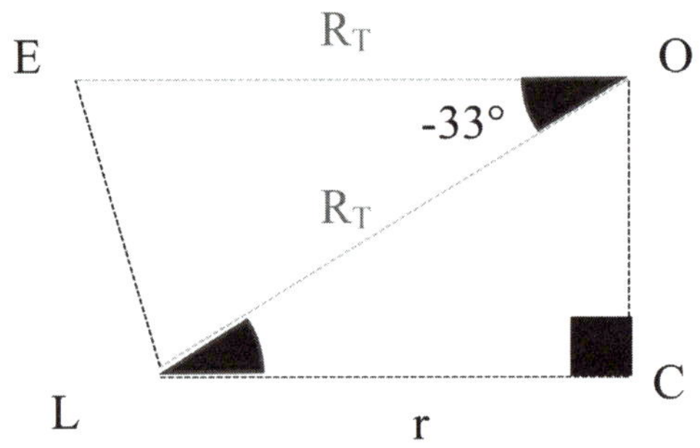

Les angles $\widehat{CLO}$ et $\widehat{EOL}$ sont alternes internes et comme (LC) // (EO), ils sont égaux. Or Le Cap est à la latitude de – 33, 867° soit $\widehat{EOL}$ = 33,867°.
Par conséquent dans le triangle LOC :

$\widehat{LOC} = 180° - \widehat{LOC} - \widehat{OLC} = 180° - 90° - 33{,}867° = 56{,}133°$

2e étape : déterminer le rayon r du cercle au 33e parallèle Sud

$\sin\left(\widehat{LOC}\right) = \dfrac{r}{R_T}$ ainsi $r = R_T \times \sin\left(\widehat{LOC}\right)$

Application numérique
r = 6 370 × sin 56,133° = 5 289 km

3e étape : déterminer la distance LS dans le cercle du 3e parallèle sud de rayon r.

Triangle LCS inscrit dans le cercle du 33e parallèle Sud

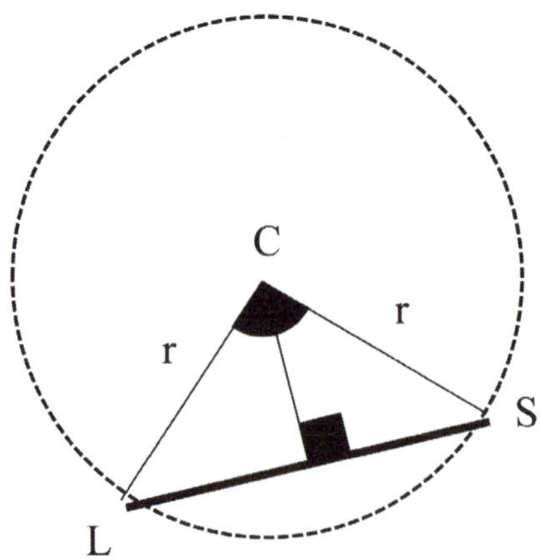

Corrigés

Dans le triangle LCS, connaissant r = 5 289 km et $\widehat{LCS} = 151{,}21 - 18{,}424 = 132{,}79°$, on détermine LS :

$$\sin\left(\frac{\widehat{LCS}}{2}\right) = \frac{\frac{LS}{2}}{r} = \frac{LS}{2r} \text{ ainsi } LS = 2r \cdot \sin\left(\frac{\widehat{LCS}}{2}\right)$$

Application numérique

$$LS = 2 \times 5\,289 \times \sin\left(\frac{132{,}79}{2}\right) = 9\,693 \text{ km}$$

4ᵉ étape : détermination de l'angle LOS dans le cercle de rayon RT passant par Le Cap et Sydney.

Triangle LOS inscrit dans le grand cercle

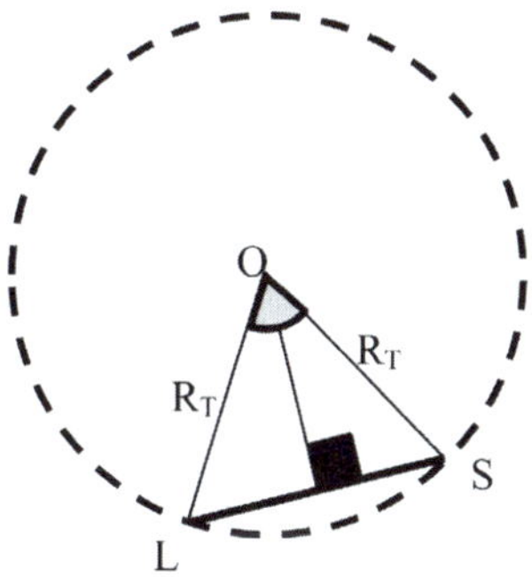

Dans le triangle LOS, $\sin\left(\frac{\widehat{LOS}}{2}\right) = \frac{\frac{LS}{2}}{R_T} = \frac{LS}{2R_T}$

ainsi $\widehat{LOS} = 2\arcsin\left(\frac{LS}{2R_T}\right)$

$$\widehat{LOS} = 2\arcsin\left(\frac{9693}{2 \times 6370}\right) = 99{,}08 \times \frac{\pi}{180} = 1{,}729 \text{ rad}$$

5ᵉ étape : calul de l'arc de grand cercle

L'arc du grand cercle est donc : $l_{\text{grand cercle}}\left(\widehat{LS}\right) = R_T \cdot \widehat{LOS}$

Application numérique

$$l_{\text{grand cercle}}\left(\widehat{LS}\right) = 6\,370 \times 1{,}729 = 11\,013 \text{ km}$$

Corrigés

Exercice 5

1.

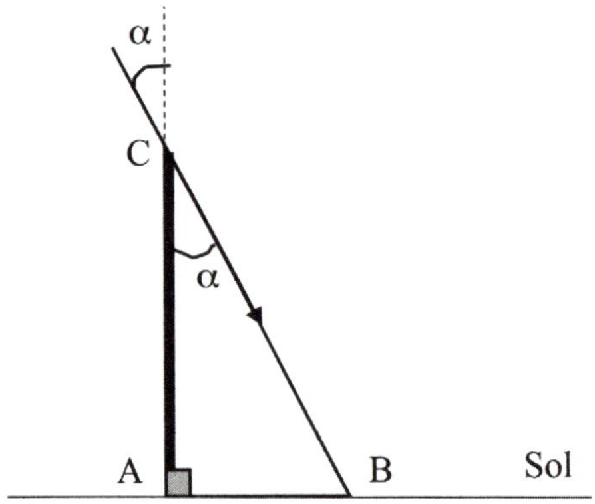

AC : bâton

AB : ombre portée du bâton sur le sol

CB : direction des rayons affleurant le bâton

α : angle que font les rayons solaires avec la verticale du lieu lors du passage du Soleil au zénith

2. Dans le triangle rectangle en A, on a $\tan \alpha = \dfrac{AB}{AC}$

- À Barcelone : $\tan \alpha_B = \dfrac{0{,}91}{2{,}00} = 0{,}455$ soit $\alpha_B = 24{,}5°$
- À Paris : $\tan \alpha_P = \dfrac{1{,}24}{2{,}00} = 0{,}620$ soit $\alpha_P = 31{,}8°$

3. L'angle β des verticales des deux villes est égale à la différence des angles α_P et α_B.

Repérages des angles dans l'arc de méridien Paris – Barcelone

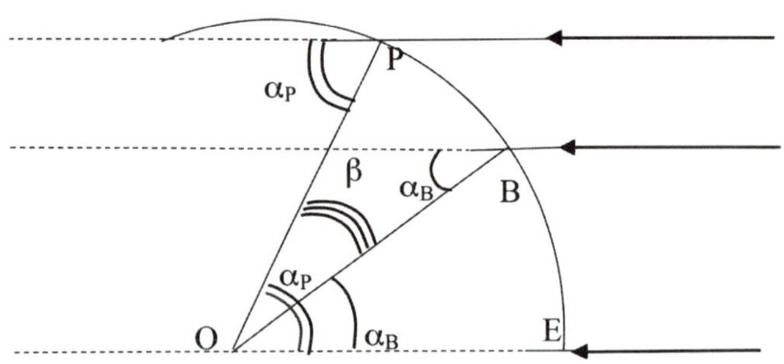

$\beta = \alpha_P - \alpha_B$

Application numérique

$\beta = 31{,}8 - 24{,}5 = 7{,}3°$

4. La distance à vol d'oiseau est la longueur de l'arc $\overset{\frown}{PB}$ du méridien de Paris, entre Paris et Barcelone soit $l = \text{longueur}\ (\overset{\frown}{PB}) = R_T \cdot \beta$

soit $R_T = \dfrac{l}{\beta}$

avec $\beta = 7{,}3° = 7{,}3 \times \dfrac{\pi}{180} = 0{,}127$ rad

Application numérique : $R_T = \dfrac{830{,}87}{0{,}127} = 6{,}54 \times 10^3$ km

La valeur obtenue est proche du rayon actuellement mesuré à 6 371 km.

9 L'histoire de l'âge de la Terre

Avant Jésus Christ on lui donnait 4 000 ans, Aristote pensait qu'elle avait toujours existé et aujourd'hui son âge est estimé à 4,57 milliards d'années. Une fois admis que la Terre a eu une naissance, la détermination de son âge illustre la démarche scientifique constituée de modèles et de théories mis à l'épreuve successivement.

Comment s'est faite la détermination de l'âge de la Terre en l'absence de mesures directes ?

1. Les premières estimations de l'âge de la Terre

Jusqu'au Moyen Âge inclus, la thèse retenue est celle d'**Aristote** (-384 à -322 av. J.-C.) philosophe grec reconnu qui considère que la Terre est éternelle. L'hypothèse primant à cette époque, estimait que la Terre fut créée conjointement à l'histoire de l'Homme. Les premières tentatives de datation furent basées sur des calculs mathématiques du nombre de générations successives relatées dans la Bible.

À la renaissance, en fonction des versions de la Bible, environ deux cents calculs différents permirent de dater la Terre entre 4 000 et 6 000 ans av. J.-C. **J. Ussher** alla même jusqu'à donner en 1654 la date précise du 23 octobre 4004 av. J.-C. C'est **I. Newton** (1642-1727), philosophe, physicien et mathématicien, qui introduisit la physique dans son estimation en tenant compte de l'application de la théorie de la gravitation et de la précession des équinoxes. Cette approche scientifique confirma l'âge biblique à 3998 ans av. J.-C.

C'est l'appui des calculs mathématiques et physiques qui permit d'argumenter cette datation par les scientifiques de l'époque et qui fît référence pendant près de deux siècles.

2. Les premiers chronomètres géologiques

Pour de nombreux scientifiques les temps géologiques étaient bien plus longs que les temps historiques basés sur la naissance de l'Homme. Ils utilisèrent des méthodes de calcul variées reposant sur l'étude des vitesses d'érosion des reliefs, du refroidissement du globe ou encore sur l'étude de la salinité des océans. Ces modèles permirent d'aboutir à des âges de quelques milliers d'années à quelques milliards d'années.

L'âge stratigraphique

C'est par l'approche de la nature que les géologues cherchèrent une datation de la Terre. C'est ainsi que le **comte de Buffon** (1707-1788) estima l'âge de notre planète à partir du **taux de sédimentation** qu'il considéra comme constant. À raison d'un taux de sédimentation de 1 cm · an^{-1} soit 1 m pour 1 000 ans et en absence d'**érosion**, selon les épaisseurs mesurées il estima l'âge de la Terre à plusieurs millions voire 3 milliards d'années.

Avancer des datations de plusieurs milliards face à l'estimation couramment acceptée de 4 000 ans provoqua chez des scientifiques des écarts entre leurs calculs et leur publication. Par exemple, **B. de Maillet** (1656-1738), par l'étude de la vitesse du retrait de la mer, a estimé à 2 milliards l'âge de la Terre mais son chiffre n'a été publié que 10 ans après sa mort, sous un pseudonyme, Talliamed, et ce dans un autre pays. **H. Gautier**, quant à lui en 1721, publia le chiffre de 35 000 ans même si en réalité ses calculs correspondaient à quelques millions d'années pour éviter des problèmes avec l'Église.

Plus tard, **C. Darwin** (1809-1882) tout comme **G. Cuvier** (1769-1832) étudièrent les fossiles, dont certaines espèces apparaissent quand d'autres disparaissent et ce avec une certaine lenteur au cours de phénomènes géologiques tout aussi longs. Ils ont proposé l'âge de 300 millions d'années, datation compatible avec la théorie de l'évolution des espèces et les lents processus de la sélection naturelle qu'émit Darwin. Dans une de ses publications, face aux critiques variées, Darwin se ravisa et proposa environ 40 millions d'années.

L'âge du refroidissement terrestre

Au XVIIIe siècle, en plus de son modèle de sédimentation, **Buffon**, émit l'hypothèse que la Terre était initialement en fusion. Il calcula son temps de refroidissement pour atteindre la température moyenne de surface actuelle de 15°C. Il estima alors un âge d'environ 10 millions d'années mais annonça seulement 74 000 ans pour l'acceptation de tous.

Le XIXe siècle est alors marqué par de nombreux désaccords entre géologues et physiciens au sujet de l'âge de notre planète. En 1862, le physicien **Lord Kelvin** (1824-1907), considéra que la surface de la Terre perd de la chaleur par radiation et utilisa les lois de diffusion de la chaleur établies par **J. Fourrier** (1789-1830) pour déterminer son âge de refroidissement et estimer un âge compris entre 20 et 400 millions d'années. Par la suite, il fît le calcul de l'âge du Soleil à environ 100 millions d'années. La Terre étant estimée plus jeune que le Soleil, il baissa en 1897 sa première évaluation entre 20 et 40 millions d'années.

La découverte de la radioactivité

C'est la découverte de la **radioactivité** par **H. Becquerel** en 1896 qui mettra fin aux désaccords entre physiciens et géologues sur la datation de l'âge de la Terre avec le rejet de l'hypothèse de Kelvin.

E. Rutherford (1871-1937) et **F. Soddy** (1877-1956) sont les premiers à utiliser la période des éléments radioactifs pour avancer une datation des roches en 1906 à 500 millions d'années. S'ensuit des propositions qui dépassent le milliard jusqu'en 1946 où **A. Holmes** (1890-1965) et **F. Houtermans** (1903-1966) fixent l'âge de la Terre entre 3 et 3,4 milliards d'années.

Cet âge, accepté par les géologues, remit en cause l'âge de l'Univers proposé par les astronomes estimé alors entre 1,8 et 2 milliards d'années. Mais cela engendre un problème de taille car la Terre ne peut être plus vieille que l'Univers. Cela sera résolu dans les années 1950 lorsque les astronomes modifieront leurs calculs de datation de l'Univers et démontrèrent que tous les objets solides du système solaire se sont formés en même temps lors d'un même processus.

C.C. Patterson (1922-1995) travaille alors sur des météorites trouvés sur Terre. Il s'appuie sur deux hypothèses : l'une sur le fait que le perpétuel remaniement de la surface terrestre ne permet pas d'avoir des roches de l'origine de la formation de la Terre et l'autre sur le fait que la formation de la Terre s'est faite par accrétion de corps célestes. Il détermina ainsi en 1953 l'âge de la Terre à 4,54 milliards d'années +/- 50 millions d'années.

Cet âge est confirmé par d'autres méthodes radiochronologiques et dans les années 1970 sera validée par la datation de roches lunaires à 4,55 milliards d'années.

Aujourd'hui, avec l'amélioration des techniques utilisées, le calcul obtenu est d'environ 4,567 milliards d'années.

L'essentiel

Les premières tentatives de la datation de l'âge de la Terre furent basées sur la lecture des textes anciens, dont la Bible. Par la suite, l'âge de la Terre a reposé sur des séries d'expériences, de théories et d'observations dans plusieurs disciplines :

- le temps de refroidissement par des physiciens
- les empilements sédimentaires par des géologues et des biologistes
- l'évolution biologique par des biologistes
- la radioactivité par des physiciens, méthode actuellement retenue.

La remise en cause perpétuelle de l'âge de la Terre par des faits et des méthodes successives dans des domaines scientifiques variés, qui ont apporté chacun un éclairage nouveau, a permis de parvenir à une datation actuelle de 4,57 milliards d'années.

Énoncés des exercices

* Exercice 1 — 5 min

1. Pourquoi peut-on dire que l'âge biblique est une estimation du début de l'histoire de l'espèce humaine et non une estimation de la datation de l'âge de la Terre ?
2. Quelle technique a permis d'établir l'âge de la Terre retenu actuellement ?

** Exercice 2 — 10 min

Au cours de l'histoire, des philosophes et des scientifiques ont essayé de dater l'âge de la Terre.

Aristote (350 av J.-C.), *Du ciel* :

« Ainsi donc le ciel, pris dans sa totalité, n'a pas eu de naissance et ne peut périr, malgré ce qu'en disent certains philosophes, mais il est unique et éternel ; sa durée totale n'a pas eu de commencement et n'aura pas de fin : au contraire, il contient et embrasse en lui-même l'infinité du temps. »

Le philosophe Jean Buridan (1300-1358) affirmait :

« Je suppose aussi que le monde a perpétuellement existé, comme Aristote semblait l'entendre (…) bien que ce soit faux au gré de notre foi ».

Alphonse de Vignole (1734), *Chronologie de l'histoire sainte* :

« On croira peut-être qu'il y a de l'exagération en cela mais j'ai recueilli moi-même plus de deux cents calculs différents dont le plus court ne compte que 3 483 ans depuis la création du monde jusqu'à Jésus-Christ, et le plus long en compte 6 984. »

Buffon (1778), *Les époques de la nature* :

« Quoiqu'il soit très vrai que plus nous nous étendrons dans le temps, plus nous approcherons de la vérité et de la réalité de l'emploi qu'en fait la nature, il faut le raccourcir autant qu'il est possible pour se conformer à la puissance limitée de notre intelligence ».

En 1946, le géologue Arthur Holmes s'est basé sur la radiométrie pour estimer l'âge de la Terre à 3,35 milliards d'années. Le rejet fut immédiat par les astronomes de l'époque qui dataient l'Univers de deux milliards d'années.

1. Expliquer à l'aide de vos connaissances et des textes proposés comment des savants arrivent au cours de l'histoire des sciences à des datations de l'âge de la Terre si différentes.

2. Expliquer à l'aide de vos connaissances et des textes proposés les éventuelles contraintes rencontrées par les scientifiques sur la datation de l'âge de la Terre allant parfois jusqu'à l'absence d'une publication.

*** Exercice 3 — 10 min

En 1899 **J. Joly** (1857-1933) a calculé l'âge de la Terre, à partir de la salinité des océans et plus précisément de la quantité de sodium dans l'eau de mer. Son hypothèse est que le sel marin est uniquement apporté par les rivières suite à l'érosion des continents.

La masse des océans est de $1{,}3245 \times 10^{18}$ tonnes et le flux total des rivières est de $2{,}7176 \times 10^{4}$ km^3 d'eau par an, avec une concentration de sodium de $5\,250\ t \cdot km^{-3}$.

Il calcule l'âge de la Terre en divisant la masse de sodium de l'océan actuel par le flux de sodium apporté chaque année par les rivières.

La salinité de l'océan est de 3,5 %, dont 77,758 % de NaCl. Le sodium constitue 39,32 % d'une molécule de chlorure de sodium.

On sait actuellement que le sodium a plusieurs devenirs : une accumulation dans les océans, une participation à la sédimentation en s'intégrant à la formation des roches sédimentaires et une disparition du réservoir océanique lors de la subduction.

1. Calculer l'âge de la Terre obtenu par J. Joly en 1899.
2. Pourquoi cet âge est-il inférieur à l'âge de la Terre de $4{,}57 \times 10^{9}$ ans déterminé actuellement ?

*** Exercice 4 — 15 min

Au cours du XVIIIe siècle, l'observation de la nature a permis à certains scientifiques d'établir des âges de la Terre en prenant en compte l'épaisseur des sédiments et le taux de sédimentation.

Document 1

Estimations de l'âge de la Terre entre 1860 et 1909 par la stratigraphie

Date	Auteurs	Épaisseurs maximales des sédiments (km)	Âges (10^6 ans)
1860	Phillips	22	96
1892	Geike	30	73 à 680
1893	Mc Gee	80	1 584
1893	Upham	80	100

Exercices

La radiochronologie quant à elle permet d'avoir une mesure de la roche étudiée. Des mesures sont faites sur des météorites, corps célestes formés en même temps que la Terre lors de l'accrétion des éléments originels.

Document 2

Estimations de l'âge de différentes météorites par radiochronologie

Type de météorite	Isotopes utilisés	Âges (10^9 ans)
Chondrites	Samarium-Néodyme	4,21 +/- 0,76
Chondrites	Rubidium-Strontium	4,50 +/- 0,02
Chondrites carbonées	Rubidium-Strontium	4,37 +/- 0,34
Eucrites	Rubidium-Strontium	4,53 +/- 0,19
Eucrites	Lutécium-Hafnium	4,57 +/- 0,19

1. Émettre une hypothèse sur les différences d'âges obtenus pour une même méthode, celle de la sédimentation.
2. Expliquer en quoi la radiochronologie a permis de mettre fin aux désaccords entre les scientifiques, et plus précisément entre ceux qui utilisaient une même méthode de datation comme celle de la sédimentation.

Corrigés exercices

Exercice 1

1. L'âge biblique fut basé sur la lecture de la Bible en comptant les générations d'humains qui y étaient décrites et en se basant sur le fait que la Terre s'était formée en même temps que l'apparition de l'Homme. Cela a donc seulement permis d'émettre une hypothèse sur le début de l'histoire de l'espèce humaine et non sur l'âge de la Terre.
2. La méthode qui a permis d'établir l'âge de la Terre retenu actuellement est la mesure de l'âge de la Terre grâce à la radioactivité.

Exercice 2

1. Pour Aristote, il partait d'un postulat que la Terre a toujours existé. Les premiers calculs, mathématiques, se basaient sur une ascendance certaine de l'Église sur la pensée scientifique. Par la suite des géologues et physiciens s'opposent car les uns se basent sur l'étude de la surface terrestre quand les

autres s'appuient sur des calculs mathématiques et des lois de la physique. Les techniques utilisées au cours du temps et les référents utilisés ont fait que les datations ont pu être très variées.

2. Plusieurs facteurs ont pu limiter la publication de la datation de l'âge de la Terre par les scientifiques :

- La foi des scientifiques et l'impact de l'Église
- Les contradictions entre scientifiques dont certains étaient reconnus et soutenus
- Les limites de compréhension de l'esprit humain et le degré de compréhension des lecteurs

Exercice 3

1. J. Joly fait son calcul à partir de la quantité de sodium. Il faut donc dans un premier temps calculer la masse de sodium dans les océans puis le rapporter au flux de sodium apporté par les rivières pour connaître une estimation de l'âge de la Terre.

La proportion de sodium dans une molécule de NaCl est de 0,3932.

La proportion de NaCl dans la salinité des océans est de 0,77758.

La proportion de la salinité des océans est de 0,035.

La masse des océans est de $1{,}3245 \cdot 10^{18}$ tonnes. La masse de sodium correspond à multiplier cette masse par les différentes proportions de sodium.

Masse de sodium dans les océans = masse des océans x salinité des océans x proportion de NaCl dans les océans x proportion de Na dans une molécule de NaCl.

Masse de sel dans les océans $= 1{,}3245 \cdot 10^{18} \times 0{,}035 \times 0{,}77758 \times 0{,}3932$
$= 1{,}42 \cdot 10^{16}$ tonnes.

Flux de sel apporté par les rivières = flux total des rivières x concentration de sodium dans les rivières.

Flux de sel apporté par les rivières $= 2{,}7176 \cdot 10^4 \times 5\,250 = 1{,}426 \cdot 10^8\ \text{t} \cdot \text{an}^{-1}$.

Âge = Masse de sel sodium des océans / Flux de sodium apporté par les rivières

Âge $= 1{,}42 \cdot 10^{16} / 1{,}426 \cdot 10^8 = 99$ Millions d'années.

2. Cet âge est inférieur à l'âge calculé actuellement car le sodium ne fait pas que s'accumuler dans les océans. En effet, il est aussi extrait des océans par la sédimentation et par la subduction. Le calcul de J. Joly n'est donc pas l'âge des océans mais le temps de résidence du sel dans l'océan.

Corrigés

Exercice 4

1. La méthode de sédimentation a abouti à des âges très variables même pour une même épaisseur de sédiments variant entre 73 et 1 586 millions d'années. Cette variabilité est due au fait que le taux de sédimentation n'est pas le même en fonction de la localisation de la mesure et en fonction du temps.

2. En ce qui concerne la radiochronologie, quel que soit le type de météorites ou de radiomètre utilisé, l'âge de la Terre obtenu est assez proche à l'échelle géologique.

   La radiochronologie a ainsi permis d'avoir une plus grande précision de la datation et des résultats concordants entre différentes météorites.

10 La Terre dans l'Univers

Actuellement l'organisation du système solaire au sein de l'Univers est connue. La Terre tourne autour du Soleil et possède un satellite en orbite, la Lune. Cette évidence aujourd'hui n'en fut pas toujours une, elle s'est construite peu à peu au cours des siècles.

Comment sommes-nous parvenus à déterminer les mouvements de la Terre et de la Lune dans l'Univers ?

1. Le mouvement de la Terre

La théorie du géocentrisme

Observer le ciel et comprendre la mécanique du système solaire a commencé vers 10 000 ans avant J.-C. chez les Mésopotamiens. Les grecs ont utilisé ces observations à travers l'astrologie vers 600 avant J.-C. Ils ont alors établi des **modèles** sur la position et les mouvements des planètes du système solaire ainsi que toutes les étoiles visibles depuis la Terre en lien avec les nombreux phénomènes du cosmos.

À partir de données mathématiques et non plus astrologiques, **Aristote**, en 350 avant J.-C. établit le premier modèle géocentrique selon lequel la Terre, sphérique et immobile est située au centre de l'Univers. Ainsi, le Soleil et les différents astres comme les planètes tournent autour de la Terre selon des trajectoires sphériques concentriques. L'Univers est quant à lui assimilé à un Monde clos et sphérique.

Représentation schématique du modèle d'Aristote

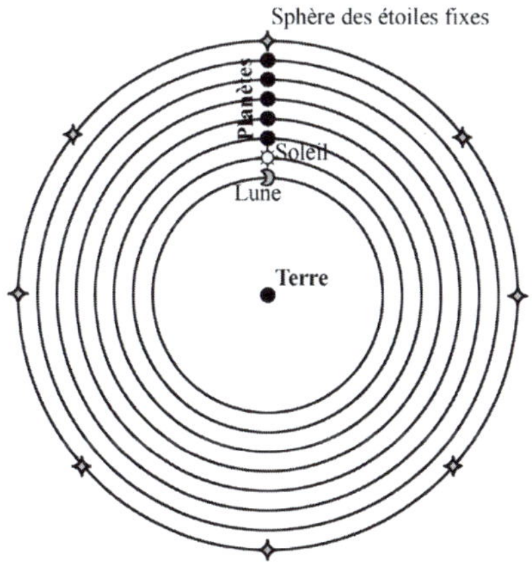

Toutefois ce modèle n'explique pas certaines observations astronomiques de l'époque comme celle où Mars donne l'impression de reculer, nommée mouvement rétrograde.

La variation de l'éclat des planètes observées depuis la Terre a permis d'émettre l'hypothèse que leur distance est variable. Afin de rendre compte de cela, **Apollonios** (-262 à -190 av J.-C.) introduisit au IIIe siècle avant J.-C., l'hypothèse d'**épicycles** : une planète tourne en décrivant un cercle, l'épicycle, dont son centre théorique, O tourne autour de la Terre suivant un cercle plus grand appelé déférent.

Mouvement épicyclique d'une planète

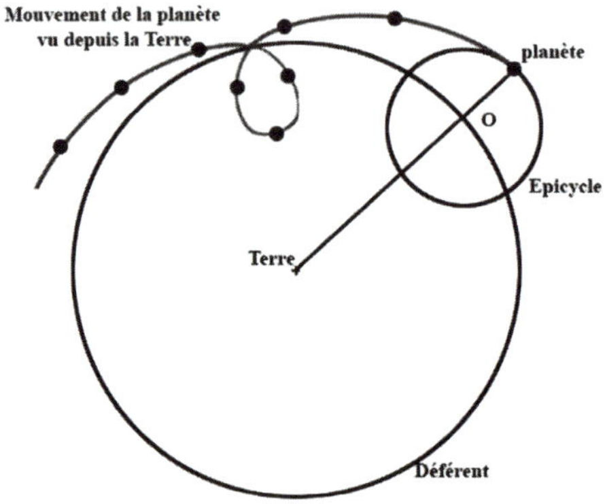

Ce premier modèle explique les mouvements rétrogrades observés mais il suppose qu'ils sont tous identiques et se répètent sur des intervalles de temps constants. Or les rétrogradations ne sont pas régulières. **Ptolémée** (90-168) au IIe siècle après J.-C., reprend ce modèle en le modifiant. Il propose de placer non plus la Terre au centre du déférent mais de façon légèrement décalée tout en gardant un mouvement uniforme de l'épicycle. De plus, l'épicycle ne se déplace pas par rapport au centre C du déférent mais par rapport à un point E excentré. Ainsi Ptolémée parvient à conserver les exigences de mouvements circulaires et uniformes des planètes tout en expliquant leur irrégularité.

Le modèle planétaire de Ptolémée

Le centre du déférent est un point symétrique de la Terre par rapport à C. Il est nommé point équant, E.

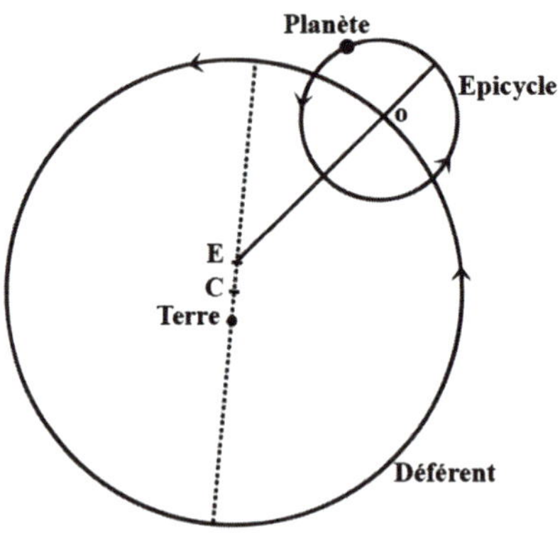

Ce modèle est resté incontesté pendant 14 siècles malgré des contradictions relevées par plusieurs savants.

Au début du XIVe siècle **J. Buridan** (1292-1363), physicien de l'école de Paris et son élève **N. Oresme** (1325-1382) travaillent sur la relativité du mouvement. Ils abordent alors une nouvelle approche de l'astronomie en démontrant que les mouvements des astres peuvent être décrits aussi bien depuis le Soleil que depuis la Terre, tout est une question de **référentiel**.

Ainsi toutes ces théories placent la Terre au centre du système solaire voire de l'Univers.

La théorie de l'héliocentrisme

En parallèle des théories avancées, certains savants précurseurs aussi bien grecs au Ve et IIIe siècles avant J.-C., arabes au XIIIe siècle ou indiens du XVe siècle, ont affirmé que la Terre n'était pas au centre de l'Univers et ont envisagé son mouvement autour du Soleil. Toutefois cette vision héliocentrique ne s'est pas diffusée faute soit de cohérence avec les observations de l'époque soit du fait d'opinions religieuses.

Au début du XVIe siècle, **N. Copernic** (1473-1543) révolutionne la vision de l'Univers. Il accentue le renouveau de l'astronomie avec une théorie actuellement admise : la Terre qui, devient une planète comme une autre est mobile autour du Soleil. Cet astre lumineux, du fait de sa taille, ne peut se mouvoir facilement et est alors placé « en toute logique » au centre du système solaire.

La Terre est en rotation sur elle-même en une journée et effectue une révolution autour du Soleil en une année. L'argument de N. Copernic est que son modèle est « plus logique » et plus «harmonieux» que celui de Ptolémée même si son traité mathématique complexe est réservé à un public savant et restreint. N. Copernic n'a toutefois pas de preuves et ces mouvements ne peuvent être expliqués selon la mécanique d'Aristote. À partir de 1616, ce modèle est alors déclaré incompatible avec les Saintes Écritures et mis à l'Index.

Par la suite **T. Brahé** (1546-1601) s'inspire de N. Copernic et grâce au perfectionnement d'instruments d'observation, il utilise une lunette astronomique et propose en 1588 un nouveau modèle qui est mi-géocentrique, mi-héliocentrique. La Terre est le centre de l'Univers. Celle-ci est immobile et possède deux orbites :

- La Lune
- Le Soleil autour duquel tournent les autres planètes

Le système géo-héliocentrique de T. Brahé

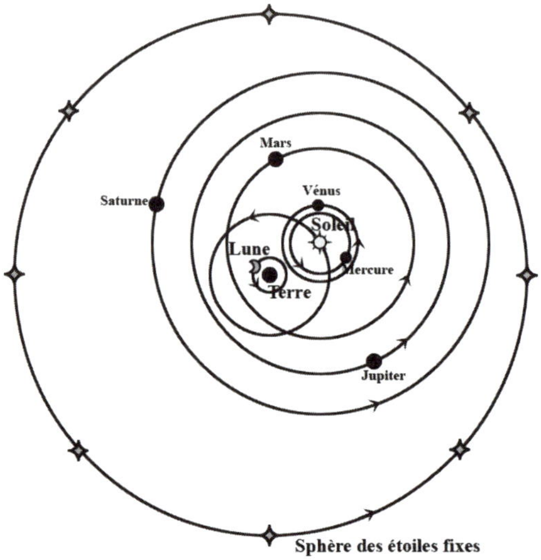

L'astronomie moderne

Avec **J. Kepler** (1571-1630), assistant de T. Brahé, une nouvelle astronomie émerge démontrant les affirmations que N. Copernic n'a pu qu'énoncer 150 ans plus tôt. J. Kepler veut comprendre les causes des mouvements planétaires et est persuadé que la construction divine du cosmos, qui est transposable mathématiquement, est parfaite. Ainsi avec opiniâtreté et à force d'essais, il parvient en 1618 à élaborer trois lois nommées les lois de Kepler.

Première loi de Kepler : la loi des orbites	**Deuxième loi de Kepler : la loi des aires**	**Troisième loi de Kepler : la loi des périodes**
Les planètes décrivent des ellipses dont le Soleil occupe un des foyers	Les mouvements ne sont pas uniformes, plus une planète est près du Soleil plus elle se déplace rapidement	Cette loi met en évidence le lien entre la vitesse de révolution d'une planète et sa distance au Soleil

Les lois de Kepler décrivent les propriétés principales du mouvement des planètes autour du Soleil ; la théorie de l'héliocentrisme est rétablie.

Les premières preuves de l'héliocentrisme furent présentées par l'astronome italien **Galilée** (1564-1642). Grâce au développement de l'optique, il fait construire une lunette astronomique lui permettant de découvrir le mouvement des quatre plus gros satellites de Jupiter. La théorie que la Terre n'est plus le seul centre de mouvement de l'Univers est ainsi démontrée. Une série d'observations vient valider la théorie de l'héliocentrisme : l'observation du cycle complet des phases de Vénus montrant qu'elle orbite autour du Soleil et non autour de la Terre ainsi que l'observation des taches solaires et des montagnes de la Lune invalidant la perfection des astres. La Lune est donc de même nature que la Terre, cette dernière n'est alors plus unique.

Malgré l'**Inquisition**, Galilée parvint à publier sa théorie héliocentrique dans son Dialogue en 1632 mais il fut condamné par l'Église à passer le reste de ses jours en résidence étroitement surveillée.

En 1638, il donne les premières lois de la chute des corps et de l'oscillation des pendules. Il énonce le principe d'inertie : en l'absence de frottement ou de toute autre contrainte ou force, un objet en mouvement continuera sur sa lancée pour toujours. Ce principe s'applique alors directement au mouvement des planètes.

Il réfute ainsi les principes scientifiques et philosophiques d'Aristote d'une Terre unique au centre du système stellaire pour justifier l'approche copernicienne d'une Terre en mouvement parmi d'autres astres.

En 1687, **I. Newton** (1642-1727) se base sur les travaux de Galilée et valide les deux premières lois de Kepler grâce à la loi d'attraction : tous les objets de l'Univers s'attirent mutuellement avec une force inversement proportionnelle au carré de la distance.

$$F_g = \frac{G \cdot M \cdot m}{d^2}$$

F_g la valeur de la force gravitationnelle en newton (N)

G la constante de gravitation

M et m les masses de deux corps (kg)

d la distance entre les deux corps (m).

Ainsi le mouvement des planètes est régi par le fait que chaque corps possède une capacité d'attraction gravitationnelle sur les autres corps. Le Soleil attire les planètes, le modèle du système héliocentrique est alors admis.

Le passage d'une théorie géocentrique à une théorie héliocentrique est le résultat de réflexions philosophiques, d'observations, de modèles, de calculs successifs et de nombreuses controverses sur une vingtaine de siècles. À partir d'I. Newton, la conception que l'Homme se fait de son environnement lointain est complètement chamboulée avec un référentiel solaire au lieu d'un référentiel terrestre.

Au début du xxe siècle, **A. Einstein** (1879-1955) introduit la notion que les lois de la physique s'appliquent de manière identique dans tous les **référentiels inertiels**.

Actuellement, les questions amènent toujours à une vision de l'Univers en constante évolution.

2. Les mouvements de la Lune

La Lune est le satellite naturel de la Terre. Elle n'est observable que parce qu'elle réfléchit la lumière solaire qui lui parvient.

Le mois sidéral

Dans un référentiel géocentrique Terre-Lune, la Lune fait un tour complet autour de la Terre en 27 jours 7 heures et 43 minutes. Cette trajectoire quasi circulaire se fait sur un **mois** dit **sidéral**.

Au cours de cette révolution, l'aspect de la Lune observée depuis la Terre change, ce sont les **phases lunaires**. On distingue quatre phases principales : la nouvelle Lune, le premier quartier, la pleine Lune et le dernier quartier.

Les phases de la Lune en fonction de sa position par rapport à la Terre et au Soleil

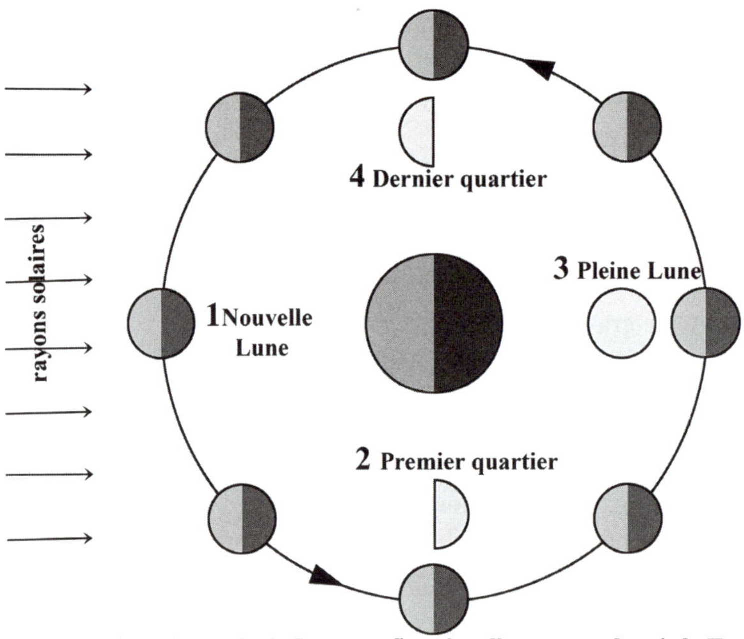

Sur l'intérieur du cercle, la Lune est figurée telle que vue depuis la Terre.

- La nouvelle Lune (**1**) : la face de la Lune tournée vers la Terre est totalement dans l'obscurité, on ne voit pas la Lune depuis la Terre.
- Le premier quartier (**2**) : la Lune est croissante, la moitié est éclairée par le Soleil, on observe une demi-Lune de midi à minuit en heure solaire.
- La pleine Lune (**3**) : la face de la Lune tournée vers la Terre est totalement éclairée.
- Le dernier quartier (**4**) : la Lune est décroissante ; on observe à nouveau une demi-Lune et ce de minuit à midi heure solaire.

Le mois lunaire

La Lune a un mois sidéral avec une révolution $T_0 = 27$ j 7 h 43 min. Toutefois, la Lune a aussi un mois lunaire ou **lunaison** qui correspond à sa périodicité entre deux nouvelles lunes avec T = 29 j 12 h 44 min. Ce mois est plus long qu'un mois sidéral car il faut prendre en compte le système Terre-Lune en orbite autour du Soleil. Il faut donc 2,2 jours de plus pour que la Lune retrouve sa position de Pleine Lune par rapport au Soleil.

Mouvement du système Terre-Lune entre deux Pleine Lune

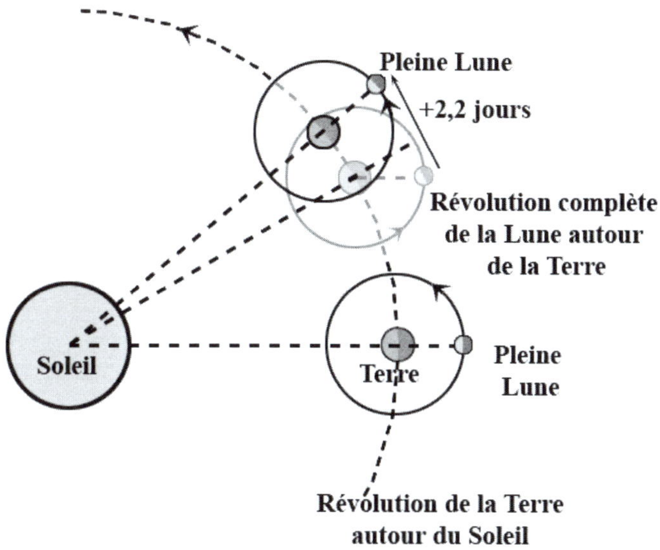

Les deux faces de la Lune

La Lune est en rotation sur elle-même dans le même sens et en même temps qu'elle fait sa révolution autour de la Terre. De ce fait, la seule partie de la Lune visible par un observateur terrestre est celle orientée à la fois vers la Terre et vers le Soleil.

La rotation de la Lune a de particulier que sa période est la même que celle de sa révolution autour de la Terre. De plus son axe de rotation est quasiment perpendiculaire au plan de rotation. Ainsi l'observateur sur Terre ne voit toujours que la même face de la Lune.

Modélisation expliquant l'observation de la même face de la Lune depuis la Terre

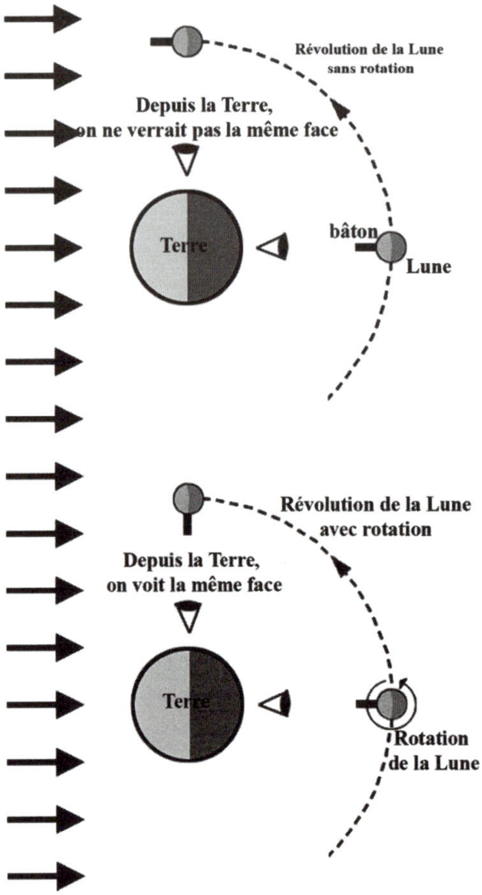

L'essentiel

Au cours des siècles des controverses scientifiques ont mené à un bouleversement complet de la représentation de l'Univers. Le passage du géocentrisme où les astres tournent autour de la Terre, centre du système, à l'héliocentrisme où les astres tournent autour du Soleil, a remis en cause la place de la Terre dans l'Univers depuis Aristote. La science du mouvement appliquée aux planètes comme à la Lune a révolutionné la compréhension de l'organisation du système solaire. C'est ainsi que de façon lente et progressive les théories sont modifiées, certaines disparaissent et de nouvelles prennent corps s'appuyant parfois sur des théories décriées des siècles auparavant.

Énoncés des exercices

* Exercice 1

⏱ 5 min

1. Indiquer ce qui caractérise chacune des deux conceptions du système solaire : l'héliocentrisme et le géocentrisme.
2. Citer des arguments qui ont permis de construire au cours du temps le modèle héliocentrique.

** Exercice 2

⏱ 10 min

La Lune effectue une révolution de 360° autour de la Terre au cours d'un mois sidéral de 27 j 7 h 43 min 12 s.

Document

Le mois sidéral

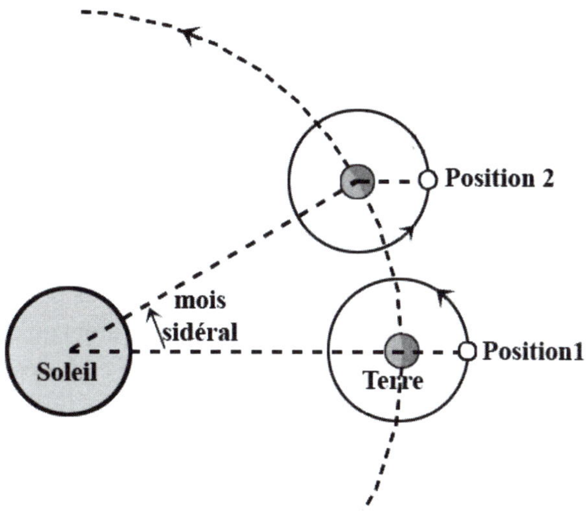

1. Exprimer cette période T_0 en jours en écriture scientifique.
2. Calculer la vitesse angulaire ω de la Lune c'est-à-dire l'angle que fait la Lune en une journée en supposant que sa trajectoire est circulaire.
3. Colorer en noir la face de la Lune non éclairée par le Soleil puis indiquer le nom de la phase de la Lune correspondant à la position 1.

Exercices

** Exercice 3

15 min

C'est en 1687 qu'**I. Newton** décrivit dans son ouvrage *Les principes mathématiques de la philosophie naturelle*, la loi de gravitation qui explique la chute des corps et le mouvement des corps célestes dans l'Univers. Cette œuvre marque un tournant dans l'histoire des sciences de l'Univers.

Il démontre que deux corps du fait de leur masse exercent l'un sur l'autre une force attractive. C'est le cas du Soleil sur la Terre et de la Terre sur la Lune.

$F_g = \frac{G \times M \times m}{d^2}$ avec F_g la force gravitationnelle, G la constante de gravitation, M et m les masses de deux corps et d la distance entre les deux corps.

Données

- $G = 6{,}67 \times 10^{-11}\ N \cdot m^2 \cdot kg^{-2}$
- Masse du Soleil : $m_S = 1{,}99 \times 10^{30}$ kg
- Masse de la Terre : $m_T = 5{,}98 \times 10^{24}$ kg
- Masse de la Lune : $m_L = 7{,}35 \times 10^{22}$ kg
- Distance Soleil-Terre $d_{S\text{-}T} = 1{,}50 \times 10^8$ km
- Distance Terre-Lune $d_{T\text{-}L} = 3{,}84 \times 10^5$ km

1. Calculer la force gravitationnelle entre le Soleil et la Terre.
2. Calculer la force gravitationnelle entre la Terre et la Lune.

*** Exercice 4

10 min

Un élève de CM1 sort de l'école et dit à son père : « Nous avons appris aujourd'hui que la Terre tourne autour du Soleil. Je ne comprends pas pourquoi, je ne sens pas que la Terre bouge, je n'ai même pas mal au cœur alors qu'en bateau je suis malade. En plus le matin, le Soleil se lève à l'Est, passe au-dessus de nos têtes et se couche à l'Ouest, c'est donc que le Soleil bouge. »

Son père lui cite un extrait de « Vie de Galilée » de Bertold Brecht (1939) :

Nous sommes en 1609 à Padoue dans le cabinet de travail de Galilée. Dialogue entre Galilée et Andrea, le fils de sa gouvernante.

ANDREA : Mais je le vois, que le Soleil, le soir, s'arrête ailleurs que le matin. Avec ça, il ne peut pas être immobile ! Jamais de la vie.

GALILÉE : Tu vois ! Qu'est-ce que tu vois ? Tu ne vois rien du tout. Tu écarquilles les yeux, c'est tout. Écarquiller n'est pas voir. (Il pose un guéridon en fer au milieu de la chambre.) Ceci est le Soleil, donc. Assieds-toi. (Andrea s'assied sur une des chaises, Galilée est debout derrière lui.) Où est le Soleil, à droite ou à gauche ?

ANDREA : À gauche.

Exercices

GALILÉE : Et comment ira-t-il à droite ?

ANDREA : Si vous le transportez à droite, naturellement.

GALILÉE : Seulement de cette manière ?

Proposer une suite à ce texte d'après les connaissances de façon à faire comprendre à cet élève que cela est affaire de référentiel.

Contrôle

60 min – 20 points

Des élèves de deux classes de Toulon et Nancy, villes séparées d'une distance de 619 km à vol d'oiseau, travaillent sur un projet commun en sciences. S'inspirant des anciens, ils travaillent sur les observations de Galilée concernant les phases de Vénus et sur les travaux d'Ératosthène concernant la forme de la Terre.

On cherche à comprendre d'une part les arguments avancés par Galilée pour réfuter la théorie de Ptolémée et d'autre part à calculer le rayon de la Terre selon Ératosthène.

Exercices

Document 1

La position de Vénus dans le système de Ptolémée (90-168)

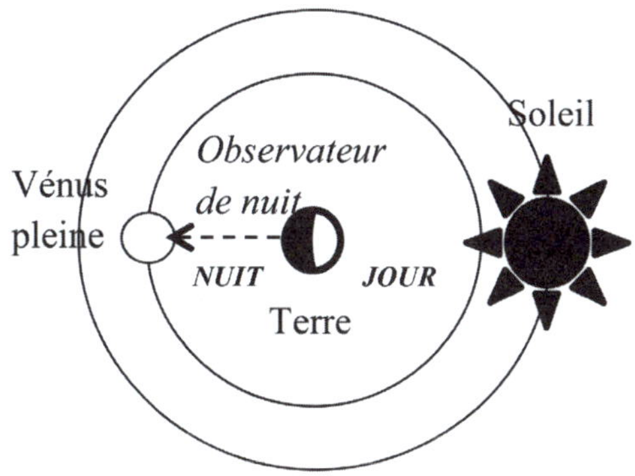

Pour voir Vénus en forme pleine, au milieu de la nuit, Vénus et le Soleil doivent se trouver de part et d'autre de la Terre.

Document 2

Les phases de Vénus observées par Galilée (1564-1642)

En septembre 1610, en observant le ciel, Galilée remarque, pendant des nuits successives, que Vénus a une forme tantôt pleine, tantôt en croissant, comme la Lune.

Document 3

La position de Vénus dans le système de Galilée

Document 3a : la position de Vénus par rapport au Soleil

Galilée constate également que Vénus apparaît toujours juste avant ou juste après le coucher ou le lever du Soleil. Donc cette planète précède ou suit de près le Soleil dans sa course alors que la Lune, elle, fait parfois son apparition au beau milieu du jour ou de la nuit.

Il en conclut que, s'il place Vénus près du Soleil, elle ne peut jamais être à l'opposé du Soleil par rapport à la Terre. Cela pourrait s'expliquer comme Nicolas Copernic l'a supposé en 1510 : Vénus et les autres planètes tournent autour du Soleil.

Document 3b : la révolution de Vénus observée depuis la Terre

Lorsqu'elle s'éloigne de la Terre, Vénus apparaît plus petite.

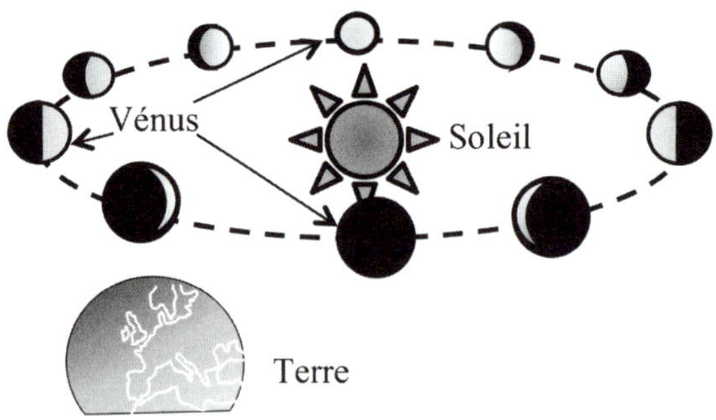

Contrôle

Document 4

L'avis des membres du Collège romain

À la suite de ses observations, Galilée est invité à Rome le 24 avril 1611. Les membres du Collège romain dirigé par les Jésuites valident ses observations. Ils précisent cependant que cela ne signifie pas pour autant que le Soleil est au centre de l'Univers comme l'a dit Copernic. Les Jésuites ajoutent même que c'est contraire à ce qui est écrit dans la Bible.

Document 5

Le rayon terrestre

Document 5a : méthode pour effectuer les mesures

Pour calculer le rayon terrestre on utilise un gnomon, bâton planté dans le sol. Par son ombre, on peut visualiser les déplacements du Soleil dans la voûte céleste. Un jour de beau temps à la fois à Toulon et à Nancy, des élèves positionnent le gnomon dans la cour de leur lycée. Le bâton utilisé mesure 1,50 m.

Document 5b : relevés obtenus par les élèves à Nancy et à Toulon

Relevés / Villes	Coordonnées GPS (en degré)		Taille des ombres obtenues (en m)
	Latitude	Longitude	
Nancy	18.683331°	6.2°	1,67
Toulon	43.124228	5.9°	1,40

1. À l'aide des documents et de vos connaissances, nommer les théories de notre système proposées respectivement par Ptolémée et Copernic. (4 points)
2. À l'aide des documents 2 à 4, montrer en quoi l'observation des phases de Vénus et de sa révolution autour du Soleil constituent des arguments pour réfuter le modèle de Ptolémée. Préciser la façon dont les observations de Galilée ont été reçues par les « garants » du savoir à son époque. (8 points)
3. À l'aide des documents 5 et de vos connaissances, calculer la distance entre Nancy et Toulon par la méthode des coordonnées et le rayon de la Terre par la méthode des ombres. (8 points)

Corrigés exercices

Exercice 1

1. Dans la conception héliocentrique, les planètes tournent autour du Soleil situé au centre d'un système alors que dans la conception géocentrique, les astres tournent autour de la Terre immobile (ou non) et située au centre de l'Univers.

2. Quelques arguments en faveur de l'héliocentrisme :

- Pour Copernic qui n'a aucune preuve, son argument est que son modèle est plus simple, plus logique et plus «harmonieux» que celui de Ptolémée.
- Les phases de la Vénus identifiées par Galilée suivent un ordre inverse des phases de la Lune ce qui ne peut être expliqué qu'avec des planètes qui tournent autour du Soleil. Galilée a surtout montré que les astres n'étaient pas si parfaits et notamment la Terre.
- Ce sont Kepler puis Newton qui ont pu contredire le géocentrisme par des théories dynamiques et la gravitation universelle, force responsable de la chute des corps et du mouvement des corps célestes. Leurs arguments étaient fondés sur des calculs mathématiques et des lois physiques.

Exercice 2

1. Cette période T_0 est donc de 27,32167 jours.
2. Soit T_0 la période sidérale T_0 = 27,32167 jours et la révolution de la Lune qui se fait selon un angle de 360°.

$$360° \Leftrightarrow 27{,}32167 \text{ jours}$$

$$\omega \Leftrightarrow 1 \text{ jour}$$

Ainsi $\omega = 360°/ T_0$ $\omega = 360/ 27{,}32167 = 13{,}17635°/\text{jour}$

3. Depuis la Terre, la Lune est pleine en position 1.

Le mois sidéral

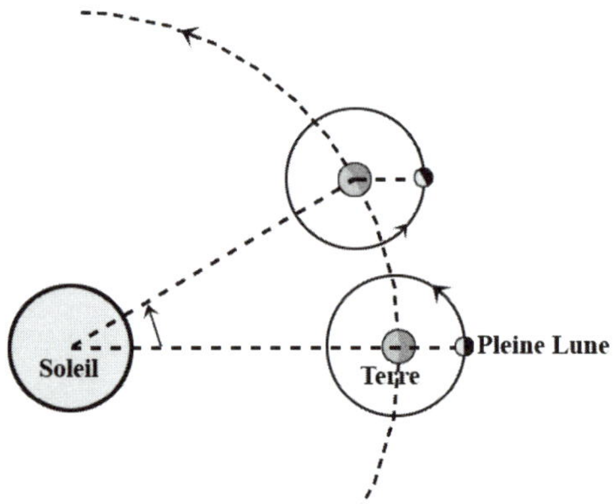

Exercice 3

1. F_g (Soleil-Terre) = $(G \cdot m_S \cdot m_T)/(d_{S\text{-}T})^2$

   $F_g = (6{,}67 \times 10^{-11} \times 1{,}99 \times 10^{30} \times 5{,}98 \times 10^{24}) / (1{,}50 \times 10^{8})^2 = 3{,}57 \times 10^{22}$ N

2. F_g (Terre-Lune) = $(G \cdot m_T \cdot m_L)/(d_{T\text{-}L})^2$

   $F_g = (6{,}67 \times 10^{-11} \times 5{,}98 \times 10^{24} \times 7{,}35 \times 10^{22}) / (3{,}84 \times 10^{5})^2 = 2 \times 10^{20}$ N

Corrigés

Exercice 4

Le texte original est le suivant :

GALILÉE : Seulement de cette manière ? (Il soulève Andrea avec la chaise et accomplit avec lui une demi-rotation.) Où est maintenant le Soleil ?

ANDREA : À droite.

GALILÉE : Et il a bougé ?

ANDREA : Ça non.

GALILÉE : Qu'est-ce qui a bougé?

ANDREA : Moi.

GALILÉE (hurle) : Faux ! Idiot ! La chaise !

ANDREA : Mais moi avec elle!

GALILÉE : Évidemment. La chaise, c'est la Terre. Tu es assis dessus.

Ainsi Galilée montre que selon le repère utilisé la représentation n'est la même. Ce repère est appelé référentiel. Le référentiel terrestre est constitué d'un point du sol et de trois axes (en général un axe vertical et deux axes dans le plan horizontal), le référentiel géocentrique est constitué du centre de la Terre (et non d'un point du sol de la Terre) et de trois axes pointant vers des étoiles, suffisamment lointaines pour être considérées comme fixes.

Corrigé du contrôle

1. 4 points

Dans le document 1, la représentation montre la Terre au centre de notre système. C'est le modèle de Ptolémée, que l'on appelle la théorie du géocentrisme.

L'hypothèse de Copernic (document 3b) illustre le la théorie héliocentrique : le Soleil au centre de notre système solaire.

2.a L'observation des phases de Vénus – 4 points

Galilée a observé les phases de Vénus (documents 2 et 3) et les a comparées aux phases de la Lune. La Lune ne suit pas le Soleil, elle peut apparaître à différentes heures de la nuit mais également en pleine journée. Vénus suit le Soleil, elle n'apparaît que juste avant ou juste après le lever ou le coucher du Soleil. Si la Terre était au centre de notre système, pour que Vénus apparaisse, il faut qu'on la regarde depuis un point situé dans la nuit, c'est à dire lorsque le Soleil est à l'opposé par rapport à la Terre. Ce n'est pas ce que l'on observe donc la proposition de Ptolémée est incorrecte.

Dans le document 4, on remarque que la taille de Vénus est différente. Si Vénus tournait autour de la Terre, on la verrait toujours avec la même taille. Vénus et la Terre tournent autour du Soleil, elles sont donc plus ou moins éloignées l'une de l'autre. La taille de Vénus par rapport à la Terre diminue lorsqu'elle s'éloigne de la Terre.

2.b La révolution de Vénus autour du Soleil – 2 points

Si Vénus et la Terre avaient la même période de révolution autour du Soleil, Vénus serait toujours éclairée de la même façon. Nous n'observerions pas de phases de Vénus.

2.c L'accueil de la théorie de Galilée – 2 points

Les « garants » du savoir à l'époque de Galilée sont les prêtres et ils remettent en cause le système héliocentrique car ce n'est pas celui décrit dans la Bible.

3.a La méthode des coordonnées – 3 points

Nancy et Toulon sont situés à la même longitude.

Illustration des localisations spatiales des deux villes pour aider à comprendre

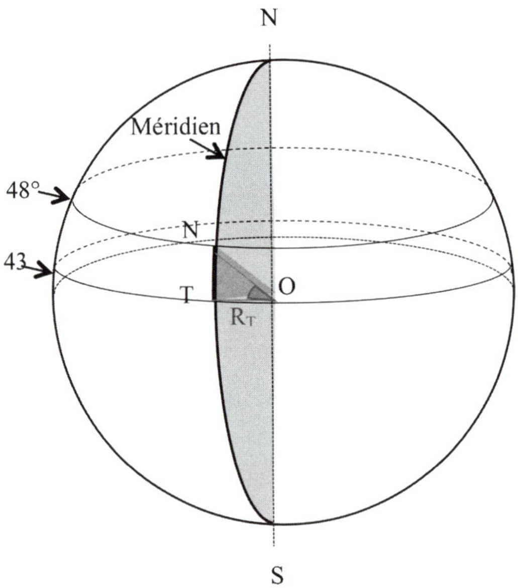

La différence de latitude est : 5,559103 °

La longueur de l'arc $\overset{\frown}{l(\text{Nancy} - \text{Toulon})} = R \cdot \alpha$

Corrigés

Application numérique

$$\overset{\frown}{\text{Nancy} - \text{Toulon}} = R.\alpha = 6\,378 \times 5{,}559103 \times \frac{\pi}{180} = 318{,}51 \text{ km}$$

Les deux villes sont séparées de 318,51 km.

3.b La méthode des ombre – 5 points

Illustration de la position du bâton dans une ville pour aider à comprendre

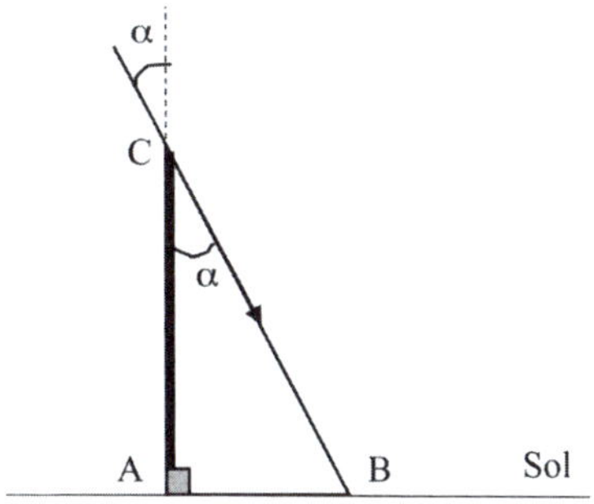

AC : bâton

AB : ombre portée du bâton sur le sol

CB : direction des rayons affleurant le bâton

α : angle que font les rayons solaires avec la verticale du lieu lors du passage du Soleil au zénith

Dans le triangle rectangle en A, on a $\tan \alpha = \dfrac{AB}{AC}$

- À Nancy : $\tan \alpha_N = \dfrac{1{,}67}{1{,}50} = 1{,}\ 11$ soit $\alpha_N = 48{,}0°$
- À Toulon : $\tan \alpha_T = \dfrac{1{,}40}{1{,}50} = 0{,}93$ soit $\alpha_T = 42{,}9°$

L'angle β des verticales des deux villes est égal à la différence des angles et respectivement égaux à α_N et α_T

$\cos \beta = \alpha_N - \alpha_T$

Application numérique

$\beta = 48{,}0 - 42{,}9 = 5°10'$

La distance à vol d'oiseau est la longueur de l'arc $\overset{\frown}{TN}$ du méridien de Toulon, entre Toulon et Nancy soit l = longueur $(\overset{\frown}{TN}) = R_T \cdot \beta$

Corrigés

soit $R_T = \frac{1}{\beta}$

avec $\beta = 5°10' = 5,10 \times \frac{\pi}{180} = 0,090$ rad

Application numérique

$R_T = \frac{619}{0,090} = 6,88 \times 10^3$ km

La valeur obtenue est proche du rayon actuellement mesuré à 6 371 km.

Corrigés

Thème 4
Son et musique, porteurs d'information

11 Le son, phénomène vibratoire

L'être humain perçoit le monde à l'aide de signaux dont certains sont de nature sonore. Ainsi le doigt sur la corde de guitare ou l'air soufflé dans la flûte produisent une vibration qui se propage de proche en proche dans un milieu matériel tel que l'air environnant, milieu élastique, dont la pression varie alors localement jusqu'à un récepteur, par exemple l'oreille.

Quelles sont les différents types de sons et leurs propriétés physiques ?

1. Le son, un phénomène physique

Les différents types de sons

Il existe deux types de sons, les **sons purs** et les **sons composés**.

Le son pur

Le son pur est associé à un signal dépendant du temps de façon sinusoïdale. Il peut être obtenu par exemple à l'aide d'un diapason. L'utilisation d'un logiciel et d'un microphone permet d'enregistrer le son émettant une note en continu au cours du temps.

Signal d'un son pur émis par un diapason

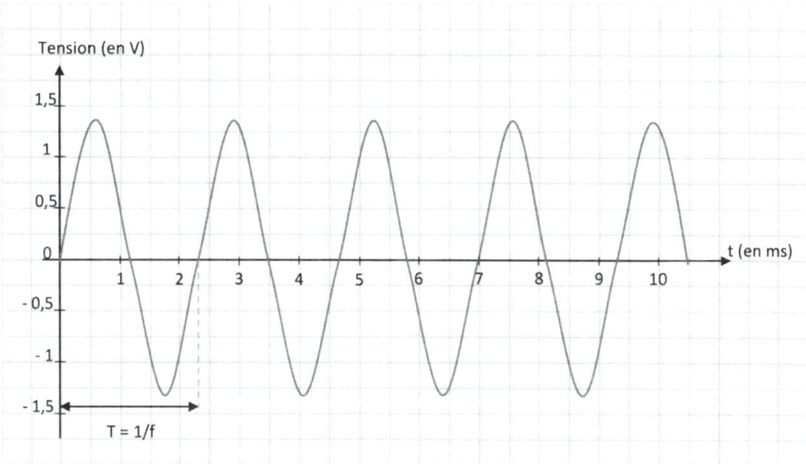

La période temporelle T de l'onde sonore sinusoïdale est reliée à sa fréquence f par la relation suivante :

$$T = 1/f$$

T en seconde

f en Hertz

À partir d'un signal, on peut établir grâce à un logiciel d'analyse le spectre de fréquence du son qui représente l'amplitude du signal en fonction de la fréquence du son.

Spectre de fréquence d'un son pur de diapason

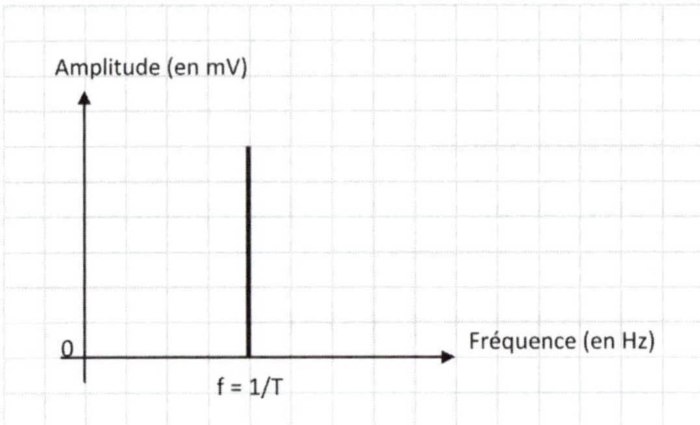

Dans le cas d'un son pur, il n'y a qu'une seule fréquence f représentée par un segment dont la longueur est proportionnelle à l'amplitude maximale en tension avec $f = 1/T$.

L'unique fréquence obtenue est appelée **fréquence fondamentale**.

L'enregistrement du signal d'un son obtenu avec un diapason nous permet d'obtenir T = 2,3 ms soit 0,0023 seconde.

Sachant que $f = 1/T$, on obtient $f = 1/0{,}0023 = 435$ Hz.

Le son composé

Dans le cas d'un son composé, l'enregistrement du signal est plus complexe.

Signal d'un son composé émis par un instrument de musique

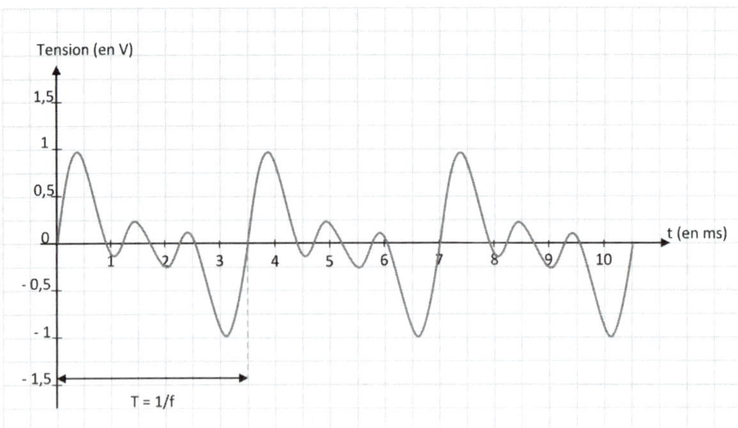

C'est en 1822 que le mathématicien français **J. Fourier** (1768-1830) publia ses travaux nommés aujourd'hui les séries de Fourier. Il a montré que tout signal périodique peut être décomposé en une somme de signaux sinusoïdaux dont les fréquences sont des multiples entiers de la période.

Décomposition du signal d'un son composé

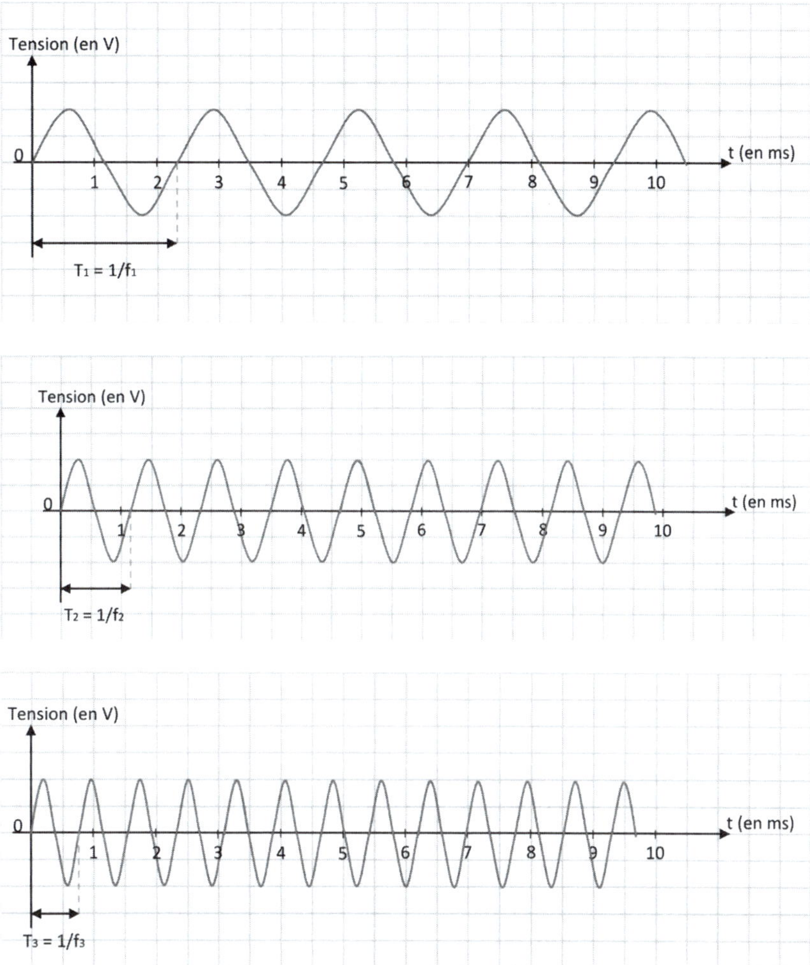

On remarque qu'un son composé est constitué d'une fréquence fondamentale f_1 ainsi que de ses multiples, nommés les **harmoniques**, tel que

$$\mathbf{f_n = n \cdot f_1}$$

n le rang de l'harmonique ($n \geq 1$)

Ainsi $f_2 = 2 \times f_1$ soit $f_2 = 2 \times 440 = 880$ Hz et $f_3 = 3 \cdot f_1$ soit $f_3 = 3 \times 440 = 1\ 320$ Hz.

Le son complexe résulte dans ce cas de la superposition des trois sinusoïdes.

À partir du signal enregistré, on obtient le spectre de fréquence dit de Fourier d'un son composé.

Spectre de fréquence du son composé enregistré précédemment

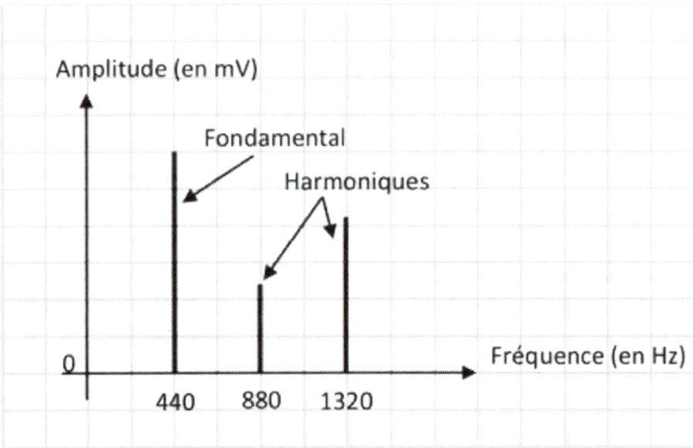

Le spectre d'un son composé est constitué de la fréquence fondamentale et de ses harmoniques ; dans le cas présent il y a deux harmoniques.

L'intensité d'un son

L'intensité sonore I d'un son perçu à la distance R d'une source sonore émettant dans toutes les directions de l'espace est reliée à la puissance sonore P de cette source par la relation :

$$\mathbf{I} = \frac{\mathbf{P}}{\mathbf{S}}$$

I en watt par mètre carré ($W \cdot m^{-2}$)

P en watt (W)

S en mètre carré (m^2) où S représente la surface de la sphère de rayon R centrée sur la source avec $S = 4\pi R^2$.

Représentation schématique de l'intensité d'un son

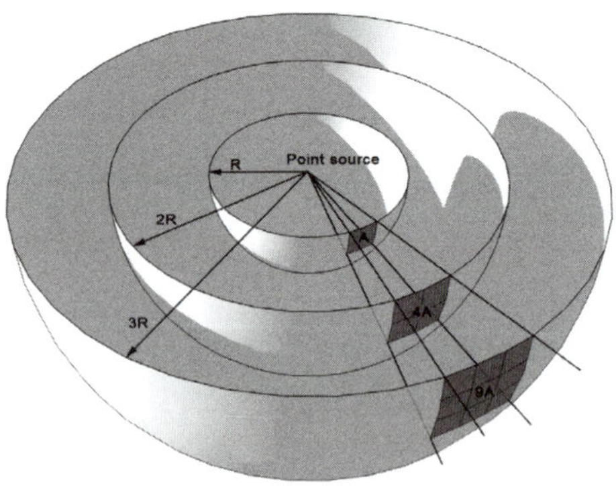

L'intensité acoustique correspond à la puissance sonore par unité de surface transportée par une onde. Plus on s'éloigne de la source et plus la puissance sonore va diminuer mais la surface augmenter.

L'intensité acoustique la plus faible perceptible par l'oreille humaine est de $1 \cdot 10^{-12}$ W · m^{-2}, le seuil de douleur est de 1 W · m^{-2}. Le rapport entre les deux extrêmes de perception est donc de 1 à mille milliards, échelle peu facile à utiliser. Afin de mieux détailler l'échelle sonore, l'unité de référence choisie est le Bel et plus précisément le dixième de Bel nommé le **décibel**, unité que l'on doit à **A. Bell** (1847-1922).

La sensation perçue par l'oreille humaine est donc évaluée à l'aide d'une grandeur, le niveau d'intensité sonore, noté L (de l'anglais *level*) et exprimé en décibel (dB). Le niveau sonore est mesuré par un sonomètre et peut être calculé à l'aide de la fonction logarithme décimal notée *log*, à partir de la relation suivante :

$$\mathbf{L = 10\log\left(\frac{I}{I_0}\right) \Leftrightarrow I = I_0 \cdot 10^{L/10}}$$

$I_0 = 1{,}00 \cdot 10^{-12}$ W · m^{-2}, intensité de référence correspondant à l'intensité minimale audible pour l'oreille humaine à une fréquence de 1 000 Hz.

Le niveau sonore d'un son est ainsi exprimé en décibels selon une échelle logarithmique. Une intensité acoustique de 1 W · m^{-2} correspond à un niveau sonore de 12 Bel soit 120 dB. Le seuil d'audition de l'oreille humaine se situe entre 0 dB et 120 dB.

2. Le son composé d'un instrument

On peut notamment produire un son composé avec un instrument à corde ou à vent.

Une corde tendue, excitée, émet un son composé dont la fréquence fondamentale f_1 dépend de ses caractéristiques :

- sa longueur L,
- sa masse linéique $\mu = \frac{m}{L}$ avec sa masse m,
- sa tension T correspondant à la force avec laquelle la corde est tendue

On peut exprimer la fréquence fondamentale f_1 du son émis par une corde vibrante grâce à la relation suivante :

$$\mathbf{f_1 = \frac{1}{2L}\sqrt{\frac{T}{\mu}}}$$

avec f_1 en hertz, L en mètre, T en N · m^{-1} et μ en kg · m^{-1}.

Résumés de cours

Ainsi, plus une corde est courte, fine et tendue et plus le son est aigu.

On peut faire varier les fréquences sonores d'un instrument à corde avec :

- des cordes de longueurs différentes comme la harpe
- des cordes de natures différentes comme la guitare ou le violon dont μ varie
- des tensions différentes de corde

Dans le cas des instruments à vent comme la flûte, le saxophone ou l'orgue, un phénomène analogue se produit par vibration de l'air dans un tuyau sonore. On dit que la colonne d'air est excitée. La fréquence fondamentale f_1 dépend cette fois-ci de la longueur du tuyau.

La fréquence fondamentale d'une colonne d'air est :

$$\mathbf{f_1} = \frac{v}{\lambda}$$

v la célérité des ondes sonores dans l'air en $m \cdot s^{-1}$

λ la longueur d'onde qui dépend de la longueur L de la colonne en mètre.

Plus le tuyau est court, plus la fréquence sonore est élevée et le son émis est aigu.

On peut faire varier la longueur du tuyau sonore et donc la longueur d'onde en bouchant ou non les trous le long de la colonne d'air et ainsi faire varier la fréquence sonore.

L'essentiel

Que cela soit des instruments à corde ou des instruments à vent, il est nécessaire d'avoir une vibration pour émettre un son. Les sons musicaux produits sont composés c'est à dire que ce sont des sommes de sons purs aux signaux sinusoïdaux. Faire varier la fréquence fondamentale permet de produire des notes différentes.

Énoncés des exercices

* Exercice 1 — 5 min

Préciser si les propositions suivantes sont vraies ou fausses. Justifier les réponses fausses.

1. La fréquence du son audible par l'oreille humaine est comprise entre 0 et 120 dB.
2. Le spectre d'un son pur est sinusoïdal.
3. On peut calculer la fréquence d'un signal en calculant l'inverse de sa période.
4. Le signal d'un son composé est une courbe quelconque.
5. Une harmonique est un multiple entier de la fréquence fondamentale.
6. La fréquence f_2 du spectre d'un son composé est la deuxième harmonique.
7. Toutes les fonctions mathématiques peuvent être décomposées en une somme de fonctions sinusoïdales.
8. Si on tend davantage une corde, le son qu'elle produira sera plus aigu.
9. Plus un tuyau sonore est long, plus le son qu'il produit est grave.
10. La fréquence d'un instrument à vent dépend de la masse linéique de son tuyau sonore.

Exercices

** Exercice 2 — 5 min

On fait un enregistrement à l'aide d'un microphone placé près d'un diapason qui donne la note La3.

Document

Enregistrement du signal du diapason

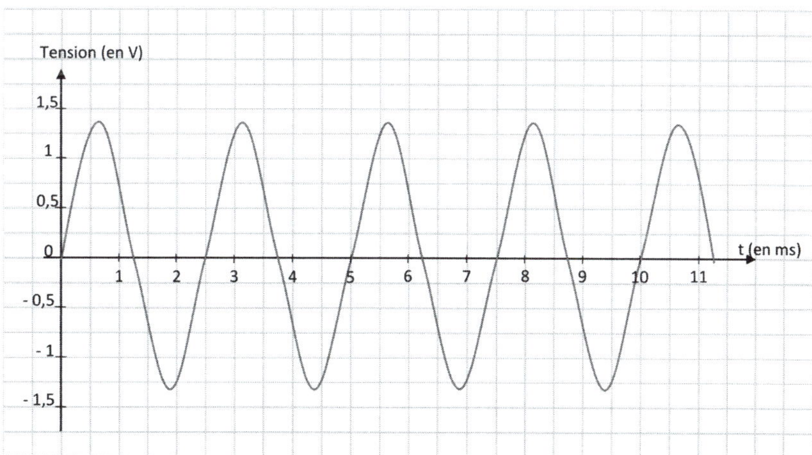

1. Justifier si le son est pur ou composé.
2. Déterminer la période du signal et en déduire la fréquence du son.
3. Tracer l'allure de son spectre en fréquence.

** Exercice 3 — 15 min

On enregistre la fréquence d'un son complexe émis par un instrument à corde, le piano. La période est de 2,00 ms.

1. Quelle est la fréquence du son complexe ?
2. Quelle est la fréquence fondamentale et celle de la première harmonique ?
3. L'une des harmoniques vaut 2 000 Hz. Quelle est le rang de l'harmonique en question ?

*** Exercice 4 — 20 min

On fait une série d'expériences sonores à partir de différentes sources sonores.

Soit une source sonore S_1 qui émet une puissance P de 3,0 μW. On place une première personne à une distance d de 80 cm de la source S_1 qui perçoit le son avec un niveau d'intensité sonore L.

Une deuxième personne est placée à une distance d' de cette même source. Le niveau d'intensité sonore L' perçu est de 90 dB.

1. Calculer l'intensité sonore I perçue par la première personne.
2. Calculer le niveau d'intensité sonore L perçu par la première personne.
3. Calculer la valeur de l'intensité sonore I' perçu par la deuxième personne correspondante.
4. Quelle est la distance d' qui sépare la deuxième personne de la source S_1 ?

   Dans un deuxième temps, on place une deuxième source S_2 à côté de la première source S_1, de même puissance. Cela a pour effet de doubler l'intensité sonore.
5. Expliquer si lorsque l'intensité sonore double le niveau d'intensité double aussi. *Le calcul sera effectué sans utiliser la calculatrice.*

Donnée

log 2 = 0,3

La troisième expérience consiste à séparer les deux sources S_1 et S_2. On place une personne à une certaine distance des deux sources de telle sorte que, lorsque S_1 fonctionne seule, le niveau sonore mesuré est $L_1 = 60$ dB et lorsque S_2 fonctionne seule, $L_2 = 65$ dB.

6. Calculer le niveau d'intensité sonore L perçu lorsque les sources fonctionnent simultanément.

*** Exercice 5

⏱ 20 min

Dans de nombreux orchestres, on retrouve le violon et le hautbois. Le violon est constitué de 4 cordes alors que le hautbois a un tube d'air d'une soixantaine de centimètres de longueur.

Pour un instrument à vent, la position des trous joue sur la longueur effective L du tube dans lequel les vibrations se propagent. Un trou ouvert diminue la longueur de ce tube. Le hautbois étudié a un tube de longueur 66,8 cm quand tous les trous sont bouchés.

La fréquence fondamentale f (Hz) du son émis par le hautbois se calcule avec la relation suivante : $f = \frac{V}{4L}$ avec V la célérité du son dans l'air qui est de $340\ m \cdot s^{-1}$ et L la longueur du hautbois en mètre.

On réalise des enregistrements de signaux et de spectres de fréquence pour une note jouée de ces deux instruments.

Document 1

Enregistrement du signal et spectre de fréquence pour un violon

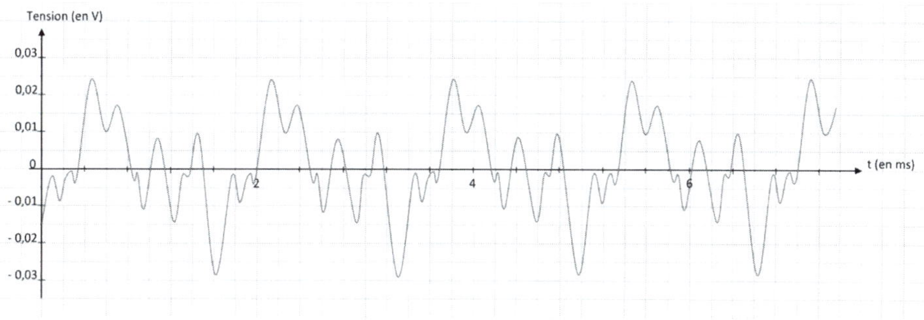

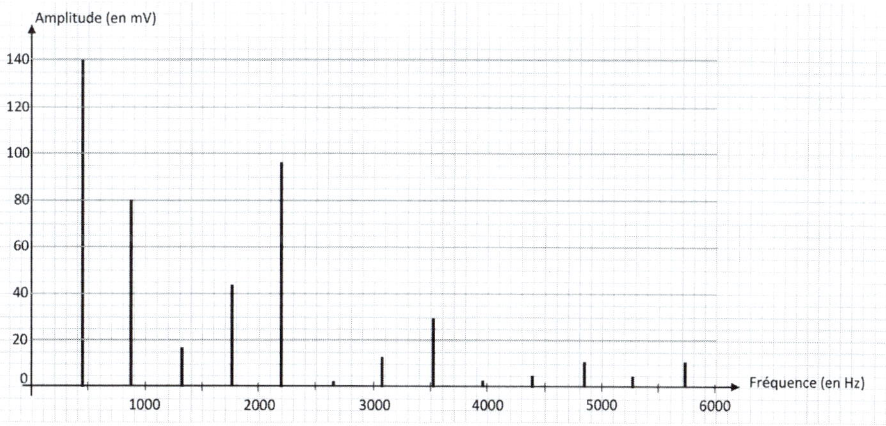

Document 2

Enregistrement du signal et spectre de fréquence pour un hautbois

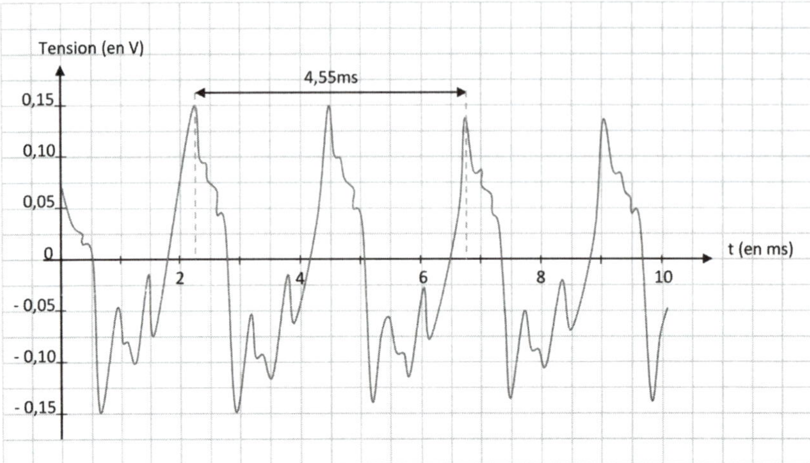

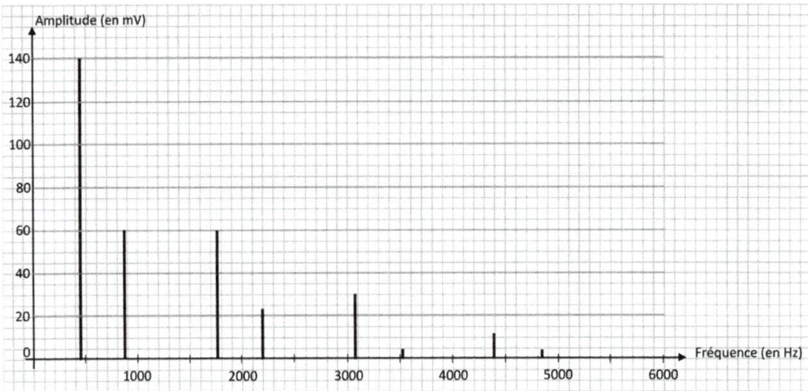

1. Justifier si le son est pur ou composé pour ces deux instruments.
2. Déterminer la période T du son émis par chaque instrument.
3. Définir la fréquence fondamentale f_1 de chaque instrument.
4. Quelle est la longueur du tube qui a joué la note du hautbois ?

Exercices

Corrigés exercices

Exercice 1

1. **Vrai**
2. **Faux** : c'est le signal associé qui est une fonction sinusoïdale du temps.
3. **Vrai**
4. **Faux** : le signal est périodique mais non sinusoïdal.
5. **Vrai**
6. **Faux** : la 1ère harmonique.
7. **Faux** : seules les fonctions périodiques.
8. **Vrai**
9. **Vrai**
10. **Faux :** c'est la masse linéique de la corde d'un instrument à corde qui provoque une variation de fréquence.

Exercice 2

1. Le signal obtenu est sinusoïdal, donc le son est pur.
2. f = 1/T avec T = 2,5 ms.

   Application numérique
   $f = 1/(2{,}5 \times 10^{-3}) = 400$ Hz.

3. Spectre du son pur du diapason

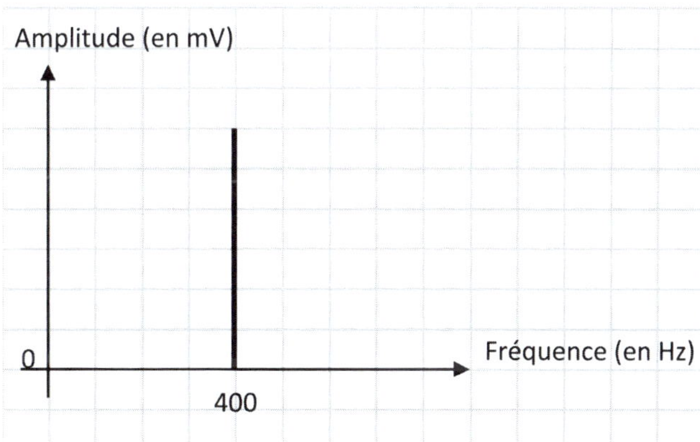

Corrigés

Exercice 3

1. f = 1/T avec T en s et f en Hz.

Application numérique

$$f = \frac{1}{2,00 \times 10^{-3}}$$

f = 500 Hz

2. Fréquence fondamentale : $f_1 = f = 500$ Hz.

Première harmonique : $f_2 = 2 \cdot f_1$

Application numérique

$f_2 = 2 \times 500 = 1,00 \times 10^3$ Hz

3. $f_n = n \cdot f_1$

$$n = \frac{f_n}{f_1}$$

Application numérique

$$n = \frac{2000}{500}$$

n = 4 donc il s'agit de la 3e harmonique.

Exercice 4

1. $I = \dfrac{P}{4\pi d^2}$ avec I en $W \cdot m^{-2}$, P en W et d en m

Application numérique

$$I = \frac{3,0 \times 10^{-6}}{4\pi \times \left(80,0 \times 10^{-2}\right)^2}$$

$I = 0,37 \cdot 10^{-6}\ W \cdot m^{-2}$

2. $L = 10\log\left(\dfrac{I}{I_0}\right)$ avec $I_0 = 1,00 \cdot 10^{-12}\ W \cdot m^{-2}$, intensité de référence correspondant à l'intensité minimale audible pour l'oreille humaine.

Application numérique

$$L = 10\log\left(\frac{3,8 \times 10^{-7}}{1,00 \times 10^{-12}}\right) = 56\,dB$$

3. $L' = 10\log\left(\frac{I'}{I_0}\right) \Leftrightarrow I' = I_0 \cdot 10^{L'/10}$

Application numérique

$I' = 1{,}00 \times 10^{-12} \times 10^{90/10}$

$I' = 1{,}0 \cdot 10^{-3}\ W \cdot m^{-2}$

4. $I' = \frac{P}{4\pi d'^2}$

$d'^2 = \frac{P}{4\pi I'}$

$d' = \sqrt{\frac{P}{4\pi I'}}$

Application numérique

$d' = \sqrt{\frac{3{,}0 \times 10^{-6}}{4\pi \times 1{,}0 \times 10^{-3}}}$

$d' = 1{,}5 \cdot 10^{-2}$ m

$d' = 1{,}5$ cm (l'oreille presque collée)

5. Soit I' l'intensité sonore égale au double de l'intensité sonore I et L' le niveau d'intensité sonore correspondant.

$L' = 10\log\left(\frac{I'}{I_0}\right)$ or I' = 2I donc

$L' = 10\log\left(\frac{2I}{I_0}\right)$

$L' = 10\log 2 + 10\log\left(\frac{I}{I_0}\right)$

$L' = 10 \times 0{,}3 + L$ donc $L' = 3 + L \neq 2L$

Doubler l'intensité revient donc à ajouter 3 dB. Le niveau d'intensité ne double pas.

6. $L = 10\log\left(\frac{I}{I_0}\right)$ or $I = I_1 + I_2$ donc

$L = 10\log\left(\frac{I_1 + I_2}{I_0}\right)$ or $I_1 = I_0 \cdot 10^{L_1/10}$ et $I_2 = I_0 \cdot 10^{L_2/10}$

Corrigés

$$\text{Donc } L = 10\log\left(\frac{I_0 \cdot 10^{L_1/10} + I_0 \cdot 10^{L_2/10}}{I_0}\right)$$

$$L = 10\log\left(10^{L_1/10} + 10^{L_2/10}\right)$$

$$L = 10\log\left(10^{60/10} + 10^{65/10}\right)$$

$$L = 66 \text{ dB}$$

Exercice 5

1. Les sons sont complexes car les signaux sont périodiques mais pas sinusoïdaux et les spectres présentent plusieurs pics, donc plusieurs fréquences.
2. Pour le violon T = 2,2 ms

   Pour le hautbois T = 2,275 ms
3. a. $f_1 = \frac{1}{T}$

   Applications Numériques

   Pour le violon :

   $$f_1 = \frac{1}{2{,}2 \times 10^{-3}}$$

   $$f_1 = 454 \text{ Hz}$$

   Pour le hautbois :

   $$f_1 = \frac{1}{2{,}275 \times 10^{-3}}$$

   $$f_1 = 440 \text{ Hz}$$

   b. $f = \frac{V}{4L}$

   $$\text{Donc } L = \frac{V}{4f}$$

   Application numérique

   $$L = \frac{340}{4 \times 440}$$

   $$L = 0{,}193 \text{ m}$$

   $$L = 19{,}3 \text{ cm}$$

Corrigés

12 La musique ou l'art de faire entendre des nombres

Chez les grecs anciens, musique et mathématiques trouvent une origine commune dans ce que **Pythagore** nommait l'harmonie des nombres. Comme l'écrivait **G. Leibniz** en 1712, « la musique est un exercice d'arithmétique secrète et celui qui s'y livre ignore qu'il manie les nombres ».

Comment l'analyse mathématique du phénomène vibratoire du son aboutit-elle à une production artistique ?

1. Les notes de musique

Tout son musical est caractérisé par sa **hauteur**, c'est-à-dire par sa fréquence fondamentale f_1. On appelle **octave** l'intervalle musical entre deux hauteurs différentes d'une même note. Le rapport entre les fréquences de ces deux hauteurs est égal à 2.

$$\text{Ainsi } \frac{f_2}{f_1} = \mathbf{2.}$$

Spectre du Do

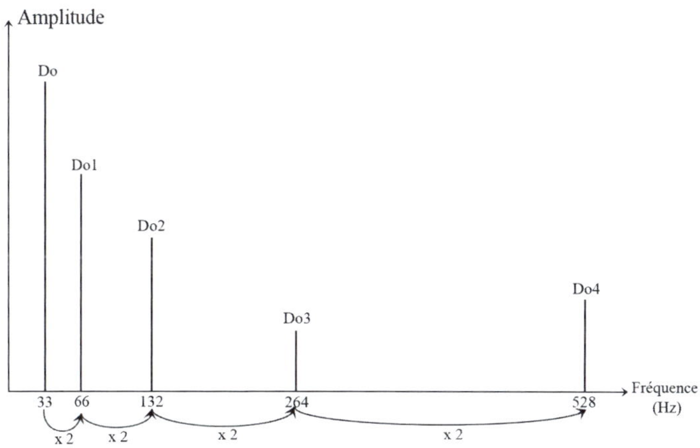

Ainsi la fréquence fondamentale du Do a des harmoniques de rang 1 à 4 séparées par des octaves dont les fréquences fondamentales sont multipliées par 2.

Pour distinguer deux notes de même nom dans deux octaves différentes, on numérote l'octave correspondant au rang de l'harmonique et en l'associant au nom de ladite note.

Par exemple le la3 est la note *la* de l'octave 3 de fréquence 440 Hz correspondant à l'harmonique de rang 3.

Tableau des notes et de leurs octaves par rapport à la fréquence fondamentale f correspond à l'octave 0

Note/octave	**0**	**1**	**2**	**3**	**4**	**5**	**6**	**7**	**8**
Do	32,70	65,41	130,81	261,63	523,25	1043,50	2093,00	4186,01	8372,02
Ré	36,71	73,42	146,83	293,66	587,33	1174,66	2349,32	4698,64	9397,28
Mi	41,20	82,41	164,81	329,63	659,26	1318,51	2637,02	5274,04	10548,08
Fa	43,65	87,31	174,61	349,23	698,46	1396,91	2793,83	5587,65	11175,30
Sol	49,00	98,00	196,00	392,00	783,99	1567,98	3135,96	6271,93	12546,86
La	55,00	110,00	220,00	440,00	880,00	1760,00	3520,00	7040,00	14080,00
Si	61,74	123,47	246,94	493,88	987,77	1975,53	3951,07	7902,13	15804,26

2. Les gammes naturelles

Une gamme est une suite finie de notes réparties sur une octave. La dernière note répétant la première à l'octave supérieure.

Au cours de l'histoire, de nombreuses gammes furent construites pour décider du nombre de notes et leur nom au sein d'une octave.

L'oreille humaine est sensible au rapport entre les fréquences de deux notes jouées simultanément. Plus les harmoniques de ces deux notes ont des fréquences communes, plus ces notes sont harmonieuses à l'oreille, elles sont dites **consonantes**.

La gamme de Pythagore

L'une des premières gammes naturelles est la gamme de **Pythagore** (-580 à -495 av. J.-C.). Elle a été utilisée de l'antiquité jusqu'au XVIe siècle. Il avait constaté que l'association de sons produits par deux cordes de longueurs différentes, de même composition et de même tension sont agréables à l'oreille si le rapport des longueurs est de 3/2. Ce rapport est appelé intervalle de **quinte pure**.

Il fût le premier à établir les quatre consonances fondamentales que sont :

- l'**unisson** de rapport de fréquence 1/1 c'est à dire de même fréquence
- l'octave de rapport 2/1 quand une note a une fréquence double de l'autre
- la **quinte** de rapport 3/2 c'est à dire que les deux notes jouées sont séparées de cinq notes soit $f_2 / f_1 = 3/2$
- la **quarte** de rapport 4/3 c'est à dire que les deux notes jouées sont séparées de quatre notes soit $f_2 / f_1 = 4/3$.

La gamme de Pythagore est basée sur le cycle des quintes.

Par exemple, si l'on commence avec un do, sa quinte, la cinquième note de cette gamme est un sol, avec la relation :

$$\frac{f_2}{f_1} = \frac{3}{2} \text{ soit } f_2 = \frac{3}{2} \times f_1$$

$$\text{on a donc } f(\text{sol}1) = \frac{3}{2} \times f(\text{do}1)$$

Puis la quinte du sol est un ré de l'octave suivant, avec la relation :

$$f(\text{ré}2) = \frac{3}{2} \times f(\text{sol}1)$$

$$f(\text{ré}2) = \frac{3}{2} \times \frac{3}{2}\ f(\text{do}1)$$

$$f(\text{ré}2) = \frac{9}{4}\ f(\text{do}1)$$

Généralisons cet écart de quinte ou **quotient** q de proche en proche à une note de référence de fréquence fondamentale f_1.

L'écart entre deux notes de la quinte est :

$$\mathbf{q_n} = \left(\frac{\mathbf{3}}{\mathbf{2}}\right)^{\mathbf{n}}$$

Cycle de 12 quintes de Pythagore

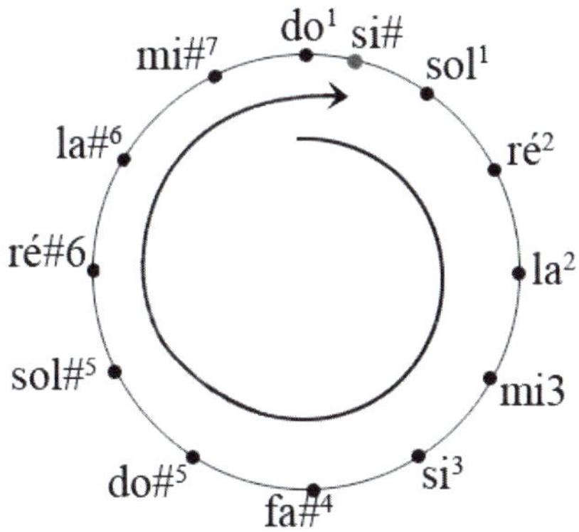

Le cycle des quintes ne permet pas de « reboucler » complètement, de se refermer c'est à dire de revenir sur la note de départ comme le fait l'octave. Ce cycle de douze notes a le si# et non le do1 en douzième note. On dit qu'il est infini.

Mathématiquement, pour être fini, le quotient doit être un chiffre entier. Ce cycle a un quotient $q_{12} = \left(\frac{3}{2}\right)^{12} = 129{,}7$ ce qui n'est pas un chiffre entier.

Il en est de même pour les cycles de 5 et 7 quintes. Mais on dit qu'ils rebouclent presque.

Les gammes associées

Il existe plusieurs variantes de la gamme de Pythagore comme celle de **G. Zarlino** (1517-1590) qui fut la plus utilisée jusqu'au XVIIe siècle. Elles respectent toutes le même principe : les rapports entre les fréquences des notes sont des nombres rationnels. Mais l'identification de la dernière note avec la première impose que l'une des quintes du cycle ne correspond pas exactement à la fréquence $\frac{3}{2}$.

Zarlino construisit une gamme plus simple que celle de Pythagore en se basant uniquement sur les notes dont les fréquences sont des multiples entiers de la fréquence fondamentale.

$$\mathbf{f_n = n \times f_1}$$

f_1 la fréquence fondamentale

n le rang de l'harmonique ($n \geq 2$)

La première harmonique est alors l'octave avec $f_2 = 2 \times f_1$ avec $f_2/f_1 = 2$

La deuxième harmonique est la quinte au-dessus de l'octave avec $f_3 = 3 \times f_1$ avec $\frac{f_3}{f_2} = \frac{3}{2}$

La troisième harmonique est la deuxième octave de la fondamentale avec $f_4 = 4 \times f_1$ avec $\frac{f_4}{f_3} = \frac{3}{2}$

La gamme de Zarlino est complète à la troisième harmonique et est basée sur les rapports entre les quatre premières harmoniques.

Tableau des notes par rapport à la fréquence fondamentale f_1 pour deux gammes naturelles

Note	Do3	Ré3	Mi3	Fa3	Sol3	La3	Si3	Do4
Gamme de Pythagore	261,63	294,33	331,13	348,84	392,44	441,50	496,69	523,26
Gamme de Zarlino	261,63	294,33	327,04	348,84	392,44	436,05	490,56	523,26

On remarque les différences de fréquences pour les notes Mi, La et Si.

Les quintes de la gamme de Zarlino ne sont pas toutes justes non plus. Cela ne pose pas de problème musical mais cela rend difficile la transposition à l'ensemble des différents types d'instruments.

3. La gamme tempérée

C'est au XVIIe siècle qu'apparaît une nouvelle gamme, inventée par le musicien **J.S. Bach** (1685-1750), la gamme tempérée permettant de remédier au problème de la transposition.

Dans cette gamme l'octave est découpée en douze notes aux intervalles égaux, les **demi-tons**.

Chaque demi-ton est séparé du suivant par un rapport de fréquence r égal à $r = 2^{1/12} = 1{,}06$

Ainsi l'octave est divisée en 12 demi-tons et la gamme de Do, gamme majeure, est constituée de sept notes et repose sur les intervalles :

ton, ton, demi-ton, ton, ton, ton, demi-ton.

Or un ton est égal à deux demi-tons, d'où les 12 demi-tons de la gamme.

Clavier de piano illustrant la composition de la gamme tempérée

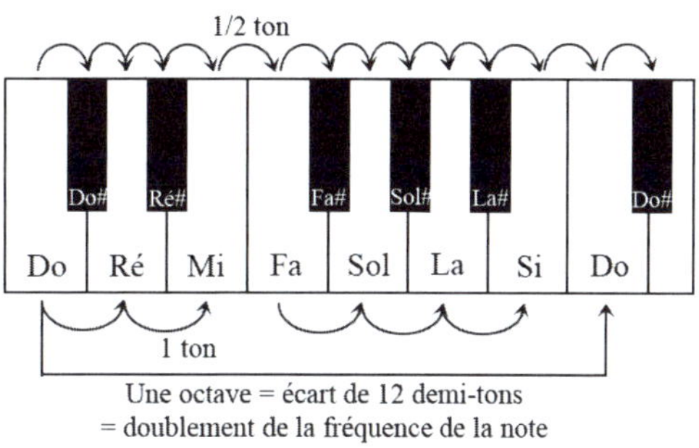

On peut calculer le rapport de fréquences entre deux demi-tons voisins noté $t_{½}$

Le rapport des fréquences f_1 et f_{12} d'une même note de hauteurs séparées d'une octave est :

$$\frac{\mathbf{f_{12}}}{\mathbf{f_1}} = \mathbf{2}$$

$$(f_{12}/\ f_{11}) \times (f_{11}/\ f_{10}) \times \ldots \times (f_2/\ f_1) = 2$$

$$t_{1/2}{}^{12} = 2$$

$$t_{1/2} = \sqrt[12]{2}$$

$$t_{1/2} = 2^{\frac{1}{12}}$$

Ainsi, lorsque l'on passe d'une note de fréquence f_n à la note de fréquence f_{n+1} placée un demi-ton au-dessus, ces fréquences vérifient selon la relation suivante :

$$\mathbf{f_{n+1} = 2^{1/12}\ f_n}$$

À partir de cette relation on montre que la fréquence de la note située à n demi-tons au-dessus de la note de fréquence f_0 peut se calculer à l'aide de la relation suivante :

$$\mathbf{f_n = 2^{1/12}\ f_0}$$

L'essentiel

La musique et les mathématiques sont deux langages liés. Les Grecs anciens les ont dotés d'une origine commune en commençant par la théorie pythagoricienne des proportions afin de percer l'harmonie musicale. Depuis, les évolutions de la musique et des mathématiques ont tenus compte de l'harmonie des rapports de fréquence en nombres entiers, dont la gamme tempérée qui est usuellement utilisée en occident de nos jours.

Énoncés des exercices

* Exercice 1

3 min

1. Indiquer les mots correspondant aux définitions suivantes :
   a. Rapport de fréquences
   b. Intervalle séparant deux sons dont la fréquence fondamentale du plus aigu est le double de celle du plus grave.
   c. Qui a pour intervalle 3/2.
   d. Qui a pour intervalle 2.
   e. Gamme musicale construite exclusivement sur des intervalles de quintes pures.
   f. Gamme musicale construite sur des intervalles égaux à $2^{1/12}$.
   g. Obtenue lorsque le rapport des fréquences fondamentales est simple.

2. Expliquer l'intérêt de la gamme tempérée par rapport aux différentes gammes naturelles.

Exercices

** Exercice 2

10 min

Les sons qui sont harmonieux entre eux ont des fréquences dans les rapports : 3/2 quinte ; 4/3 quarte ; 5/4 tierce majeure ; 6/5 tierce mineure ; 5/3 sixte majeure ; 8/5 sixte mineure.

Calculer les fréquences des sons consonants du do3, de fréquence 261,63 Hz dans la gamme tempérée, et donner le nom des notes obtenues.

Document

Notes et fréquences associées de la gamme tempérée

Note/octave	0	1	2	3	4	5	6	7
Do ou si#	32,70	65,41	130,81	261,63	523,25	1046,50	2093,00	4186,01
Do# ou ré	34,65	63,30	138,59	277,18	554,37	1108,73	2217,46	4434,92
Ré	36,71	73,42	146,83	293,66	587,33	1174,66	2349,32	4698,64
Ré# ou mi	38,89	77,78	155,56	311,13	622,25	1244,51	2489,02	4978,03
Mi ou fa	41,20	82,41	164,81	329,63	659,26	1318,51	2637,02	5274,04
Fa ou mi#	43,65	87,31	174,61	349,23	698,46	1396,91	2793,83	5587,65
Fa# ou sol	46,25	92,50	185,00	369,99	739,99	1479,98	2959,96	5919,91
Sol	49,00	98,00	196,00	392,00	783,99	1567,98	2959,96	5919,91
Sol# ou la	51,91	103,83	207,65	415,30	830,61	1661,22	3322,44	6644,88
La	55,00	110,00	220,00	440,00	880,00	1760,00	3520,00	7040,00
La# ou si	58,27	116,54	233,08	466,16	932,33	1864,66	3729,31	7458,62
Si ou do	61,74	123,47	246,94	493,88	987,77	1975,53	3951,07	7902,13

*** Exercice 3

⏱ 20 min

On cherche à transposer des notes d'une gamme de Pythagore en gamme tempérée du Do3.

Document 1

Les notes de la gamme de Pythagore du Do3

Note	Do3	Ré3	Mi3	Fa3	Sol3	La3	Si3
Fréquence de la note (Hz)	261,63						

Document 2

Les notes de la gamme tempérée du Do3

Note	Do3	Do#3	Ré3	Ré#3	Mi3	Fa3	Fa#3	Sol3	Sol#3	La3	La#3	Si3	Do3
Fréquence de la note (Hz)	261,63												

1. Compléter les fréquences de chaque note du document 1 en procédant par quintes montantes à partir du Do3 puis par quintes descendantes pour obtenir le Fa3.
2. Compléter le document 2 pour des notes de la gamme tempérée dite chromatique.
3. Comparer les intervalles de quinte entre le do3 et le sol3 dans les deux gammes.
4. Expliquer pourquoi on peut dire que la consonance de quinte dans la gamme tempérée est pratiquement parfaite.

Corrigés exercices

Exercice 1

1. a. Intervalle acoustique
   b. Octave
   c. Quinte
   d. Octave
   e. Gamme de Pythagore
   f. Gamme tempérée
   g. Harmonie

Corrigés

2. La gamme tempérée est construite d'intervalles égaux à la différence des gammes naturelles. Cela permet de transposer facilement les partitions à tout instrument.

Exercice 2

	Quinte	Quarte	Tierce majeure	Tierce mineure	Sixte majeure	Sixte mineure	Octave
Rapport des f	3/2	4/3	5/3	6/5	5/3	8/5	2
F(Hz)	3/2 x 261,63 = 392,42	4/3 x 261,63 = 384,84	5/3 x 261,63 = 327,04	6/5 x 261,63 = 313,96	5/3 x 261,63 = 436,05	8/5 x 261,63 = 418,61	2 x 261,63 = 523,26
Note	Sol3	Fa3	Mi3	Ré#3	La3	Sol#3	Sol4

Exercice 3

1. $f_{Do4} = 2 \cdot f_{Do3} = 2 \times 261{,}63 = 523{,}26$ Hz : Sol4

$f_{Do3} \times 3/2 = 261{,}63 \times 3/2 = 392{,}45$ Hz : Sol3

$f_{Sol3} \times 3/2 = 392{,}45 \times 3/2 = 588{,}67$ Hz ce qui est supérieur à f_{Do4} donc on divise cette fréquence par 2 pour descendre d'un octave soit $588{,}67/2 = 294{,}33$ Hz : Ré3

$f_{Ré3} \times 3/2 = 294{,}33 \times 3/2 = 441{,}50$ Hz : La3

$f_{La3} \times 3/2 = 441{,}50 \times 3/2 = 662{,}24$ Hz ce qui est supérieur à f_{Do4} donc on divise cette fréquence par 2 pour descendre d'un octave soit $662{,}24/2 = 331{,}12$ Hz : Mi3

$f_{Mi3} \times 3/2 = 331{,}12 \times 3/2 = 496{,}68$ Hz : Si3

Nous obtenons ainsi toutes les notes sauf le Fa3 qui peut être obtenu par la méthode des quintes descendantes à partir du Do3 :

$f_{Do3} / (3/2) = 261{,}63/(3/2) = 174{,}42$ Hz ce qui est inférieur à f_{Do3} donc on multiplie cette fréquence par 2 pour augmenter d'un octave soit $174{,}42 \times 2 = 348{,}48$ Hz : Fa3

On obtient alors le tableau suivant :

Note	Do3	Ré3	Mi3	Fa3	Sol3	La3	Si3
Fréquence de la note (Hz)	261,63	294,33	331,12	348,48	392,45	441,50	496,68

2. Dans la gamme tempérée, l'octave est séparée en douze intervalles, appelés demi-tons. Dans chaque octave, la n^{ième} note a pour fréquence : $f_n = f_0 \cdot 2^{n/12}$ avec f_0 = fréquence de la note de départ.

$f_1 = f_0 \cdot 2^{1/12} = 261{,}63 \times 2^{1/12} = 277{,}19$

$f_2 = f_0 \cdot 2^{2/12} = 261{,}63 \times 2^{2/12} = 293{,}67$

Corrigés

$f_3 = f_0 \cdot 2^{3/12} = 261{,}63 \times 2^{3/12} = 311{,}13$

$f_4 = f_0 \cdot 2^{4/12} = 261{,}63 \times 2^{4/12} = 329{,}63$

$f_5 = f_0 \cdot 2^{5/12} = 261{,}63 \times 2^{5/12} = 349{,}23$

$f_6 = f_0 \cdot 2^{6/12} = 261{,}63 \times 2^{6/12} = 370{,}00$

$f_7 = f_0 \cdot 2^{7/12} = 261{,}63 \times 2^{7/12} = 392{,}00$

$f_8 = f_0 \cdot 2^{8/12} = 261{,}63 \times 2^{8/12} = 415{,}31$

$f_9 = f_0 \cdot 2^{9/12} = 261{,}63 \times 2^{9/12} = 440{,}01$

$f_{10} = f_0 \cdot 2^{10/12} = 261{,}63 \times 2^{10/12} = 466{,}17$

$f_{11} = f_0 \cdot 2^{11/12} = 261{,}63 \times 2^{11/12} = 493{,}89$

$f_{12} = f_0 \cdot 2^{12/12} = 261{,}63 \times 2^{12/12} = 523{,}26$

Note	Fréquence de la note (Hz)
Do3	261,63
Do#3	277,19
Ré3	293,67
Ré#3	311,13
Mi3	329,63
Fa3	349,23
Fa#3	370,00
Sol3	392,00
Sol#3	415,31
La3	440,01
La#3	466,17
Si3	493,89
Do3	523,26

3. Dans la gamme de Pythagore : $f_{(sol3)}/f_{(do3)} = 391{,}11/260{,}74 = 1{,}5 = 3/2$

Dans la gamme tempérée : $f_{(sol3)}/f_{(do3)} = 392/261{,}6 = 1{,}498$ très proche de 1,5.

4. Dans la gamme tempérée, la quinte n'est pas tout à fait égale à 3/2, néanmoins l'écart est très faible (0,1 %), la consonance de quinte de la gamme tempérée est donc pratiquement parfaite.

13 Le son, une information à coder

La musique, signal analogique, émise par un ou plusieurs instruments peut être transformée en signal numérique, enregistrée et stockée dans une carte mémoire ou encore gravée au laser sur un CD audio. Pour écouter cette musique sur un smartphone, les données doivent être extraites puis transformées en son audible.

Quelles sont les techniques numériques permettant de numériser le son tout en gardant sa qualité sonore ?

1. La numérisation

Pour pouvoir obtenir un son sur un ordinateur, il faut convertir le signal analogique sonore continu en valeurs numériques discontinues. Cette transformation correspond à discrétiser ou numériser les informations sonores. Cette numérisation s'effectue en deux étapes successives : l'échantillonnage et la quantification.

L'échantillonnage

L'échantillonnage consiste à prélever des valeurs du signal analogique à intervalles réguliers.

Échantillonnage d'un signal analogique

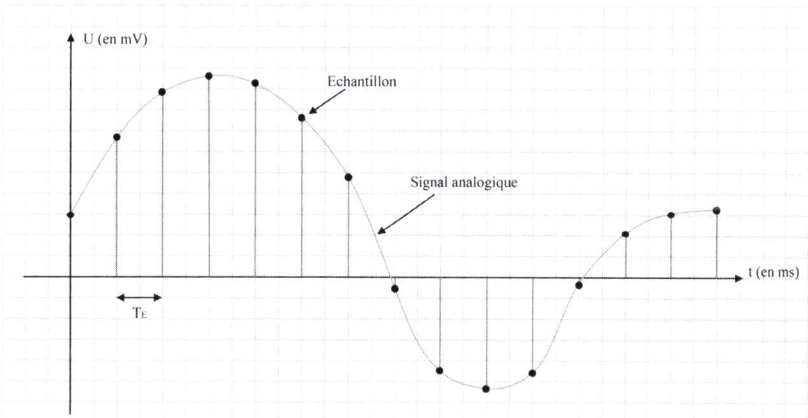

L'appareil utilisé pour convertir les données analogiques en données numériques est le Convertisseur Analogique/Numérique (**CAN**). Il prélève des valeurs ponctuelles de la tension du signal analogique à intervalle de temps égaux. Cet intervalle appelée **période d'échantillonnage** est notée T_e.

Blocage des valeurs des échantillons

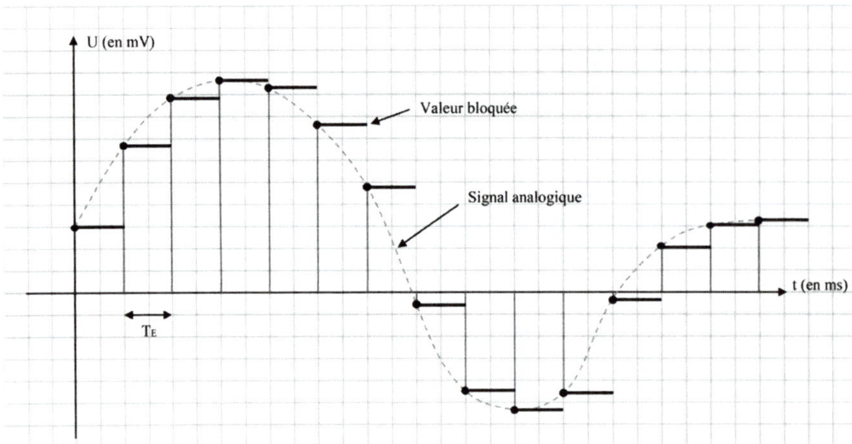

La valeur échantillonnée est bloquée, c'est-à-dire qu'elle conserve la même valeur pendant toute la durée T_e.

La quantification

Dans un deuxième temps, il faut discrétiser les valeurs de l'amplitude du signal analogique : à chaque échantillon est associée une valeur numérique correspondant à un chiffre entier.

Quantification du signal – valeurs permises par le CAN

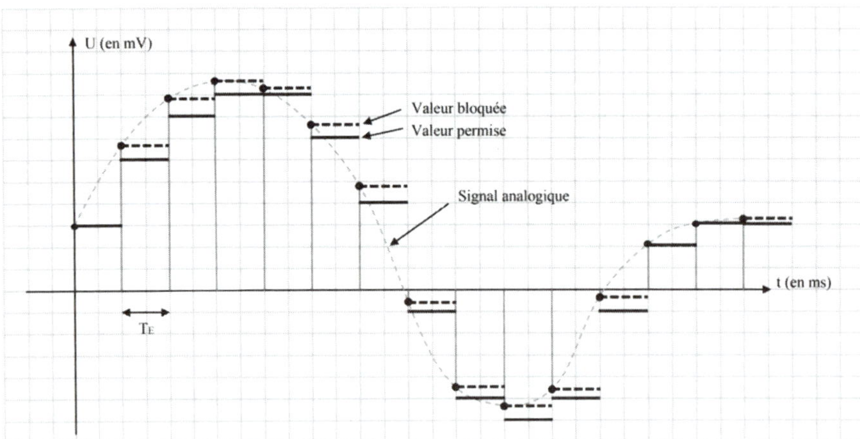

Chaque valeur est arrondie à la valeur inférieure la plus proche permise par le CAN, le signal est quantifié.

Seules les **valeurs permises** sont enregistrées, le reste de l'information est perdu.

Comparaison entre le signal analogique et le signal numérique après quantification

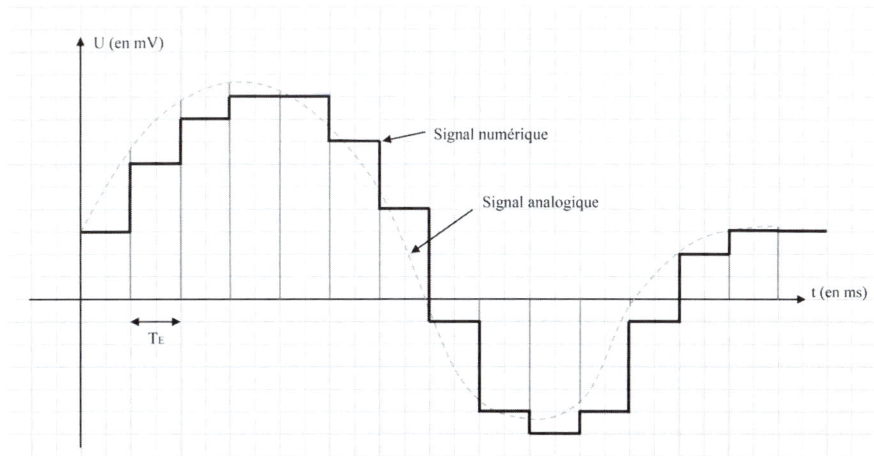

Le **pas de résolution** ou **pas de quantification** du CAN, noté p, est la plus petite variation de tension analogique qu'il peut repérer. Il correspond à l'écart le plus petit entre deux valeurs permises successives.

La valeur de p est calculée grâce à la relation :

$$\mathbf{p} = \frac{\mathbf{U_{max} - U_{min}}}{\mathbf{2^n}}$$

p en Volt.

2^n le nombre de valeurs différentes possibles que l'on peut coder pour un CAN à n bits.

$U_{max} - U_{min}$ est l'intervalle des tensions mesurables ou **plage de mesures** de la tension analogique à numériser. Par exemple, si le calibre d'entrée est de ±10 V, la plage de mesures possible est de (10 – (-10)) = 20 V.

La quantification *Q* du signal est le nombre de **bits**, unités d'information du mode binaire des ordinateurs. Ces derniers ne traitant que des données binaires (0 ou 1), le CAN traduit le signal numérique en mode binaire, on parle d'**encodage.**

L'encodage est donc la traduction de chaque valeur permise en nombre binaire correspondant à un multiple entier du pas p.

Schématisation de l'encodage du CAN

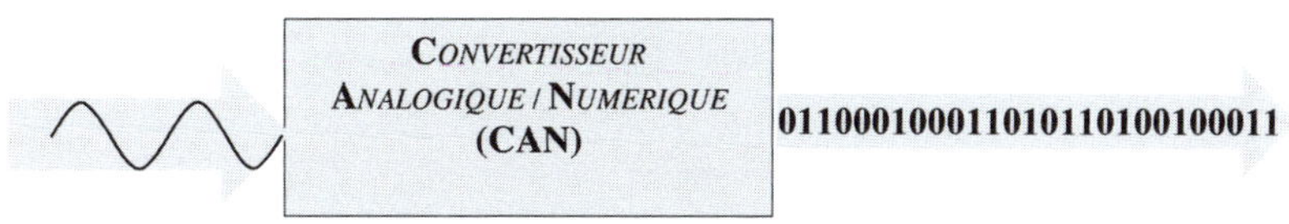

Exemple de codage sur 1 bit

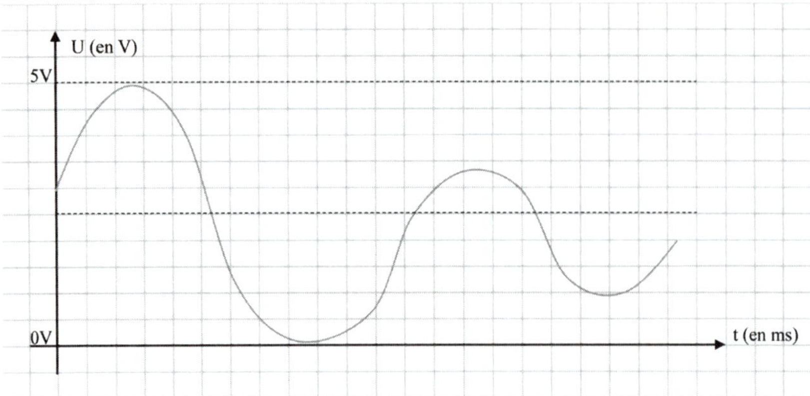

Le signal analogique codé sur 1 bit correspond à associer une tension avec les valeurs 0 ou 1. Le calcul de p permet de connaître la tension correspondant à 1 et celle correspondant à 0.

$$p = (5 - 0) / 2^1 = 2{,}5 \text{ V.}$$

La tension maximale est de 5 V, l'encodage se fait de la façon suivante :

- de 0 à 2,5 V la tension sera codée en « 0 »
- de 2,5 à 5 V la tension sera codée en « 1 »

Si ce même signal analogique est codé en 2 bits, la précision en sera meilleure.

Exemple de codage sur 2 bits

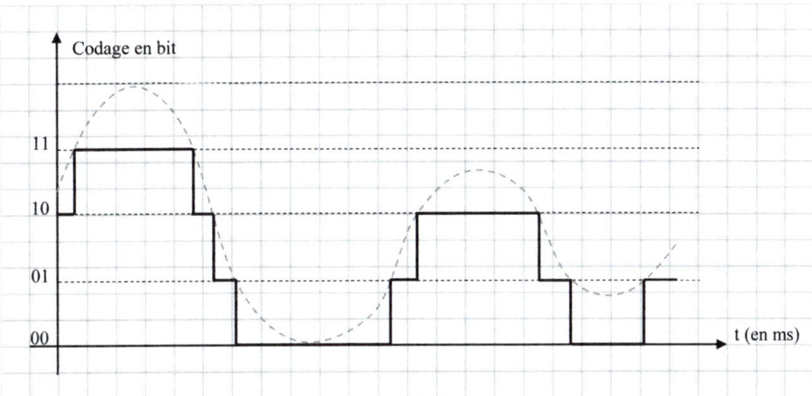

Le signal analogique ayant une amplitude de 10 V, le pas de quantification est :

$p = 10 / 2^2 = 2,5$

L'encodage se fait donc tous les 2,5 V soit :

- pour une tension entre 0 et 2,5 V, le code sera « 00 »
- de 2,5 à 5 V, le code sera « 01 »
- de 5 à 7,5 V, le code sera « 10 »
- de 7,5 à 10 V, le code sera « 11 »

La qualité du signal numérique

La qualité du signal numérique dépend de deux facteurs :

1. Le choix des paramètres d'échantillonnage :

- La conversion d'un signal analogique s'appuie sur le théorème de Nyquist-Shannon qui impose que pour avoir une restitution correcte d'un signal analogique, la fréquence d'échantillonnage ($f_e = \frac{1}{T_e}$) dans le cas d'un signal sinusoïdal doit au minimum être égale au double de la fréquence maximale du signal sonore échantillonné : $f_e \geq 2\ f_{max\ du\ signal}$
- La qualité de la numérisation est d'autant plus grande, c'est-à-dire fidèle au signal original, que la période d'échantillonnage T_e est petite donc que sa fréquence d'échantillonnage est élevée.

2. Le choix des paramètres de quantification :

- La qualité de la numérisation est d'autant plus grande que le pas du convertisseur est petit.
- Plus le nombre de bits est important et meilleure sera la qualité.

Outre la fréquence d'échantillonnage et la quantification, un son numérique est également caractérisé par le nombre de voies utilisées (son mono ou stéréo), ce qui peut en augmenter la qualité mais aussi la taille du fichier.

La taille d'un fichier audio

La taille d'une séquence sonore non compressée se calcule à partir du nombre de bits sur lequel l'échantillon est codé. L'unité est l'octet et correspond à 8 bits.

La taille d'une séquence sonore correspond donc au nombre d'octets N selon la relation :

$$\mathbf{N = f_e \times (Q/8) \times \Delta t \times n}$$

f_e la fréquence d'échantillonnage en Hertz

Q la quantification en bits

Δt la durée de la séquence en secondes

n le nombre de voies (n = 1 si le son en mono, n = 2 si le son est en stéréo)

2. La compression audio

La compression consiste à diminuer la taille d'un fichier afin de faciliter son stockage et sa transmission.

Le taux de compression

Pour compresser un fichier audio, il faut tout d'abord connaître sa taille que l'on calcule grâce à la relation :

$$\mathbf{Taille = p \times f_e \times \Delta t}$$

p le pas de quantification en Volt

f_e la fréquence d'échantillonnage en hertz

Δt la durée de la séquence sonore en secondes.

Modifier la voie mono en stéréo double systématiquement la taille du fichier audio.

Le niveau de compression est mesuré par le **taux de compression** exprimé en pourcentage avec la relation suivante :

$$\mathbf{T = \frac{taille\ du\ fichier\ original - taille\ du\ fichier\ compressé}{taille\ du\ fichier\ original} \times 100}$$

Le niveau de compression est défini par le **débit binaire** D c'est à dire le flux d'informations par seconde de musique. Il mesure la quantité de données numériques transmises par unité de temps.

$$D = \frac{n}{\Delta t}$$

n en bits

Δt la durée en secondes

D en bits · s^{-1}

On considère aujourd'hui qu'il faut au moins un débit de 192 kb/s pour bénéficier d'une qualité audio acceptable pour un morceau de musique numérique. Un débit binaire faible génère un son plutôt médiocre.

La technique de compression avec perte d'information

Une des techniques de format audio compressé est celle perdant de l'information sonore. Elle repose sur le fait que l'oreille humaine n'entend que des sons compris dans l'intervalle 20 Hz - 20 kHz. Sont alors retirées toutes les informations inaudibles ou celles correspondant à des silences. Cette pratique permet de diminuer la taille du fichier.

Cette technique est dite destructrice (*lossy* en anglais) puisque des informations de la version d'origine sont supprimées.

Il existe plusieurs logiciels de compression audio que l'on appelle des **Codecs** pour COdeur-DECodeur. Les formats les plus connus sont :

- MP3, le format audio numérique le plus utilisé aujourd'hui car il est reconnu par l'ensemble du matériel audio-numérique. Son codec réduit grandement la taille du fichier d'origine. Grâce à cette compression, il est possible de stocker en moyenne l'équivalent de 10 CD audio pour un CD de données codées en format MP3.
- AAC, très utilisé par Apple et plus récent, est conçu pour proposer un meilleur rapport qualité/débit que le MP3.
- OGG qui est un format de compression libre.
- WMA, créé par Microsoft pour Windows et gérant les droits de lecture audio.

Pour un débit binaire identique de 128 kbits/s on peut classer les formats de celui qui a le moins de perte à celui qui a le plus de perte : WMA, AAC, MP3 et OGG.

Les différents formats compressés avec pertes génèrent des pertes directement proportionnelles au taux de compression. Ils ne proposent pas non plus de résultat équivalent selon le taux de compression. Chaque format a ses propres caractéristiques et qualité.

L'essentiel

Lorsqu'on passe d'un signal analogique à un signal numérique, il y a une perte d'information puisque seuls des échantillons sont conservés. Il faut donc prendre suffisamment d'échantillons avec une fréquence acceptable pour reconstruire au mieux le signal de départ tout en gardant un signal qui ne soit pas trop lourd.

L'utilisation de logiciels spécialisés permet de stocker et de transmettre le signal sonore.

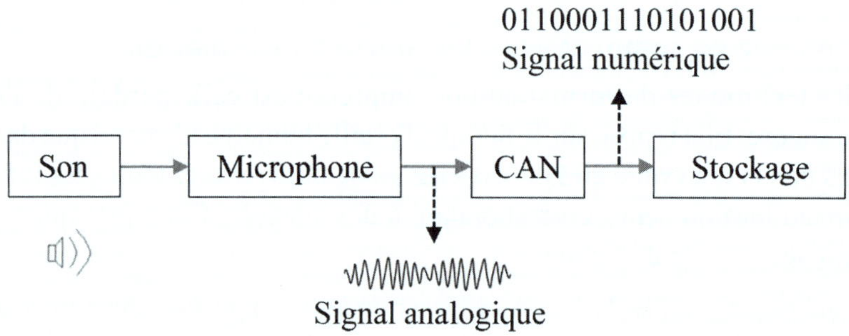

Énoncés des exercices

* Exercice 1 — 5 min

1. Parmi les signaux suivants, distinguer en justifiant les signaux analogiques et numériques.

a.

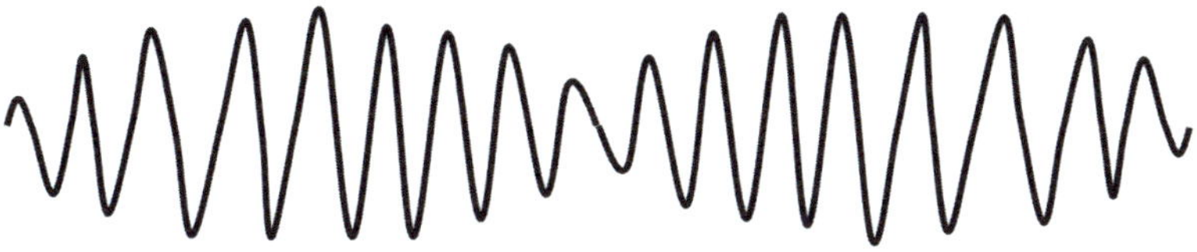

b.

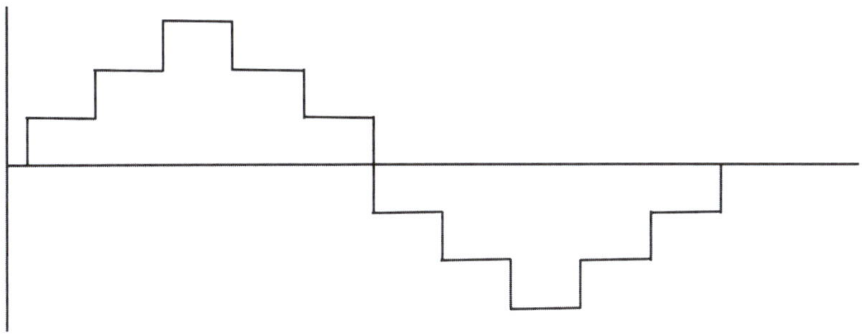

c.

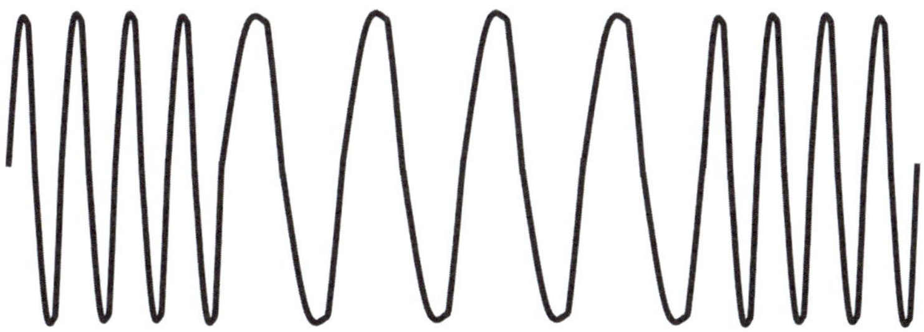

d.

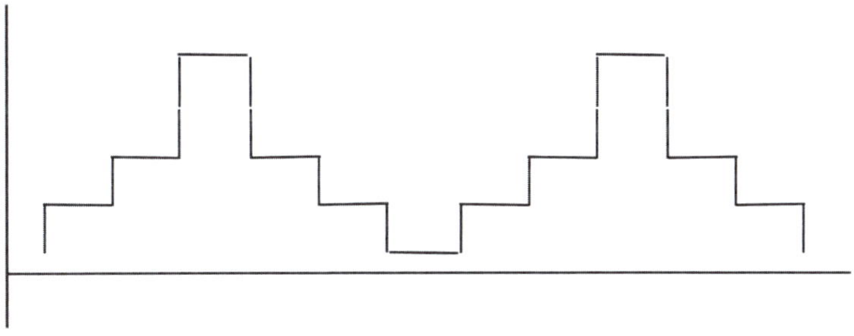

2. Quels sont les paramètres définissant la qualité d'un signal numérique ?

** Exercice 2 — 5 min

1. Quelle est la fréquence maximale du son audible par un être humain ?
2. Expliquer alors en quoi l'échantillonnage des CD audio à une fréquence $f_e = 44{,}1$ kHz permet une reconstitution fidèle du son pour l'oreille humaine.

** Exercice 3 — 5 min

Deux acquisitions de deux signaux sonores sont effectuées par des élèves en classe.

Enregistrement de deux signaux sonores (a) et (b)

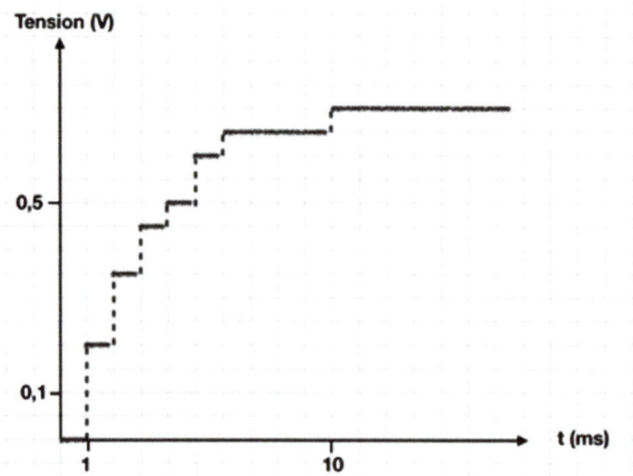

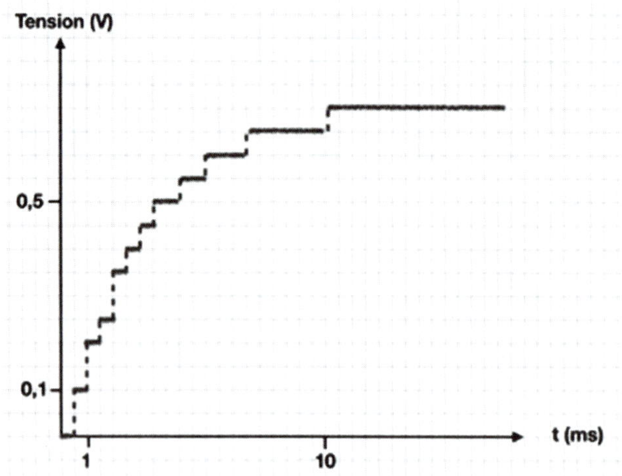

1. Expliquer pourquoi ces signaux sont numériques.
2. Déterminer sur les figures le pas de résolution p de chacune des numérisations.

3. Calculer la fréquence d'échantillonnage f_e utilisée pour chaque numérisation.

4. Préciser et expliquer quelle est la numérisation la plus fidèle à la version d'origine.

** Exercice 4

15 min

On mesure un signal sonore en classe. Ensuite, les élèves procèdent à deux numérisations sur ce signal analogique avec les paramètres de numérisation suivants :

- numérisation (a) : f_e = 1,0 MHz ; calibre d'entrée 8V ; sur 2 bits
- numérisation (b) : f_e = 2,0 MHz ; calibre d'entrée 8V ; sur 4 bits

Enregistrement du signal analogique

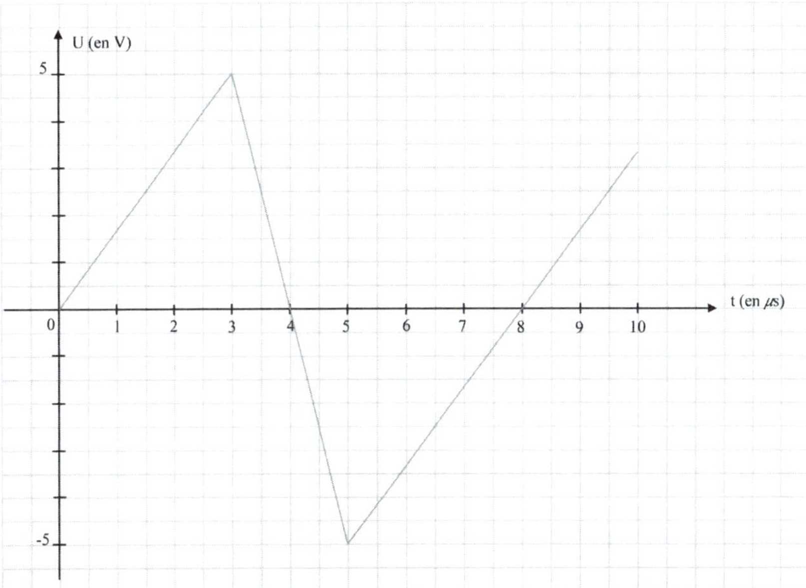

1. Calculer le pas de quantification de ces deux numérisations et en déduire les valeurs de tensions permises en nombre binaire pour chaque numérisation.

2. Dessiner sur le même graphique les signaux numériques (a) et (b) résultant de ces 2 numérisations.

3. Déterminer les valeurs binaires que donnerait le CAN pour la numérisation (a).

4. Parmi les deux signaux que vous avez représentés quel est celui qui est le plus fidèle au signal d'origine. Conclure.

Exercice 5

15 min

Un microphone est un dispositif permettant de convertir une onde sonore en signal électrique. Un système d'acquisition muni d'un convertisseur 12 bits, relié à un ordinateur, permet de prélever la tension aux bornes du microphone.

L'acquisition a été réalisée sur le calibre –0,5V/+0,5V. Elle a duré 30 ms avec 2 000 points de mesure.

Document

Enregistrement du signal analogique à la sortie du microphone entre 0 et 225 µs.

Le signal est appliqué à l'entrée du convertisseur.

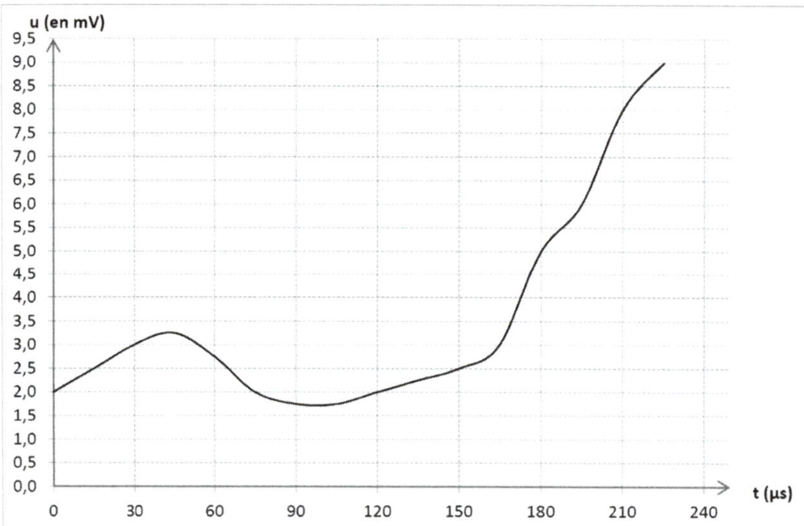

1. Calculer le pas de quantification du convertisseur.
2. Calculer la fréquence d'échantillonnage f_e puis en déduire la période d'échantillonnage T_e.
3. Représenter sur la courbe toutes les valeurs du signal après échantillonnage entre les dates t = 0 µs et t = 60 µs. Pour simplifier, on prendra un pas de 0,25 mV.
4. Proposer une amélioration, avec le même matériel, pour obtenir un signal échantillonné de meilleure qualité.

*** Exercice 6

20 min

Sur la documentation technique d'un CD-ROM audio, on lit les informations suivantes :

Le son est enregistré sous forme d'échantillons à 44,1 kHz avec 16 bits par canal. Sachant qu'il y a deux canaux de son stéréophonique, le débit binaire est donc de 176 ko · s^{-1} (kilooctets par seconde).

Le CD-ROM de capacité 780 Mo, peut contenir 74 minutes de son.

1. Justifier la valeur de la fréquence d'échantillonnage utilisée pour numériser le son.
2. On suppose que le convertisseur analogique-numérique utilisé pour l'échantillonnage fonctionne avec une tension minimale U_{min} = 0V et maximale U_{max} = 10 V. Calculer le pas p en tension de ce convertisseur.
3. À partir de la valeur de la fréquence d'échantillonnage, retrouver par le calcul la valeur du débit binaire mentionné dans la notice technique.
4. Calculer la capacité de stockage exprimée en mégaoctets (Mo) d'un CD-ROM audio pouvant contenir 74 minutes de son.
5. Si on enregistrait un signal purement audio de même débit sur un disque blu-ray affichant une capacité de 22 Go, quelle serait la durée de lecture en heures ?

Corrigés exercices

Exercice 1

1. Les signaux analogiques sont les signaux (a) et (c) car ils varient de manière continue au cours du temps.

Les signaux numériques sont les signaux (b) et (d) car ils varient de manière discontinue au cours du temps.

2. La qualité du signal numérique dépend de deux facteurs :
   a. Du choix des paramètres d'échantillonnage :
      - la fréquence d'échantillonnage doit au minimum être égale au double de la fréquence maximale du signal sonore échantillonné
      - la qualité de la numérisation est d'autant plus grande que la période d'échantillonnage est petite donc que sa fréquence d'échantillonnage est élevée.

   b. Du choix des paramètres de quantification :

Corrigés

- la qualité de la numérisation est d'autant plus grande que le pas du convertisseur est petit.
- plus le nombre le nombre de bits est important et meilleure sera la qualité.

Exercice 2

1. Pour l'oreille humaine, la fréquence maximale audible est de 20 kHz.
2. Selon le théorème de Nyquist-Shannon, la fréquence d'échantillonnage minimale théorique doit être au minimum égale au double de la fréquence maximale du signal échantillonné.

   Afin d'avoir une restitution correcte pour l'oreille humaine, la fréquence d'échantillonnage doit donc être supérieure à 220 kHz = 40 kHz.

   C'est le cas pour les CDs audio dont l'échantillonnage est effectué à 44,1 kHz.

Exercice 3

1. Ces signaux sont numériques car ils varient de manière discontinue en fonction du temps.
2. Le pas de résolution paraît identique pour les deux signaux : p = 0,05 V.

   Il correspond à la plus petite variation de tension sur les graphiques.
3. Sur le signal (a) :

   Il y a au moins un échantillon toutes les ms donc $T_e = 1$ ms.

   La fréquence d'échantillonnage f_e est donc : $f_e = 1/T_e = 1/1 \cdot 10^{-3} = 1$ kHz.

   Sur le signal (b) :

   Il y a au moins un échantillon toutes les 0,5 ms. $T_e = 0,5$ ms.

   La fréquence d'échantillonnage f_e est donc : $f_e = 1/T_e = 1/0,5 \cdot 10^{-3} = 2$ kHz.
4. Le signal (b) présente la numérisation la plus fidèle car la fréquence d'échantillonnage étant plus grande, il y a plus d'échantillons par seconde.

Exercice 4

1. Soit $p = \frac{U_{max} - U_{min}}{2^n}$

• Pour la numérisation (a) :

Le pas de résolution est $p = \frac{U_{max} - U_{min}}{2^n} = \frac{8+8}{2^2} = \frac{16}{4} = 4V$

Les valeurs permises sont donc au nombre de $2^2 = 4$ valeurs : –8V, –4V, 0V, +4V.

Corrigés

• Pour la numérisation (b) :

Le pas de résolution est $p = \frac{U_{max} - U_{min}}{2^n} = \frac{8+8}{2^4} = \frac{16}{16} = 1V$.

Les valeurs permises sont donc au nombre de 24 = 16 valeurs : –8V, –7V, –6V, –5V, –4V, –3V, –2V, –1V, 0V, +1V, +2V, +3V, +4V, +5V, +6V, +7V.

2.

Signal (a)

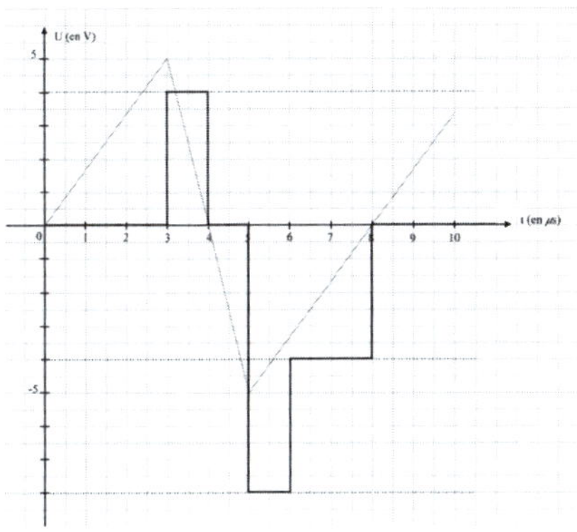

Signal (b)

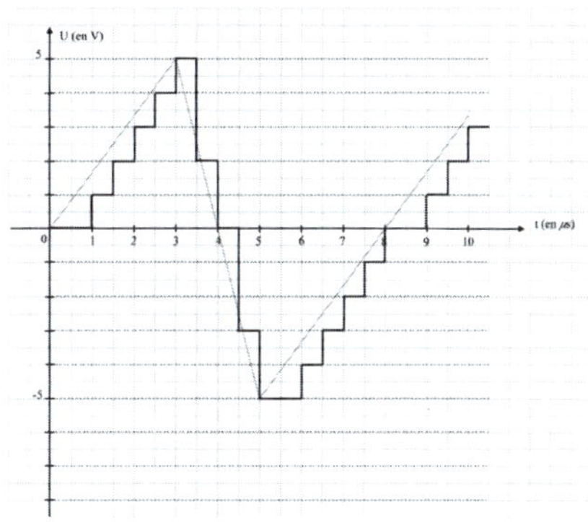

3. Les valeurs en binaire que donneraient le CAN pour la numérisation (a) sont :

Valeurs analogiques	**Valeurs binaires**
De -8V à -4V	00
De -4V à 0V	01
De 0V à +4V	10
De +4V à +8V	11

4. Le signal le plus fidèle est le signal issu de la numérisation (b) car le pas de résolution est plus petit (on mesure plus de variations de tension) et la fréquence d'échantillonnage est plus grande (il y a plus d'échantillons par seconde).

Exercice 5

1. Le pas de quantification $p = \frac{U_{max} - U_{min}}{2^n}$

Application numérique

$$p = \frac{0{,}5-(-0{,}5)}{2^{12}} = 2{,}44 \times 10^{-4}\ V = 0{,}24\ mV$$

2. La fréquence d'échantillonnage est le nombre de mesures réalisées en une seconde.

2 000 mesures ↔ 30×10^{-3} s

f_e mesures ↔ 1 s

$$f_e = \frac{2000}{30 \times 10^{-3}} = 6{,}7 \times 10^4 \text{ Hz} = 67 \text{ kHz}$$

Période d'échantillonnage $T_e = \frac{1}{f_e}$

$T_e = 1{,}5 \times 10^{-5}$ s $= 15 \times 10^{-6}$ s $=$ **15 µs**, c'est la durée entre deux mesures consécutives.

3. Avec un pas égal à 0,25 mV, on obtient la courbe ci-dessous.

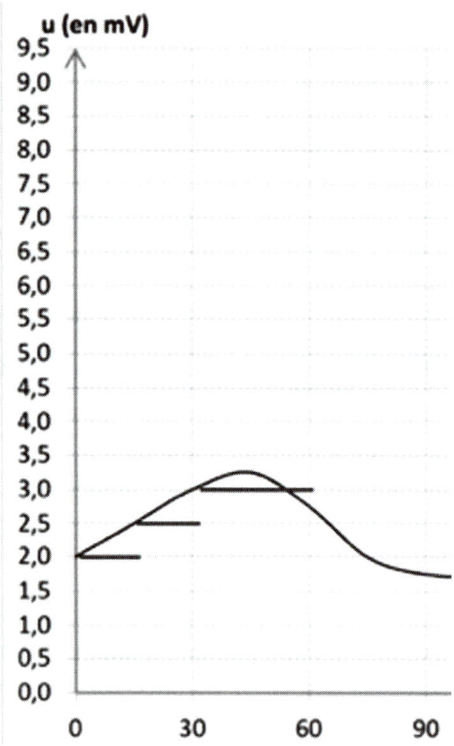

4. Pour améliorer la qualité du signal échantillonné, sans changer de matériel, on pourrait choisir un autre calibre.

On voit sur l'enregistrement que la tension ne dépasse pas 10 mV.

Le calibre –10 mV / +10 mV permettrait d'avoir un pas bien plus petit.

On pourrait également augmenter la fréquence d'échantillonnage si le convertisseur le permet.

Corrigés

Exercice 6

1. D'après le théorème de Shannon, la fréquence d'échantillonnage d'un signal doit être égale ou supérieure au double de la fréquence maximale contenue dans ce signal, afin de le numériser correctement.

   De plus, le domaine fréquentiel de l'audible s'étend jusqu'à 20 kHz.

Ainsi, la fréquence d'échantillonnage doit être supérieure ou égale à 40 kHz ce qui est bien le cas ici avec 44,1 kHz.

2. Soit $p = \dfrac{U_{max} - U_{min}}{2^n}$ avec n le nombre de bits, ici n = 16 bits.

   Application numérique
   $p = (10 - 0)/2^{16} = 1{,}5 \times 10^{-4} = 0{,}15$ mV

3. La fréquence d'échantillonnage est 44,1 kHz : cela signifie qu'il y a $44{,}1 \times 10^3$ échantillons par seconde.

   À partir de la durée Δt de l'enregistrement et de la fréquence d'échantillonnage f_e (nombre d'échantillons par seconde), on peut déterminer le nombre d'échantillons N_e : $N_e = f_e \times \Delta t$ avec f_e en Hz, Δt en s.

   Chaque échantillon est codé par 2 × 16 bits (2 canaux) soit par $\dfrac{2 \times 16}{8} = 4$ octets
   La quantité de données numériques d'un enregistrement de durée Δt est donc $n = 4 \cdot f_e \cdot \Delta t$ (n en octets).

   Le débit binaire étant la quantité de données numériques par unité de temps :

$$D = \frac{n}{\Delta t}$$

   ainsi $D = \dfrac{4 \cdot f_e \cdot \Delta t}{\Delta t} = 4 \cdot f_e$ avec D en $o \cdot s^{-1}$; (4 en o) et f_e en Hz

   Application numérique
   $D = 4 \times 44{,}1 \times 10^3 = 1{,}764 \times 10^5\ o \cdot s^{-1} = 176\ ko \cdot s^{-1}$.

4. La capacité de stockage est égale au débit binaire multiplié par la durée d'enregistrement : $C = D \cdot \Delta t$

   Application numérique
   $C = 176{,}4 \times 74 \times 60 = 7{,}8 \times 10^5$ ko = 780 Mo

5. ***Méthode 1 :*** $\Delta t = \dfrac{n}{D}$

   Application numérique
   $\Delta t = 1{,}25 \times 10^5$ s = 35 h.

Corrigés

Méthode 2 : par proportionnalité

74 min	780 Mo
Δt	22 Go

Application numérique

$t = (74 \times 22 \times 10^9)/(780 \times 10^6) = 2\ 087$ min = 35 h

Corrigés

14 Entendre la musique

La réception des sons de l'environnement se fait grâce à un organe sensoriel, l'oreille, qui transforme puis transmet les informations sonores à l'organe de traitement, le cerveau. L'action conjointe de ces deux structures permet à l'individu de construire une représentation sonore du monde qui l'entoure.

Quels sont les rôles de l'oreille et du cerveau dans le passage d'un phénomène physique, le son, à une perception auditive ?

1. La réception et la transmission du son

Un son est une onde de pression produite par la vibration des molécules d'air autour de leur position d'équilibre et capté par un récepteur, ici l'oreille. Cet organe est composé de trois parties :

- l'oreille externe (OE) qui reçoit et guide le son,
- l'oreille moyenne (OM) qui transmet le son,
- l'oreille interne (OI) qui transforme l'onde acoustique en message nerveux.

L'oreille

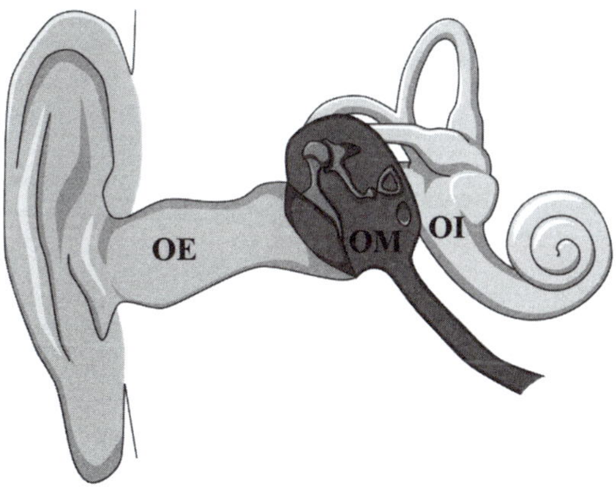

L'oreille externe

Partie la plus externe du système auditif, l'oreille externe se compose de deux parties aux rôles distincts :

- une partie visible constituée du pavillon, structure cartilagineuse recouverte de peau, qui, par sa forme, capte les vibrations de l'air et les oriente vers le conduit auditif.

- une partie non visible, le conduit auditif, terminé par une membrane, le tympan. Ce conduit, protégé par du **cérumen**, permet d'amplifier les sons et de les canaliser vers le tympan.

Schéma de l'oreille externe

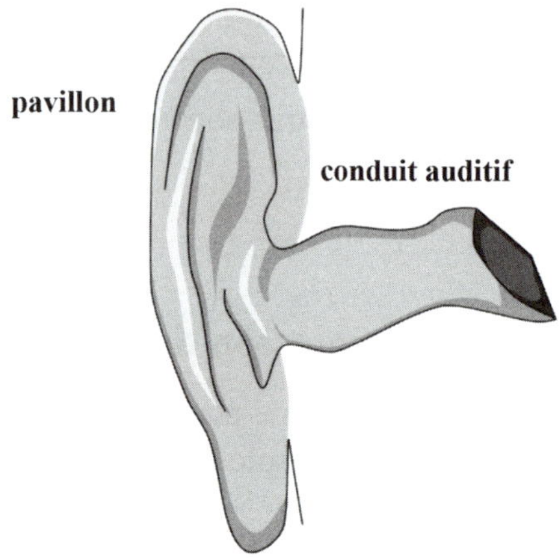

La forme de l'oreille externe amplifie l'intensité des ondes sonores ayant une fréquence comprise entre 0,5 et 5 Khz incluant en partie celles correspondant au langage.

Courbe d'amplification due à l'oreille externe

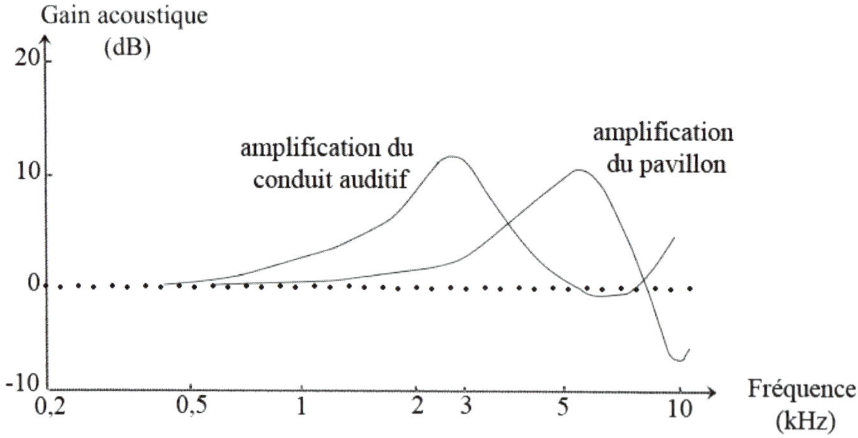

Ainsi pour un son de fréquence 3 kHz, la puissance sonore perçue au niveau du pavillon est de 2 dB. Elle est amplifiée à 10 dB par le conduit auditif.

L'oreille moyenne

L'oreille moyenne est composée de plusieurs structures aux rôles distincts :

- le tympan, une membrane fine et résistante, est capable de vibrer sous l'action des ondes sonores arrivant du conduit auditif. Le déplacement de cette membrane est fonction des fréquences reçues.
- les trois osselets qui sont le marteau, l'enclume et l'étrier. Les mouvements du tympan font bouger le marteau qui enclenche ainsi les mouvements de l'enclume et enfin de l'étrier reposant sur la fenêtre ovale de l'oreille interne.
- la trompe d'Eustache permettant la régulation de la pression interne de l'oreille moyenne avec l'oreille externe.

L'oreille moyenne

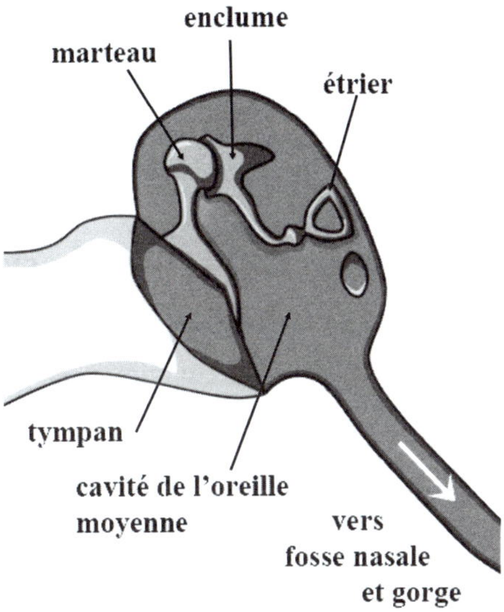

Les trois osselets ont un rôle de levier sur la fenêtre ovale ainsi qu'un rôle d'amplificateur des vibrations. Ainsi pour une fréquence sonore initiale de 3 kHz et de 2 dB au niveau du pavillon, le gain audible final au niveau de la fenêtre ovale est de 20 dB.

Gain acoustique au niveau de l'oreille moyenne

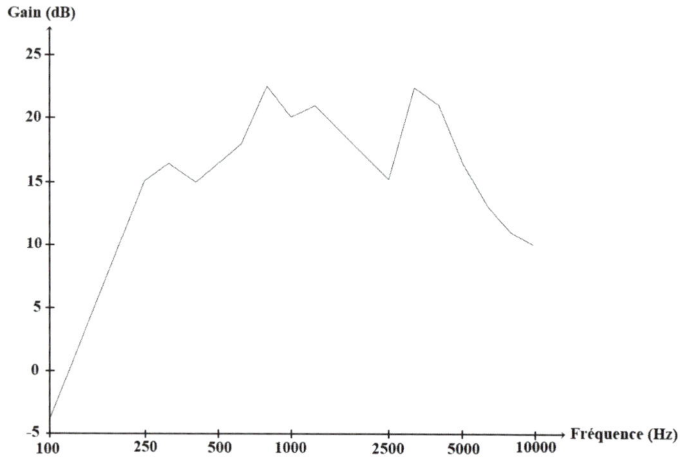

L'amplification maximale ne dépasse pas 23 dB et varie en fonction de la fréquence : 15 dB à 250 Hz et 23 dB à 1 000 Hz par exemple.

2. La perception du son et la fragilité du système auditif

L'oreille interne

L'oreille interne nommée aussi labyrinthe est composée de deux organes sensoriels différents :

- Le vestibule qui joue un rôle dans l'équilibration
- La cochlée, organe de l'audition, en contact avec l'oreille moyenne par la fenêtre ovale. Cette structure hélicoïdale est constituée d'une capsule osseuse contenant un liquide, la périlymphe et l'endolymphe.

L'oreille interne

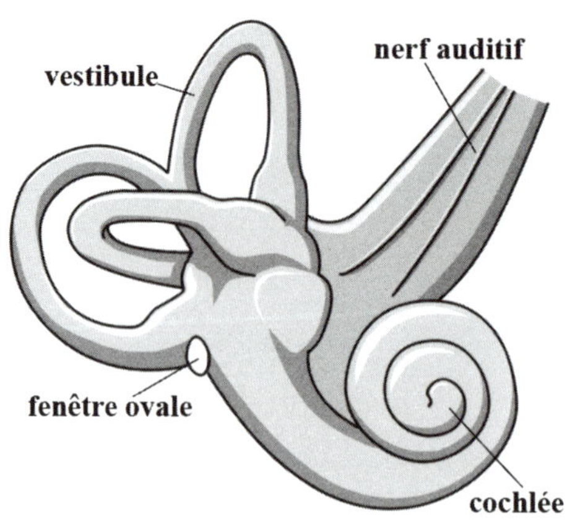

La cochlée est tapissée de cellules ciliées, les récepteurs sensoriels auditifs.

La cochlée et les cellules ciliées

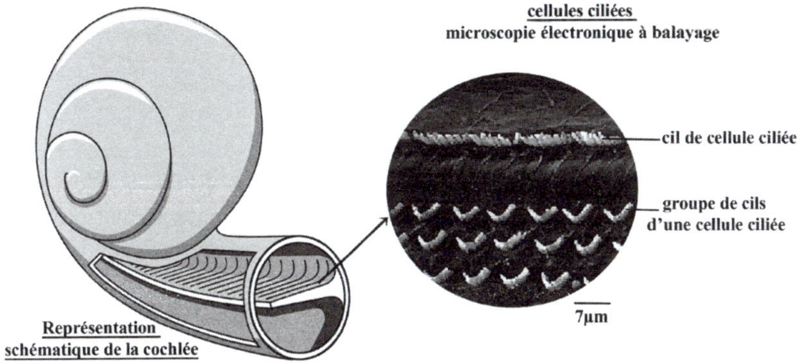

Représentation schématique des cellules ciliées

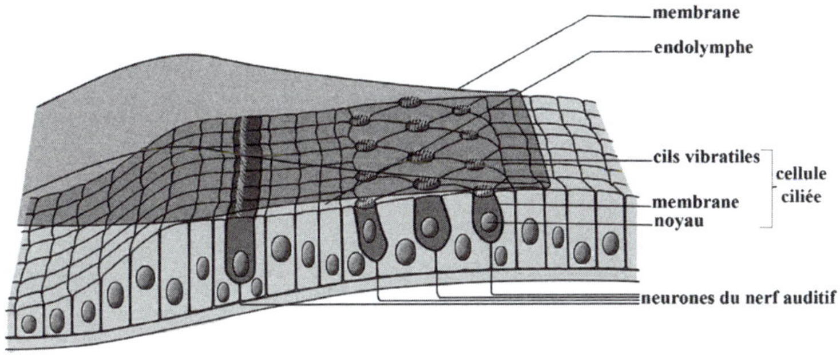

La vibration de la fenêtre ovale provoquée par l'étrier engendre un mouvement de la périlymphe puis de l'endolymphe cochléaire. Il s'agit donc d'un transfert d'une onde mécanique d'un milieu aérien de l'oreille moyenne à un milieu liquide de l'oreille interne.

L'action de l'onde de pression varie en fonction des fréquences : les fréquences aiguës agissent à la base de la cochlée alors que les fréquences graves à l'apex.

Distribution de la réception des fréquences le long de la cochlée

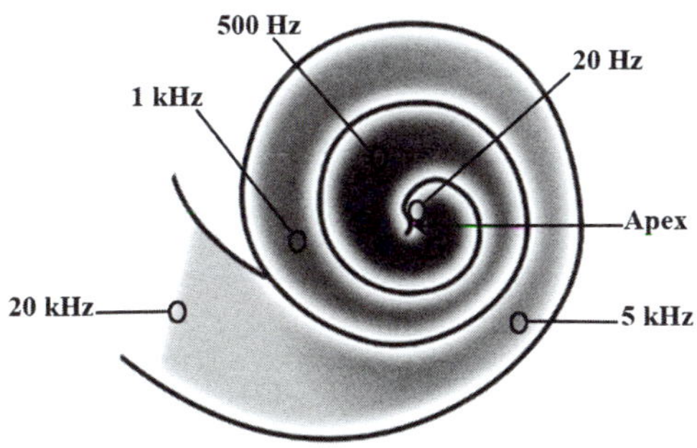

Les cils des cellules de l'oreille interne mis en mouvement provoquent une conversion des variations de pression de l'endolymphe en signal électrique, le message nerveux. Ce dernier, par le biais du nerf auditif, est alors transmis au cortex cérébral. La cochlée perçoit ainsi des vibrations du monde qui nous entoure : c'est l'audition.

Le traumatisme sonore

L'oreille humaine perçoit des ondes sonores dont les fréquences sont comprises entre 20 Hz et 20 000 Hz. Elle capte des niveaux d'intensité acoustique compris entre 0 et 120 dB.

Les limites de l'audition humaine

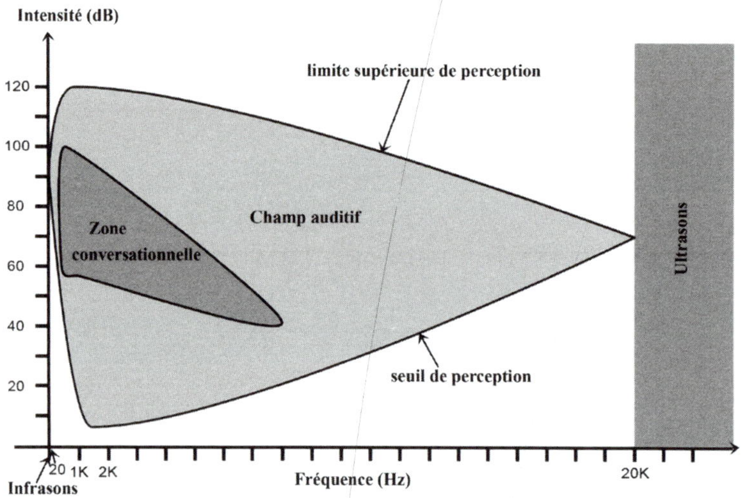

La limite supérieure de perception correspond à la courbe d'intensité pour laquelle l'oreille n'éprouve plus une sensation sonore mais une sensation douloureuse. Elle correspond au seuil de douleur.

L'appareil auditif est donc fragile. D'autre part, des intensités sonores dépassant les 80-85 dB pendant 8 h peuvent entraîner des lésions. C'est le premier facteur de risque de perte d'audition.

Échelle des niveaux d'intensité sonore perçus par l'oreille humaine

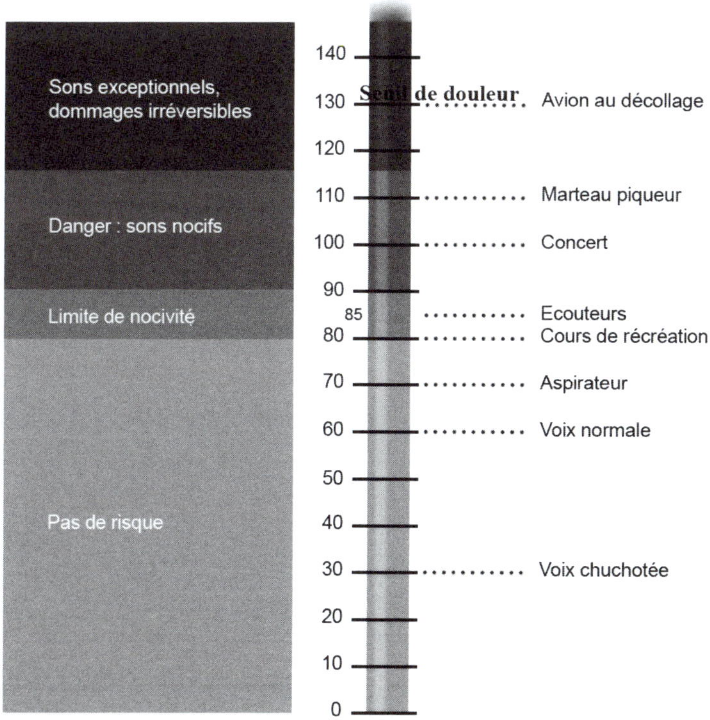

Afin de protéger l'oreille des ondes sonores supérieures à 80 dB détectées par le cerveau, ce dernier provoque la contraction réflexe des muscles du tympan et de l'étrier afin d'atténuer le niveau d'intensité sonore de l'onde parvenant à l'oreille interne. Mais ce réflexe ne fonctionne que pour des fréquences inférieures à 2 000 Hz et ne correspond qu'à une diminution au maximum de 20 dB du niveau d'intensité sonore ce qui n'est pas toujours suffisant pour éviter des dommages.

La cochlée quant à elle est un organe fragile à préserver. Des ondes sonores prolongées à l'intensité trop élevée sont la cause des destructions partielles puis peu à peu totales des cils vibratiles. Ensuite ce sont les récepteurs sensoriels, les cellules ciliées qui meurent. Or le nombre de cellules ciliées est fixé très tôt dans le développement embryonnaire. On en compte, chez l'espèce humaine, moins de 15 000. De plus, ces cellules aux cils vibratiles endommagés ne sont pas remplacées.

Cochlée saine de rat (a) et cochlée endommagée de rat partiellement sourd (b)

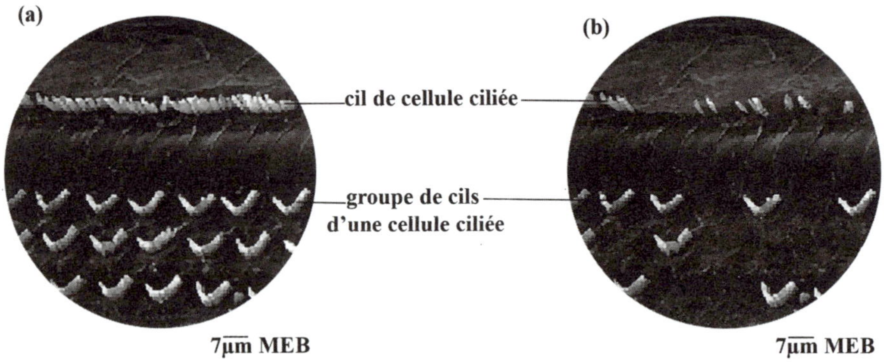

Afin de préserver les individus des nuisances sonores du quotidien, la législation européenne a décrété des limites maximales. C'est le cas des baladeurs dont le niveau d'intensité maximal est limité à 100 dB.

3. Le traitement de l'information sonore

Le message nerveux auditif, issu des deux oreilles, parcourt les voies auditives depuis les cellules ciliées jusqu'au cerveau via le nerf auditif. Il transmet plusieurs informations – la fréquence sonore, l'intensité des vibrations et la localisation de la source sonore – à des aires auditives localisées dans le lobe temporal de chaque hémisphère.

Localisation de l'aire auditive dans l'hémisphère gauche

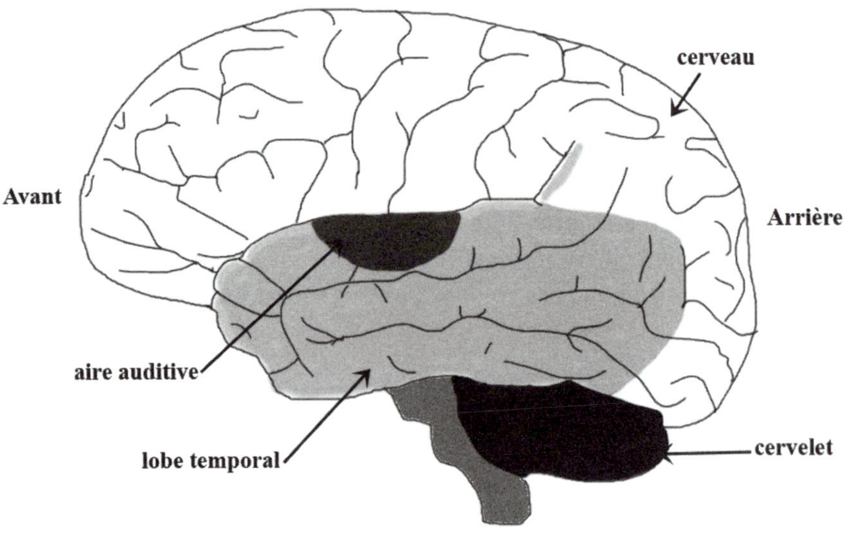

L'activité des aires cérébrales auditives est mise en évidence par des images anatomiques et fonctionnelles réalisées lors de l'écoute d'un son grâce à un appareil IRM. Après traitement informatique, l'imagerie fonctionnelle obtenue permet de repérer par une tâche colorée la zone du cerveau la plus active suite à la stimulation.

IRMf (Imagerie à Résonnance Magnétique fonctionnelle) d'un adulte écoutant un son

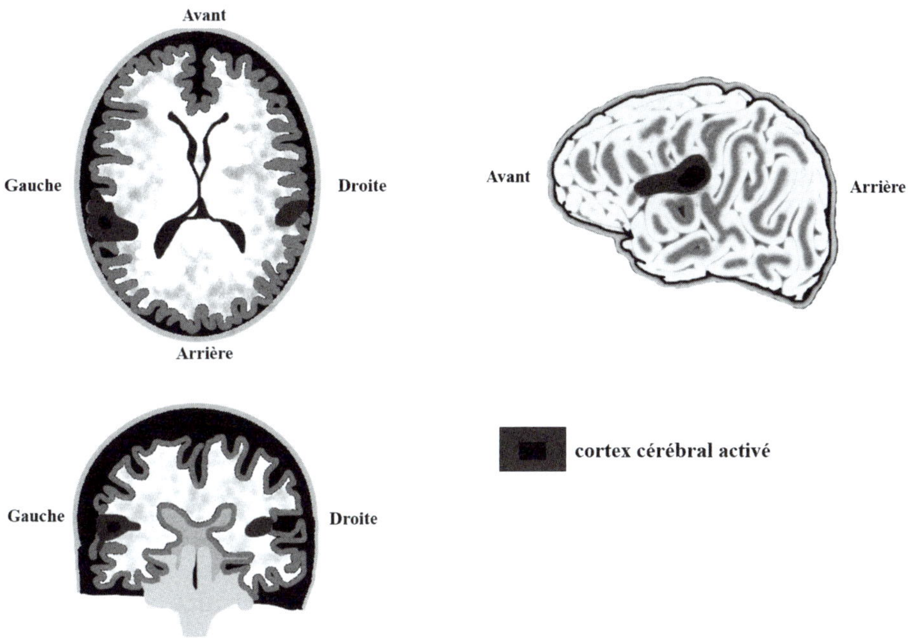

Les aires auditives, spécialisées dans l'audition, traitent les informations issues des deux oreilles.

Détecter, identifier, reconnaître et comprendre les sons que nous percevons autour de nous implique un processus complexe et rapide. Cela met en jeu une série de structures cérébrales spécialisées dans la perception auditive et d'autres aires cérébrales comme celles de la mémoire, des émotions, de la motricité et du langage. Toutes ces aires coopèrent afin de recomposer l'environnement auditif. Ainsi le cerveau construit une perception auditive consciente qui nous permet d'évoluer de manière appropriée dans notre environnement.

La perception présente la caractéristique d'être variable d'un individu à l'autre en fonction de plusieurs paramètres : la morphologie, la fatigue, la culture mais aussi l'âge de l'individu et son apprentissage des sons. La perception auditive commence avant la naissance. Un nourrisson peut en effet reconnaître des voix et mélodies perçues dans l'utérus maternel.

Réaction cérébrale à la parole chez un nourrisson de trois mois endormi (IRMf)

On observe deux régions temporales postérieures corrélées avec le stimulus sonore.

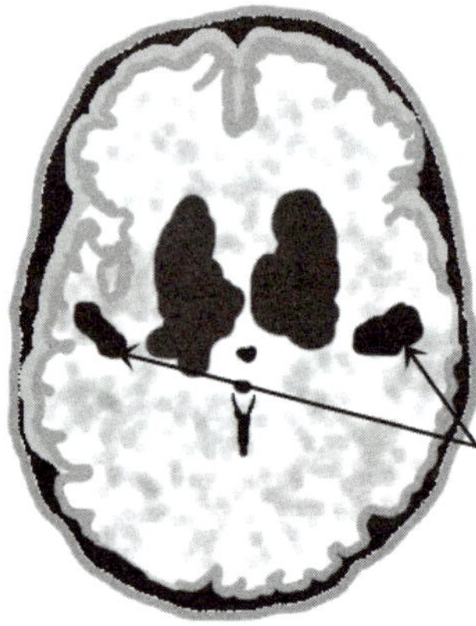

Alors que la cochlée est mature dès la naissance, le système neuronal de l'audition se développe progressivement pour se terminer à l'enfance. Ce développement est lié au bon fonctionnement de la cochlée, à l'exposition sonore et aux échanges vécus au cours de la vie. Une bonne audition est nécessaire pour un apprentissage correct.

L'essentiel

L'oreille est un organe des sens permettant de transformer une onde sonore en message nerveux pour le transmettre au cerveau afin qu'il soit traité. L'oreille interne est fragile, sa préservation est essentielle au risque de développer une surdité partielle ou totale. Un des facteurs à risque est le bruit intensif.

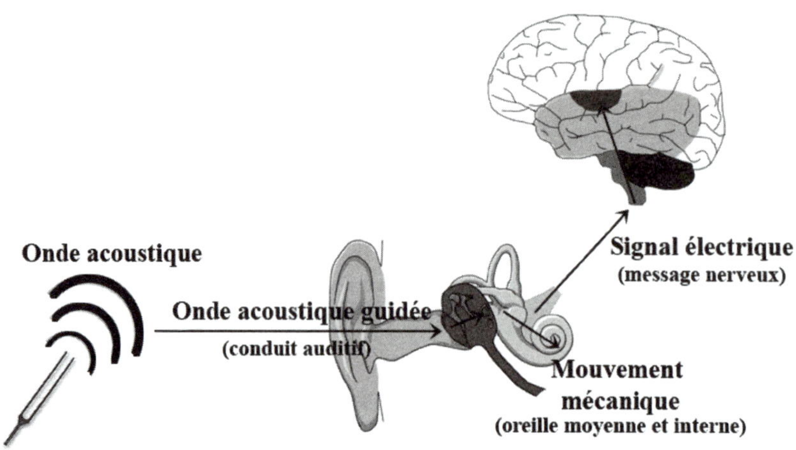

Énoncés des exercices

Exercice 1

5 min

1. Légender le schéma de l'oreille (chiffres et lettres).

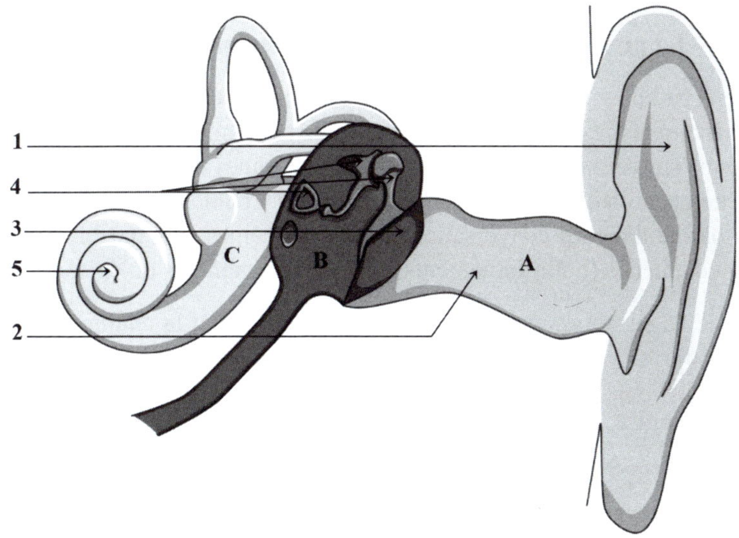

2. Préciser les rôles de l'oreille externe et l'oreille moyenne.

3. Relier chaque partie de l'oreille au rôle correspondant.

Parties de l'oreille	Rôles
Oreille externe •	• Décoder et interpréter le message
Osselets •	• Capter les sons
Aire auditive •	• Transmettre les vibrations
Cellule ciliée de la cochlée •	• Transmettre l'influx nerveux
Nerf auditif •	• Emettre des signaux codés

** Exercice 2

10 min

La baisse de l'audition peut avoir diverses origines (maladie, accident, exposition au bruit…), mais la cause la plus fréquente est la presbyacousie qui concerne 90 % des cas de perte auditive.

Document 1

La presbyacousie est une dégradation naturelle de l'audition

Cette pathologie est liée au vieillissement des cellules ciliées de l'oreille interne. Phénomène très répandue, elle touche une personne sur trois à partir de 50 ans et une sur deux au-delà de 65 ans. Les personnes atteintes se plaignent d'une gêne dans un environnement bruyant et de troubles de la compréhension de la parole dans les conversations. Ces symptômes sont parfois accompagnés d'acouphènes (bourdonnements d'oreille) permanents ou épisodiques.

Avec l'âge, le tympan devient aussi plus mince et la chaîne des osselets se rigidifie.

Document 2

Moyenne de la perte auditive en fonction de l'âge à partir d'audiogrammes

La perte auditive exprimée en dB est évaluée pour l'ensemble des fréquences conversationnelles situées entre 125 Hz et 8 000 Hz. Si la perte d'audition est inférieure à 20 dB, l'audition est considérée comme normale.

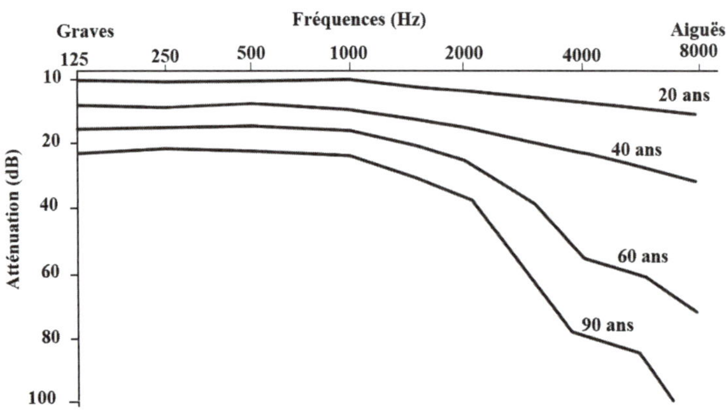

1. Décrire l'évolution de l'audition au cours de la vie.
2. Expliquer la conséquence de la presbyacousie pour chaque organe atteint.
3. Expliquez pourquoi certaines personnes âgées entendent moins dans une assemblée de personnes les femmes et les enfants.

Exercice 3

⏱ 15 min

Durant les trajets comme à la maison, le baladeur MP3 est aujourd'hui un accessoire très présent dans le quotidien de nombreuses personnes.

Document 1

Législation européenne concernant les niveaux d'intensité sonore

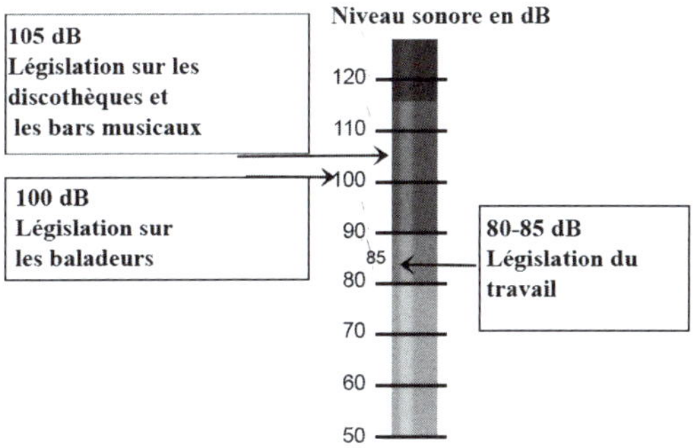

Les recommandations actuelles de l'Organisation Mondiale de la Santé en matière d'écoute de musique à l'aide d'appareils audio individuels sont de limiter la durée d'écoute à une heure par jour et de ne pas régler l'appareil à plus de 60 % de son volume maximal.

Document 2

Informations sécuritaires sur la notice d'un casque

Les articles de loi L44.6 du code de la santé publique, modifiés par l'article 2 de la loi du 28 Mai 1996 imposent une puissance acoustique maximale de 100 dB. Le casque livré (code 55700930) et votre appareil respectent la législation en vigueur. À pleine puissance, l'écoute prolongée du baladeur peut endommager l'oreille de l'utilisateur.

Document 3

Durée limite d'exposition (sans protection) avant dommages irréversibles de l'oreille

Niveau d'intensité sonore (dB)	80	86	92	95	101	107	120 à 140
Durée limite d'exposition par jour	8 h	2 h	30 min	15 min	4 min	1 min	quelques secondes dégâts irréversibles

Document 4

Enquête sur le niveau sonore et la durée d'écoute de musique de 661 jeunes de 13 ans (Bruitparif)

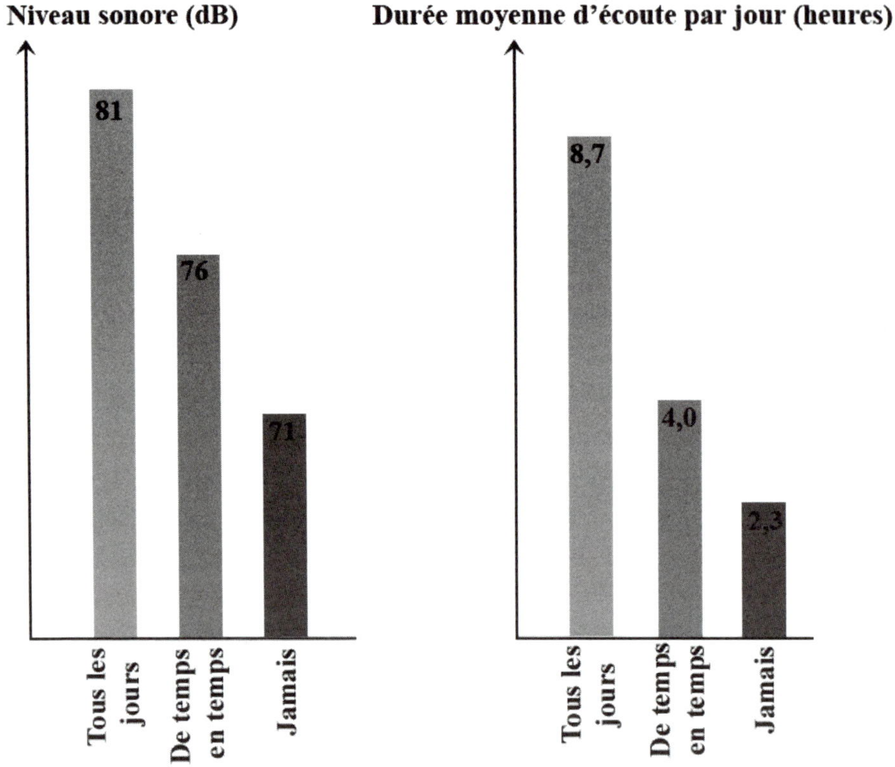

Jeunes déclarant s'endormir en écoutant de la musique avec des écouteurs

Près de 40 % des jeunes interrogés disent s'endormir avec des écouteurs diffusant de la musique, 8 % le feraient tous les jours et 31 % le feraient de temps en temps. Ce pourcentage passe à 42 % chez les 14 ans et ils sont 14 % à dire le faire tous les soirs.

1. Précisez les paramètres rendant une écoute de musique avec un baladeur dangereuse pour l'audition.
2. À partir des documents 1 à 3, pourquoi peut-on dire que la législation actuelle ne protège pas forcément les oreilles des individus ?
3. Préciser en quoi le fait de s'endormir avec des écouteurs est un comportement à risque.
4. Proposer des mesures de prévention permettant de réduire les risques.

*** Exercice 4

15 min

La surdité peut avoir comme origine différentes causes, des solutions adaptées sont alors effectuées.

Document 1

L'otite séro-muqueuse

Cette pathologie concerne l'oreille moyenne qui est aérée grâce à la trompe d'Eustache. Cette aération est aussi une cause possible de propagation d'une infection vers l'oreille moyenne. Elle concerne le plus souvent les enfants. Si la trompe d'Eustache est infectée, une surdité plus ou moins importante peut se développer.

Document 2

Traitement de l'otite séro-muqueuse

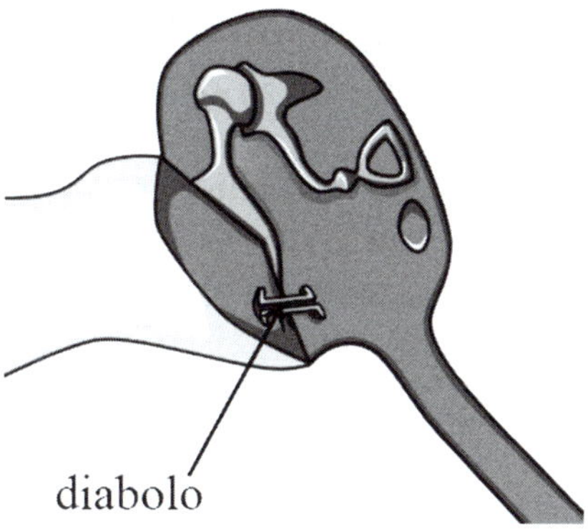

La prise en charge de cette pathologie consiste en premier lieu à rétablir la fonction de ventilation dans l'oreille moyenne par la pose d'aérateurs transtympaniques, ou diabolos, placés dans la membrane du tympan. Ce geste chirurgical extrêmement fréquent peut s'accompagner d'un traitement médicamenteux (antibiotiques, antalgiques…) pour prévenir une infection.

Document 3

Traitement d'une surdité sévère et profonde

L'implant cochléaire est un dispositif qui transforme les informations auditives acoustiques en signal électrique délivré directement au nerf auditif. Il remplace une cochlée déficiente. Plus la mise en place de l'implant est précoce plus les résultats ont de chance d'être positifs. Les sons captés par un microphone sont transformés en signaux électriques par le processeur de l'implant. Une antenne transmet ces signaux à travers la peau vers la partie interne implantée chirurgicalement. Un ensemble d'électrodes émet alors des impulsions électriques qui stimulent les fibres du nerf auditif. Le cerveau reçoit et traite l'influx nerveux.

Document 4

Surdité de transmission et surdité de perception

Chez un individu souffrant de surdité de transmission, les niveaux du son sont réduits du fait de problèmes de transmission des sons de l'oreille externe et moyenne vers l'oreille interne. En général, cette surdité est temporaire.

Les surdités de perception sont liées à un déficit neurosensoriel, qui peut se situer au niveau des cellules ciliées sensorielles ou au niveau du nerf auditif.

1. À partir des documents 1 à 3, préciser le traitement correspondant à chaque type de surdité énoncé du document 4.
2. Quelles sont les différences entre les deux interventions proposées dans les documents ?

Contrôle

60 min – 20 points

Jean-Michel, technicien du son, doit installer un système d'enceintes sur une scène de concert. Elles seront placées sur la scène qui se trouve à la hauteur de la tête du public. L'organisateur a prévu de distribuer des protections d'oreille à l'entrée de la salle de concert.

On cherche à déterminer à quelle distance des premiers spectateurs devront être placées les enceintes afin d'une part de respecter la législation et d'autre part de préserver le système auditif du public.

Document 1

Un niveau d'intensité sonore dépendant de la distance à la scène

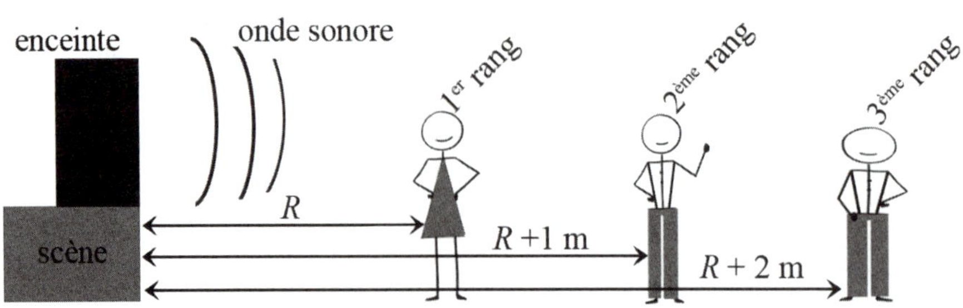

Les proportions ne sont pas respectées.

Document 2

Caractéristiques des enceintes de Jean-Michel et législation

Les enceintes utilisées ont une puissance de 100 W. Le public des premiers rangs reçoit plus de pression acoustique que les derniers.

La législation en vigueur oblige à ce qu'aucun spectateur ne reçoive de son à un niveau d'intensité sonore de plus de 102 dB pour les adultes et 94 dB pour les enfants de moins de 6 ans.

Document 3

Gain acoustique de l'oreille en fonction de la fréquence sonore

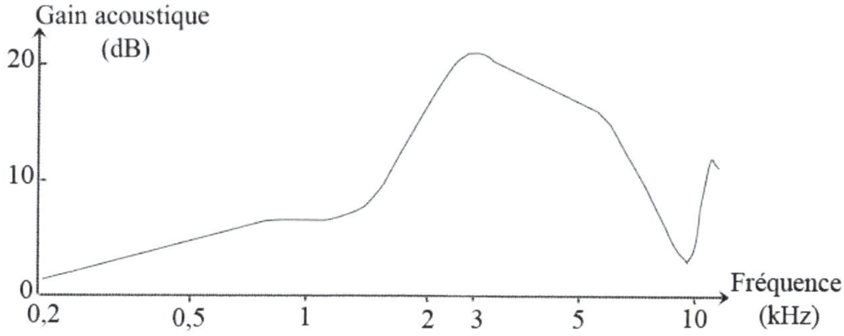

Document 4

Des cellules ciliées détruites

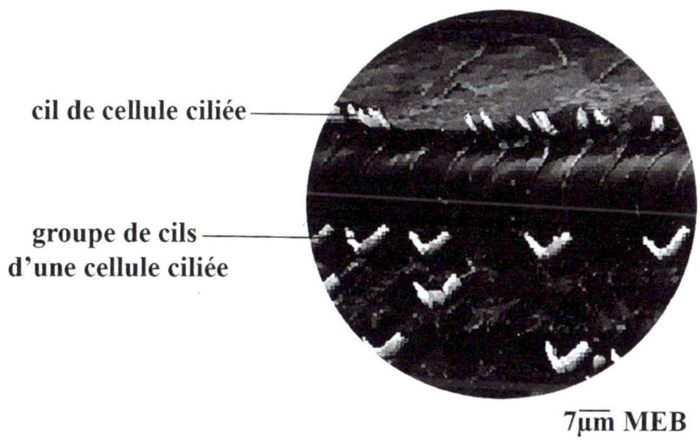

Document 5

Niveaux sonores et audition

Document 5a : durées maximales d'exposition par jour aux sons avant détériorations irréversibles de l'oreille interne

Niveau sonore (dB)	85	88	91	94	100	102	106	112	118	121
Durée maximale d'exposition par jour	8h	4h	2h	1h	15mn	10 mn	3,75 mn	56s	14s	7s

Document 5b : les effets des niveaux sonores sur l'audition

Niveau sonore (dB)	0	60	85	90	120
Effet sur l'auditeur	Limite d'audibilité	Bruit gênant	Seuil de risque	Seuil de danger	Seuil de douleur

Document 6

Différents systèmes auditifs protecteurs

Document 6a : comparaison des atténuations moyennes mesurées de systèmes auditifs protecteurs pour une fréquence de 125 Hz

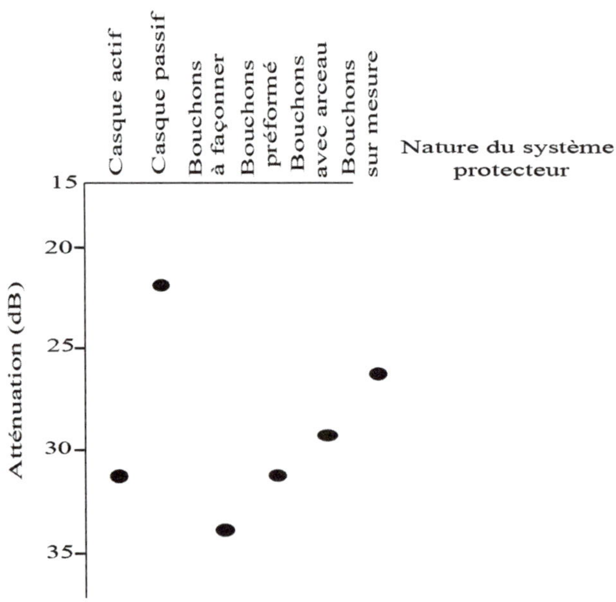

Document 6b : notice d'utilisation des bouchons à façonner

Un bouchon d'oreille bien mis en place doit avoir environ 60 % de sa longueur à l'intérieur du conduit auditif et il ne doit pas seulement boucher l'entrée du conduit auditif.

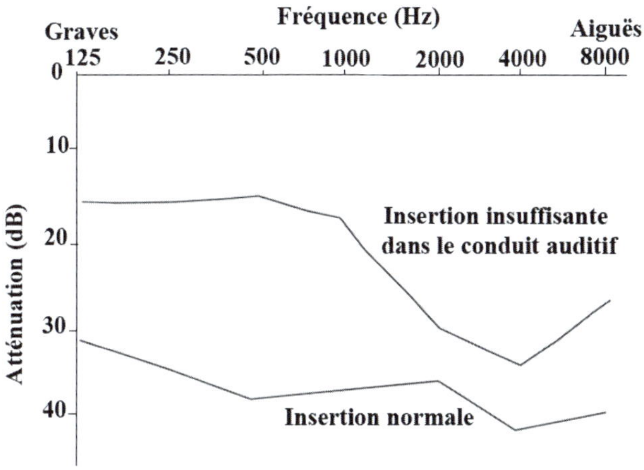

1. À partir des informations issues des documents 1 à 2 et de l'utilisation de vos connaissances, calculer :

- à quelle la distance R Jean-Michel doit positionner le premier spectateur adulte de l'enceinte de façon à respecter la législation (6 points)
- les niveaux d'intensités sonores L2 et L3 perçues au deuxième et troisième rangs. (4 points)

2. À partir des informations issues des documents 3 à 5 et de l'utilisation de vos connaissances, préciser les risques liés à l'écoute de sons d'intensité sonore supérieure à 85 dB. (5 points)

3. À partir de l'étude des documents 5 et 6, proposer des solutions réalistes que peut adopter un spectateur durant le concert pour préserver son audition. (5 points)

Contrôle

Corrigés exercices

Exercice 1

1. 1. Pavillon 2. Conduit auditif 3. Tympan 4. Osselets 5. Cochlée A. Oreille externe / B. Oreille moyenne / C. Oreille interne
2. L'oreille externe reçoit et guide le son, l'oreille moyenne transmet le son.
3.

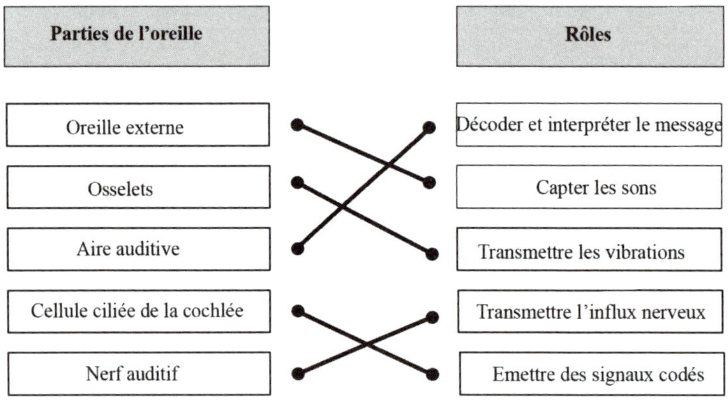

Exercice 2

1. À 20 ans l'audiogramme est normal. À 40 ans la perte dans les fréquences aiguës s'accentue mais c'est surtout à 60 ans que la perte auditive alors supérieure à 40 dB devient significative (>40 dB HL) à 4 kHz. À 90 ans la perte atteint les fréquences moyennes (2 kHz).
2. Avec l'âge, l'amincissement du tympan provoque une transmission moins efficace entre l'oreille externe et l'oreille moyenne. La rigidification des osselets diminuent l'amplification des sons nécessaire pour une bonne audition. La perte des cellules ciliées diminue la formation du message nerveux et ainsi la transmission des sons entre l'oreille et le nerf auditif. Ainsi il y a une baisse générale et progressive de l'audition avec l'âge.
3. Les femmes et les enfants ont des voix plus aiguës que les hommes. La perte de l'audition des fréquences aiguës provoque une ainsi une diminution de la compréhension des échanges faits avec des femmes et des enfants aux voix aiguës.

Exercice 3

1. Les paramètres rendant une écoute de musique avec un baladeur dangereuse pour l'audition sont l'intensité du niveau sonore et la durée d'exposition au son.

2. La législation actuelle impose aux baladeurs d'avoir un niveau d'intensité sonore maximal à 100 dB et une écoute de moins d'1 heure par jour. Ceci est bien indiqué dans la notice du baladeur. Toutefois on constate qu'une écoute à 101 dB/95 dB pendant 4 mn/15 mn seulement suffit à provoquer des dégâts irréversibles. Ainsi la législation actuelle ne protège pas les oreilles, elle recommande et indique les dangers potentiels.

3. Écouter de la musique avec des écouteurs même à faible volume pour s'endormir peut mener rapidement à un dépassement du temps d'écoute maximal d'1 heure par jour et à une écoute à des niveaux sonores de plus en plus forts au cours du temps pour mieux entendre. Ce type de pratique, en se cumulant à l'écoute de musique en journée et aux autres expositions au bruit dans l'environnement, peut présenter des risques réels pour l'audition.

4. Des mesures de prévention permettant de réduire les risques peuvent être de diminuer le volume d'écoute, de ne pas régler le volume au maximum, de faire des pauses auditives et de préférer une écoute avec enceinte quand c'est possible.

Exercice 4

1. La surdité de transmission si elle correspond à des problèmes de transmission des sons entre l'oreille externe et l'oreille moyenne elle peut être traitée par la pose de diabolos.

   La surdité de perception étant liée à un déficit neurosensoriel et notamment au niveau des cellules ciliées sensorielles ou au niveau du nerf auditif, son traitement peut se faire par la pose d'un implant cochléaire.

2. La pose de diabolo est une opération bénigne avec la pose d'un matériel à l'intérieur de l'oreille entre l'oreille externe et l'oreille moyenne. Cette intervention agit au niveau de la transmission des sons.

   La pose d'un implant cochléaire nécessite un appareillage dont une partie est extérieure avec des électrodes à l'intérieur de la cochlée. Cette intervention, plus lourde que la précédente, agit au niveau de la perception des sons.

Corrigé du contrôle

1.a Calcul de la distance minimale entre les enceintes et les premiers spectateurs – 6 points

On cherche R (distance minimale) tel que l'intensité reçue I engendre un niveau d'intensité sonore L < 102dB

Or $L = 10 \log\left(\frac{I}{I_0}\right)$ donc ici on cherche $10 \log\left(\frac{I}{I_0}\right) < 102\text{dB}$

Il faut donc déterminer l'intensité maximum Imax que doit ressentir le spectateur le plus proche de l'enceinte.

L'Intensité maximum (Imax) doit être tel que $10 \log\left(\frac{Imax}{10^{-12}}\right) = 102\text{dB}$

donc $10(\log(Imax) - \log(10^{-12})) = 102$

donc $\log(Imax) = 10{,}2 + \log(10^{-12})$ donc $\log(Imax) = 10{,}2 + \log(10^{-12})$ donc $\log(Imax) = 10{,}2 - 12 = -1{,}8$

Donc $Imax = 10^{-1,8}$ car $\log(x) = a \Leftrightarrow x = 10^a$

Or $I = \frac{P}{S}$ donc I recherché $= \frac{100}{4\pi\ R}$.

On cherche à déterminer la distance R minimale qui sépare l'enceinte des premiers spectateurs.

Donc $10^{-1,8} = \frac{100}{4\pi\ R}$; donc $4\pi R^2 = \frac{100}{10^{-1,8}} = 100 \times 10^{1,8}$

$$R = \sqrt{\frac{100 \times 10^{1,8}}{4\pi}} = 22{,}41 \text{ m}$$

Jean-Michel doit donc placer les enceintes à 22,41 m des spectateurs les plus proches.

1.b Calcul des intensités sonores I_2 et I_3 perçues au deuxième et troisième rangs – 2 points

$I = \frac{P}{4\pi d}$ avec I en $W \cdot m^{-2}$, P en W et d en m

Application numérique

P = 100 W

Au rang 2, $d_2 = 22{,}41 + 1 = 23{,}41$ m

$$I_2 = \frac{100}{4\pi(23{,}41)^2}$$

Corrigés

$I_2 = 0{,}014\ W \cdot m^{-2}$

Au rang 3, $d_3 = 22{,}41 + 2 = 24{,}41\ m$

$$I_3 = \frac{100}{4\pi(24{,}41)^2}$$

$I_3 = 0{,}013\ W \cdot m^{-2}$

1.c Calcul des niveaux d'intensités sonores L_2 et L_3 perçues au deuxième et troisième rangs – 2 points

$L = 10 \log\left(\frac{I}{I_0}\right)$ avec $I_0 = 1{,}00 \cdot 10^{-12}\ W \cdot m^{-2}$, intensité de référence correspondant à l'intensité minimale audible pour l'oreille humaine

Application numérique

Au rang 2, $L_2 = 10 \log\left(\frac{0{,}014}{1{,}00 \cdot 10^{-12}}\right) = 91{,}46\ dB$

Au rang 3, $L_3 = 10 \log\left(\frac{0{,}013}{1{,}00 \cdot 10^{-12}}\right) = 91{,}14\ dB$

2. 5 points

Outre la sensation de douleur à partir de 85 dB, le son de niveau sonore trop élevé peut endommager les cils vibratiles puis les cellules ciliées situées dans la cochlée (oreille interne) comme l'illustre le document 4.

D'après le document 6a, l'oreille humaine ne peut supporter cette intensité sonore que 10 minutes par jour d'autant plus que le document 3 nous informe que l'oreille amplifie le son d'environ 20dB, certaines fréquences (environ 3 kHz) sont donc perçues à 122 dB, néfastes au bout de 7 secondes.

3. 5 points

Le document 5 nous informe de l'existence de dispositifs auriculaires permettant d'atténuer le niveau d'intensité sonore. Il faut mettre des bouchons, les plus efficaces permettent d'atténuer le niveau d'intensité sonore de 22 à 35 dB. On peut donc, en utilisant le dispositif le plus performant (les bouchons à façonner) faire descendre le niveau perçu et ce à moins de 90 dB pour les fréquences les plus amplifiées par l'oreille. Les spectateurs pourront donc, selon le tableau 6a, suivre 2 h de concert sans endommager leur oreille interne. Toutefois il faut correctement utiliser les bouchons pour profiter de leur propriété.

Une autre solution est de s'éloigner des enceintes comme le montre le document 1 et les calculs effectués à la question 1.

Lexique

Accrétion : agglomération de matière.

Albedo : fraction de la puissance solaire reçue qui est diffusée par la surface de la Terre.

Aqueux : qui est constitué d'eau.

Aérobie : qui se réalise en présence de dioxygène.

Anaérobie : qui se réalise en absence de dioxygène.

Atome : entité chimique électriquement neutre constituée d'un noyau contenant des neutrons et protons et d'un ou plusieurs électrons qui gravitent autour de ce noyau.

Biosphère : ensemble des êtres vivants.

Bit : contraction de **B**inary **D**igit, chiffre binaire.

CAN : convertisseur analogique / numérique.

Célérité : vitesse des objets sans transport de matière, comme les ondes.

Cérumen : sécrétion jaunâtre dans le conduit externe de l'oreille.

Chloroplaste : organite caractéristique des végétaux verts, présent dans les cellules dites chlorophylliennes.

Codage binaire : système de numération en base 2 en utilisant une série de 0 et de 1.

Codec : programme qui convertit un fichier audio ou vidéo en un autre format.

Conduction : transfert de l'énergie par contact des matières. Dans le cas de la chaleur ce transfert se réalise de la matière la plus chaude vers la plus froide.

Consonance : combinaison de sons, tels un accord ou un intervalle, perçue comme agréable à l'oreille.

Convection : transfert de l'énergie par mouvement de matière. Dans le cas de la chaleur, l'air comme l'eau chaude se déplace en montant dans le milieu de même nature plus froid.

Corps noir : objet qui absorbe parfaitement toute l'énergie qu'il reçoit sans en réfléchir ni en transmettre. Cette absorption provoque alors l'agitation thermique de la matière qui le constitue, qui se traduit alors par l'émission d'un rayonnement électromagnétique dans toutes les longueurs d'ondes, appelé rayonnement thermique du corps noir.

Cristal : solide dont les particules sont ordonnées de façon régulière et périodique.

Débit binaire : flux d'information par seconde.

Écliptique : plan de déplacement de la Terre autour du Soleil.

Encodage : création d'un message selon un langage défini (code).

Épicycle : cercle dont le centre est un point de la circonférence d'un plus grand cercle et sur lequel un astre était supposé se déplacer.

Érosion : Processus de dégradation et de modification de l'aspect d'un relief sous l'action d'agent externe (eau, vent, êtres vivants).

Évaporation : passage d'un corps de l'état liquide à l'état gazeux.

Fermentation : mécanisme permettant de fournir de l'énergie par dégradation partielle de glucose en l'absence de dioxygène. Les produits obtenus sont le dioxyde de carbone et soit l'acide lactique (fermentation lactique), soit l'éthanol (fermentation alcoolique).

Fission nucléaire : réaction nucléaire au cours de laquelle un noyau lourd se divise sous l'action d'un neutron pour donner des noyaux plus légers et plus stables s'accompagnant d'un dégagement d'énergie importante.

Fusion nucléaire : réaction nucléaire au cours de laquelle deux noyaux légers s'unissent pour donner un noyau plus lourd et plus stable en libérant de l'énergie.

Fréquence fondamentale : fréquence la plus basse d'un son composé ou fréquence unique d'un son pur.

Gamme musicale : suite finie de notes réparties sur une octave.

Géodésie : science qui étudie la forme et les dimensions de la Terre.

Harmonique : fréquence multiple de la fréquence fondamentale.

Hauteur d'un son : la hauteur d'un son est sa fréquence, la fréquence fondamentale de son spectre en fréquences.

Hydrophile : qui a de l'affinité pour l'eau.

Hydrophobe : qui repousse ou qui est repoussé par l'eau.

Inquisition : juridiction instituée par l'Église catholique au début du XIIIe siècle dans divers pays d'Europe pour lutter contre les hérésies et la sorcellerie.

Isotope : chacun des éléments de même numéro atomique qui n'ont pas le même nombre de neutrons.

Kérogène : composé solide formé dans les sédiments en cours d'enfouissement à partir de la matière organique par des bactéries anaérobies. Substance qui peut être à l'origine des combustibles fossiles.

Latitude : distance angulaire d'un point de la Terre à l'équateur.

Lipophile : qui a de l'affinité avec la matière grasse.

Longitude : distance angulaire à un méridien de référence vers l'est ou l'ouest de celui-ci.

Maille : arrangement dans l'espace du motif qui se répète périodiquement au sein d'un cristal.

Méridien : c'est une ligne virtuelle perpendiculaire à l'équateur et qui rejoint les pôles Nord et Sud de notre planète. Le méridien de Greenwich est le méridien international de référence pour les longitudes et pour les fuseaux horaires.

Métabolisme : ensemble des réactions cellulaires d'un organisme permettant son fonctionnement.

Microscope : Instrument qui permet de voir des objets invisibles à l'œil nu par agrandissement.

Minéral : substance inorganique formée d'atomes et définie par sa composition chimique.

Modèle : Le modèle est une représentation simplifiée et schématique d'un processus qui permet de substituer un système plus simple au système réel.

Motif : plus petit ensemble chimique (atomes, ion, molécule ou ensemble d'atomes, de molécules, d'ions) qui se répète périodiquement dans un cristal selon les trois directions de l'espace.

Nucléide : noyau atomique caractérisé par le nombre de protons et de neutrons qu'il possède et par l'état d'énergie nucléaire dans lequel il se trouve.

Nucléosynthèse : création de noyau atomique.

Nutriment : substance organique directement assimilable par l'organisme pour les processus métaboliques.

Octave : intervalle séparant deux notes de même nom correspondant à 8 notes.

Orthodromique : chemin le plus court entre deux points d'une sphère. En mathématiques, on dit le plus petit des deux arcs du grand cercle passant par ces deux points.

Parallèle : cercle imaginaire parallèle au plan de l'équateur servant à mesurer les latitudes.

Pas de résolution ou pas de quantification : plus petite variation de tension analogique qu'un CAN peut repérer.

Période d'échantillonnage : intervalle entre deux mesures prélevées entre deux écarts réguliers.

Photosphère : couche superficielle du Soleil qui émet un rayonnement.

Photosynthèse : mécanisme de production de la matière organique et de dioxygène à partir de matière minérale et de dioxyde de carbone en présence de lumière.

Phytoplancton : organisme microscopique végétal vivant en suspension dans l'eau de mer.

Pigment : substance qui donne une couleur.

Plage de mesures : intervalle de tensions mesurables par un CAN.

Quarte : intervalle entre deux notes jouées correspondant à 4 notes.

Quinte : intervalle entre deux notes jouées correspondant à 5 notes.

Radioactivité : réaction nucléaire qui concerne les radionucléides, c'est à dire des noyaux instables qui se désintègrent pour donner des noyaux plus stables en libérant de grande quantité d'énergie.

Rayonnement : transfert de l'énergie sans contact entre les matières et sans déplacement de matière. Dans le cas de la chaleur ce transfert se réalise sous forme d'ondes électromagnétiques de type Infra-rouge.

Rectum: partie terminale de l'intestin, qui se termine par l'anus.

Référentiel : objet ou ensemble d'objets qui sert de référence afin de repérer la position d'un système et d'étudier son mouvement.

Référentiel inertiel : référentiel dans lequel le principe d'inertie est appliqué.

Respiration : mécanisme permettant de fournir de l'énergie par dégradation totale de glucose en présence de dioxygène. Les produits obtenus sont le dioxyde de carbone et l'eau.

Sédimentation : ensemble des mécanismes permettant le dépôt de particules et la formation d'une roche sédimentaire.

Signal analogique : c'est un signal qui varie de façon continue au cours du temps. Il y a une infinité de valeurs pour un signal analogique.

Signal numérique : c'est un signal qui varie de façon discontinue en fonction du temps. On dira de façon « discrète » ou « par palier ». Le signal numérique transporte l'information sous forme de nombres. Il ne peut prendre que des valeurs bien définies, en nombre limité.

Son : sensation auditive provoquée par une vibration aussi appelée onde, qui se propage à partir d'une source, dans un milieu matériel, de proche en proche, jusqu'à un récepteur, par exemple l'oreille.

Son pur : son dont le signal associé est une fonction sinusoïdale du temps de fréquence f.

Son composé : son dont le signal associé est une fonction périodique de fréquence f, formé d'une association de sons purs aux fréquences et aux amplitudes différentes.

Spectre d'un son : courbe représentative des variations de l'amplitude en fonction de la fréquence.

Taux de compression : valeur de la performance de la réduction de taille.

Taux de sédimentation : épaisseur de la roche sédimentaire formée pour un temps donné.

Unisson : deux notes de même fréquence.

Végétaux verts : plantes et algues vertes caractérisés par la présence de pigments verts, les chlorophylles à l'intérieur des chloroplastes.

Imprimé en Italie par «La Tipografica Varese Srl» Varese